DOCHTER VAN HET LICHT

Shirin

Met Alexandra Cavelius en Jan Kizilhan

Dochter van het licht

Het onvoorstelbare verhaal van een
yezidi-meisje in het kalifaat

Uitgeverij Balans

Oorspronkelijke titel *Ich bleibe eine Tochter des Lichts*
Uitgegeven door Europa Verlag, Berlijn-München
Copyright © 2016 Shirin en Alexandra Cavelius en Jan Kizilhan
Copyright Nederlandse vertaling © 2016 Marten de Vries en
Carolien van 't Hof/Uitgeverij Balans, Amsterdam

Omslagontwerp b'IJ Barbara
Omslagfoto Seivan M. Salim/Metrography
Boekverzorging Adriaan de Jonge, Amsterdam
Druk Bariet, Steenwijk

ISBN 978 94 600 3135 9
NUR 740

www.uitgeverijbalans.nl

 facebook.com/uitgeverijbalans
 twitter.com/balansboeken
 instagram.com/uitgeverijbalans

Inhoud

Alexandra Cavelius heeft 'Shirin' meerdere dagen geïnterviewd.
Op basis van deze gesprekken ontstond dit verhaal.

Duitsland

Ons veilig voelen –
dat moeten we weer leren

Over het leven in Duitsland

Wanneer twee mensen elkaar op televisie kussen, strelen of liefkozen, ga ik door het lint. Ik wil weglopen. Ik word misselijk als ik naar dat soort intimiteiten moet kijken. De andere meisjes houden me dan vast en zetten snel de televisie uit. Allemaal werden we door troepen van de zogenaamde Islamitische Staat (IS) gevangengenomen, verkracht en tot slavernij gedwongen. Sommigen van ons wisten met gevaar voor hun leven over het Sinjar-gebergte (Koerdisch: Shingal) vlak bij de Syrische grens te vluchten. In paniek moesten de mensen alles achterlaten. Wie de kans kreeg, ging er met zijn kinderen vandoor. Binnen een paar uur waren meer dan 400.000 mensen uit Sinjar vertrokken.

Sinds een paar maanden woon ik met zestien andere yezidivrouwen in een huis in de Duitse deelstaat Baden-Württemberg. Er zijn ook veel kinderen bij. De jongste is anderhalf, de oudste drieënveertig. De eerste tien dagen durfden we de deur niet uit. We waren bang dat we onmiddellijk zouden worden aangevallen of ontvoerd en dat de mensen ons zouden naroepen: 'Wat moeten jullie hier!?' In het begin werd alles overheerst door onze angst. We zijn ondergebracht op een afgelegen plek, in een klein dorp aan de rand van een bos.

Na ongeveer twee weken heeft een vrijwilligster ons wat woorden Duits geleerd en geprobeerd om ons enigszins aan de nieuwe omgeving te laten wennen. Je komt ook mensen tegen die zich afwenden, je nauwelijks groeten of afkeurend kijken. Maar de cursusleidsters die pas sinds een paar dagen bij ons langskomen, zijn zo open en hartelijk dat het wel lijkt alsof we ze al tien jaar kennen. Dat is heerlijk. Ik ga heel graag naar die Duitse les.

Langzaam, heel langzaam leerden we weer een klein stukje over straat te lopen. Eerst lukte dat alleen in groepsverband. Wat vooral heeft geholpen, is dat de mensen om ons heen voortdurend benadrukken: 'In Duitsland ben je veilig.'

Onze groepsleidster vindt dat ik zo'n beetje de leidster van de vrouwen ben. Zelf viel mij dat nog niet echt op. Maar het is wel waar dat de meisjes mij om raad komen vragen. Ze luisteren naar me. Zelfs de vrouw van drieënveertig vraagt aan mij hoe je bijvoorbeeld met de trein gaat. Ik vind het niet echt prettig om verantwoordelijk voor anderen te zijn, maar goed, het is nu eenmaal zo. Misschien komt het ook omdat ik beter Engels spreek dan de anderen, daardoor kan ik voor hen vertalen en opschrijven wat ze willen.

Thuis in Noord-Irak stond ik vlak voor mijn eindexamen middelbare school, daarna wilde ik rechten gaan studeren om me als jurist in te kunnen zetten voor anderen. Alle yezidische meisjes en vrouwen willen heel graag naar school in Duitsland, maar ik geloof dat het voor mij nog belangrijker is dan voor de anderen. Ik wil deze vreemde taal graag zo snel mogelijk leren, maar mijn hoofd zit nog zo vol woede en haat dat het moeilijk is om alle nieuwe informatie te onthouden.

Mijn gedachten draaien voortdurend in kringetjes rond. Leven mijn broers en zussen nog? Waar is mijn moeder? En dan zie ik haar weer voor me op het moment dat we afscheid namen. Met de traditionele witte hoofddoek losjes om haar donkere haar gewikkeld, stond ze daar in haar lange jurk en stuurde me weg. 'Red jezelf, Shirin!' Weer hoor ik aan haar stem dat ze probeerde niet te huilen, omdat ik anders nooit bij haar weg was gegaan. Ik herinner me hoe ik in de auto zo lang mogelijk achterom heb gekeken, tot ik haar uit het oog verloor...

Ooit wil ik mijn geliefden naar Duitsland laten komen. Ik hoop dat ze alles overleven. Ik hoop dat ze überhaupt nog leven. Mijn hart gaat naar hen uit. Maar ik moet rekening houden met het ergste. Terug wil ik niet meer. Waar zou ik heen moeten? Alles ligt in puin.

Vrede

Hier in Duitsland willen we vooral één ding: in vrede leven. Voor mij is dat een fantastisch cadeau! Elke dag praten de meisjes en vrouwen over wat er is gebeurd. En wanneer ik hun vraag om op te houden, 'ik wil het niet horen', gaan ze toch door. Allemaal willen we deze verschrikkingen vergeten, maar dat gaat niet. We moeten er de hele tijd aan denken. Het lijkt wel alsof we geen controle meer hebben over wat er in ons hoofd gebeurt.

Sommigen van ons slepen gewoon te veel ballast uit hun gevangenschap bij IS met zich mee. Er is bijvoorbeeld een driejarig jongetje in de groep dat ons bijt en knijpt en zijn speelgoed kapottrapt. Zijn moeder heeft de kracht niet meer om zijn agressie in toom te houden. Vaak staart ze met een lege blik naar de muur. Zodra het jongetje het woord 'gebed' hoort, werpt hij zich op moslimwijze op de grond om te bidden en begint hij koranteksten te mompelen.

Er zijn in dit huis evenveel verhalen als meisjes. En ieder van hen vertelt wat haar is overkomen en wat ze heeft gezien of meegemaakt. Over gevangenen die levend zijn verbrand. Over borsten die werden afgesneden of over zwangere vrouwen van wie de buik werd opengereten. Ze vertellen allemaal hoelang ze in slavernij hebben geleefd of hoeveel familieleden ze hebben verloren. Dat is moeilijk te verdragen. Wij hebben het overleefd maar het voelt voortdurend alsof we dood zijn.

De eerste dagen in Duitsland ging het vreemd genoeg nog veel slechter met me dan in Irak. Ik besefte niet hoeveel de afgelopen maanden van me hadden geëist. In de vluchtelingenkampen in Noord-Irak heb ik zelfs meegeholpen bij een Duitse hulporganisatie, maar toen ik hier tot rust kwam, voelde ik me vanbinnen op een vreemde manier verdoofd. Ik voelde alleen nog maar dat ik niets meer voelde. Alsof ik door een droomwereld wandelde en niet echt bestond. Op zulke momenten droom ik dat mijn hele familie uit de klauwen van deze moordenaarsbende wordt bevrijd. Maar ik weet maar al te goed dat het niet zal gebeuren omdat sommigen allang zijn vermoord.

's Nachts val ik pas heel laat in slaap en tussendoor word ik vaak wakker. 's Morgens ben ik om zes uur alweer op de been, hoewel ik hondsmoe ben. Ik weet niet of ik 's nachts droom. Volgens mijn huisgenootjes praat ik hardop en schreeuw ik in mijn slaap. Ze zeggen dat ze daar wakker van worden en dat ze erg schrikken van mijn woorden.

Uiterlijk zie je niets aan mij. Oké, mijn haar valt uit, maar dat hebben we bijna allemaal. Kastanjebruine lokken, met bossen tegelijk. Dat komt door de stress, heeft een arts ons uitgelegd. Hoewel ik pijn heb, mankeert me lichamelijk niets. Alleen psychisch ben ik erg labiel. Dat rare verdoofde gevoel verdwijnt soms helemaal niet meer. Dan lijkt de dood me een bevrijding en zou het een opluchting zijn om het leven achter me te kunnen laten. En dan begrijp ik niet waarom ik niet gewoon zou mogen sterven.

Door gerichte psychotherapie kunnen we ervoor zorgen dat de vrouwen de controle over hun herinneringen terugkrijgen, dat ze weer boodschappen kunnen doen, Duits kunnen leren en naar school kunnen gaan. Veel van hen krijgen de verschrikkelijke herinneringen aan wat ze hebben meegemaakt anders niet meer uit hun hoofd. Zo vertelde een zesentwintigjarige, meervoudig verkrachte moeder over een is-commandant die haar dwong om elke dag de Koran te lezen. Omdat ze het Arabisch niet goed beheerste en fouten maakte bij het lezen, sloot de terrorist voor straf haar tweejarige dochter Lozin op in een metalen container. Zeven dagen lang zat het kleine meisje daar opgesloten bij temperaturen van vijftig tot zestig graden. 's Avonds mocht ze wat eten, waarna ze direct moest overgeven. De jonge vrouw vertelde dat ze alleen nog leefde vanwege haar dochter van zeven en haar zoon van vijf die het allemaal mee hadden moeten aanzien. Nog altijd ziet de moeder het lijk van haar dochtertje voor zich op de grond. Zodra ze op straat of in de supermarkt kinderen van een jaar of twee ziet, beleeft ze de nachtmerrie opnieuw.* (Jan Kizilhan)*

Voor de meisjes in het huis beheers ik me. Dat probeer ik tenminste. Verder doe ik mijn best om hen te steunen en moed in te spreken. Want als ik mezelf begin te beklagen, verlies ik het recht om hun goede raad te geven. Dan zullen ze zeggen: 'Waarom vertel je ons dat we niet moeten huilen, terwijl je het zelf wel doet?' Als ik huil, zorg ik er dus voor dat niemand het ziet. Maar soms merk ik niet eens dat de tranen over mijn wangen lopen. Ik ben me er helemaal niet van bewust dat alle onverdraaglijke herinneringen op zo'n moment weer bovenkomen.

Een van mijn huisgenootjes heeft een nichtje dat net als mijn kleine zusje negen is en in de klauwen van is-strijders is gevallen. Kortgeleden zei ze in een kringgesprek: 'Vrouwen en meisjes die nu nog gevangenzitten, kunnen maar beter dood zijn.' Toen heb ik gezegd: 'Oké, als ze er nooit meer uit komen, is de dood het allerbeste. Maar, geloof me, als ze vrij zijn, dan willen ze weer leven.' Helaas lukt het me niet altijd om mijn eigen raad op te volgen.

Terwijl ik de zesentwintigjarige moeder in Noord-Irak onderzocht, liet haar dochtertje van zeven op een smartphone een foto van een beeldschoon meisje zien. 'Dat is Lozin,' zei ze. Haar zoontje van vijf verstopte zich trillend achter zijn huilende moeder. Na zeven dagen had de is-commandant Lozin uit de container gehaald, het meisje ondergedompeld in ijskoud water en haar daarna zo hard geslagen dat haar ruggengraat was gebroken. Twee dagen later is ze gestorven. Voor de ogen van haar moeder, haar broertje en zusje tilde hij het lijkje omhoog en liet het op de grond vallen. 'Zo moeten alle ongelovigen sterven!' riep hij. (Jan Kizilhan)

Ons veilig voelen – dat moeten we weer leren

De eerste maanden hadden we nog geen psychologische hulp. We wilden graag medicijnen om tot rust te komen en ook weer te kunnen slapen. Onze begeleidster adviseert bij klachten om wat water te drinken of een wandeling te maken. Ik kan nog niet van de nieuwe omgeving genieten omdat het belangrijkste in mijn leven ontbreekt: mijn familie. Zonder hen voel ik me soms helemaal verloren en verlies ik alle houvast. Onze emoties gaan alle kanten uit. Het ene moment lachen we. Het volgende moment vergaat het lachen ons weer als bij toverslag. Dan staan de gezichten om me heen afwezig. Want ineens worden we weer verscheurd door tegenstrijdige gevoelens. Hoe kunnen wij lachen terwijl onze familieleden lijden? Hoe kunnen wij in vrede leven terwijl zij een nachtmerrie doormaken? Zijn we überhaupt wel in staat om onze toekomst alleen op te bouwen?

Nachtmerries, telkens terugkerende herinneringen en angst om weer in handen van is te vallen, zijn kenmerkend voor de mishandelde vrouwen. Ook somberheid, ongeïnteresseerdheid, gebrek aan vertrouwen in de mensen en de mensheid, voortdurend wantrouwen tegenover anderen en verhoogde waakzaamheid omdat ze verwachten dat hun ineens iets ergs overkomt, zijn typerende kenmerken. Daarbij komen lichamelijke klachten zoals hoofdpijn, rugpijn, buikpijn en maagproblemen, alsook gebrek aan motivatie, een neiging tot piekeren, slaapstoornissen en het vermijden van situaties die als gevaarlijk worden ervaren. (Jan Kizilhan)

Dat zijn de momenten waarop ik niet eens meer naar mijn geliefde Duitse les wil, mijn kamer niet meer uit kom en het hoofd in de schoot leg. Elke keer komt een van de meisjes naar me toe. En dan zegt ze zachtjes: 'Ik ben toch als een zus voor je, net als alle andere vrouwen hier. Je hoeft niet te huilen. We zijn er toch allemaal voor je.' Daarvoor ben ik zo dankbaar. Ik voel me geborgen hier.

Toen wij vrouwen hier aankwamen, kenden we elkaar nauwelijks. We kwamen allemaal uit een ander dorp. We waren vreemden voor elkaar maar hier hebben we vriendschap gesloten, omdat we eenzelfde lot delen. We zijn een soort surrogaatfamilie voor elkaar geworden. Alleen weten we niet hoe het verder moet. Wat is ons perspectief? Zullen we zelf een huis mogen zoeken? We zouden graag werken en geld verdienen, want wat we krijgen, is niet genoeg om van te leven. Het enige antwoord dat we tot nu toe kregen was: 'Jullie hebben twee jaar de tijd, daarna kunnen jullie teruggaan of hier blijven.' Wat gaat er in die twee jaar met ons gebeuren? Wat komt er daarna?

We zouden zo graag met dokter Kizilhan, die ons uit Irak hierheen heeft gehaald, over onze toekomst praten, maar hij heeft het heel druk. Hij moet nog veel andere vrouwen uit Irak redden.

Als traumatoloog pendel ik heen en weer tussen mijn woonplaats in Baden-Württemberg en Noord-Irak. In mijn kantoor in Duhok luister ik naar de verhalen van overlevenden, van vrouwen en kinderen die door is werden meegenomen en mishandeld. Dat is een zware opgave want ze willen bijna allemaal weg en we kunnen ze niet allemaal meenemen. De Duitse deelstaat Baden-Württemberg heeft zich bereid verklaard om tot eind 2015 duizend bescherming behoevende vrouwen op te nemen en te behandelen. Voor Duitsland is dit een ongekende hulpactie. (Jan Kizilhan)

Een isis-vlag in de voortuin

Voor ons nieuwkomers was communicatie in het begin heel moeilijk. Aanvankelijk stond ons maar één tolk ter beschikking. Uitgerekend een man. En ook nog een moslim. Wij zijn bijna allemaal verkracht in naam van de islam. Ons vertrouwen in mannen is volkomen kapotgemaakt. Zelfs veel yezidische mannen bekijken we argwanend. We stellen onze tolk alleen vragen over alledaagse dingen, bijvoorbeeld over geld of activiteiten. Maar wat ons is overkomen, wat we hebben gezien of wat ons is aangedaan, dat willen we met geen enkele man delen.

Op onze eerste uitstapjes werden we regelrecht door pech achtervolgd. In een winkel liepen we een Arabier en een Koerd tegen het lijf. Allebei moslims. Ze wilden weten waar we vandaan kwamen. Mijn vriendin antwoordde: 'Wij zijn yezidi's.' Buiten heb ik haar de huid vol gescholden: 'Hoe kon je dat nou zeggen?' Ik was vreselijk bang dat deze mannen ons achterna zouden komen en ontvoeren.

Bij een volgend uitstapje ontdekten we in een voortuin niet ver van ons huis een zwarte is-vlag met de karakteristieke zegelring en de islamitische geloofsbekentenis. We waren al vaker langs dit huisje gelopen maar er was ons nog nooit iets bijzonders opgevallen. Ik heb direct met mijn mobiel wat foto's gemaakt en ze aan Jalil gestuurd, een yezidische kennis in Frankfurt. 'We hebben isis ontdekt,' schreef ik hem via WhatsApp. 'Die is in Duitsland verboden,' appte hij terug. Direct kwam de oude angst weer boven: woonden we nu weer te midden van de terroristen? Onze kennis bracht de politie op de hoogte, waarop de agenten bij ons thuis langskwamen. Ze stelden ons gerust, ze hadden met de bewoners gepraat en de vlag was direct verwijderd. De agenten waren zelf erg verbaasd. Het was de eerste keer dat er een is-vlag in Duitsland was ontdekt. In dit land zijn deze symbolen verboden. De politieagenten legden ons uit dat er inderdaad een paar radicale moslims in Duitsland wonen. Maar in deze rechtsstaat durft dit soort mensen geen misdaden te begaan. Ik vraag me af of ze er na de aanslagen van is van 2015 en 2016 in Parijs en Brussel nog steeds zo over denken.

De politie vertelde ons ook dat veel van deze religieuze strijders naar Syrië of Irak vertrekken om zich aan te sluiten bij de 'heilige oorlog'. Ik kan me nog steeds niet voorstellen dat je duizenden kilometers reist om je vervolgens dood te laten schieten. Deze mensen wacht hoe dan ook de dood. De is-strijders accepteren kritiek noch eigen mening, laat staan een klein foutje. Wie hun niet bevalt, ruimen ze uit de weg. Yezidi's, Koerden, sjiieten, christenen, ja zelfs soennieten en ieder ander die hun overtuiging niet deelt. Wie niet praat, wordt net zo lang gemarteld tot hij zegt wat ze willen horen.

Deze nieuwe islamitische terreur overstijgt al onze menselijke voorstellingen van wreedheid en leed [...]. Op grotere schaal dan ooit doden de terroristen zichzelf bij aanslagen of mishandelen, verkrachten en verkopen ze jonge meisjes. Ze onthoofden mensen voor een lopende camera en zetten de beelden op de sociale netwerken. Het terrorisme verbreidt zich over de hele wereld en bedient zich van steeds meer nieuwe midde-

len. Het gaat om enorme aantallen potentiële daders en sympathisanten. (Jan Kizilhan)

Gelukkig patrouilleert de politie elke avond in de straten van onze woonplaats. En als ik nu een van deze moordenaars tegenkom, zou ik niet meer wegrennen. Omdat ik in dit land veiligheid en houvast ervaar. Hier ben ik niet meer bang. Ook al zeggen mijn vriendinnen dat ik elke nacht schreeuw. Inmiddels ga ik er overdag al een aantal uur alleen op uit. Dat gevoel van veiligheid hier – dat is heerlijk. Maar ik moet het weer leren. Zelfs in Duitsland voelen wij meisjes ons veiliger als we met zijn vieren of vijven op een kamer slapen, ook al is de ruimte eigenlijk maar voor twee personen bedoeld.

Hoe jonger de mensen, hoe groter de kans op genezing en integratie. Ik verwacht dat negentig procent van degenen die in het kader van het project naar Duitsland komen, hier volledig integreert. Vooral school heeft voor de kinderen een therapeutische werking. (Jan Kizilhan)

De wereld moet ingrijpen!

Toen mijn huisgenootjes en ik voor de eerste keer in onze woonplaats een bus zagen, verstopten we ons zo snel mogelijk tussen de bosjes. Dat zijn bussen van de IS-troepen! schoot het door me heen. In net zulke bussen, met geblindeerde ramen, werden wij vrouwen en kinderen in augustus 2014 ontvoerd.

In mijn geboortedorp Hardan bestonden vroeger helemaal geen bussen, treinen of verharde wegen. Onze huizen waren grotendeels van leem. Voor de IS-strijders was het kinderspel om ze met de grond gelijk te maken. Alsof er een reusachtige vuist op had geslagen. Ik vind het moeilijk om over mijn tijd in gevangenschap te praten, dan komt elk detail weer boven.

Als ik terugblik, zie ik niets dan duisternis. En angst. En daarbinnen niks menselijks meer. Veel dingen zijn in mijn hoofd door elkaar gaan lopen. Ik heb mijn verhaal nog nooit helemaal aan iemand verteld. Sommige dingen heb ik diep weggestopt. Ik weet niet of ik alles nog terug kan vinden. Misschien wil ik dat ook wel niet.

Ik schaam me voor de dingen die de terroristen me hebben aangedaan. Ik schaam me omdat ik te zwak was om me tegen hen te verzetten. Maar we hadden geen schijn van kans. Ik weet allang dat niet de slachtoffers maar de daders schuldig zijn. Toch sluimert de schaamte binnen in mij als een gloed die elk moment weer door een windvlaag kan ontvlammen. Misschien komt het doordat deze zogenaamde 'religieuze strijders' zichzelf als mensen beschouwen. En dat het woord mens daardoor een grof scheldwoord lijkt. Voor zulke mensen is het doden van een ander net zo makkelijk als het drinken van een kopje thee.

Dit is de drieënzeventigste keer dat er genocide op ons volk wordt gepleegd, maar ditmaal is het erger dan ooit. We zijn vogelvrij. Het gaat om het overleven van mijn volk. Wereldwijd zijn er nog een kleine miljoen yezidi's, de meeste leven in Noord-Irak. We zijn afhankelijk van de hulp van de internationale gemeenschap. We redden het niet meer alleen. De hele wereld moet weten van deze volkenmoord in Irak. Wat de achtergeblevenen daar meemaken is niet de hel. Het is erger dan de hel. Het is niet alleen een probleem van Irak, het is een humanitaire catastrofe. Een internationale crisis. Daarom is het belangrijk dat ik praat. Hoe kwellend de herinneringen ook zijn.

Wij yezidi's zijn een soort minderheid binnen een minderheid. Qua nationaliteit zijn we Koerden. Onze religie is het yezidisme, we zijn geen moslims zoals de meeste anderen in de regio. Onze religie is vreedzaam, ouder dan het jodendom en het christendom en beduidend ouder dan de islam. Omdat we geen heilige boeken zoals de Talmoed, de Bijbel of de Koran hebben, zien radicale moslims ons als ongelovigen. Onze heilige boeken 'Kitaba Resh' (het Zwarte Boek) en 'Kitaba Jilve' (het Boek van Inspiratie) zijn verdwenen.

In het yezidisme komen verschillende stromingen samen. Historisch gezien behoort het yezidisme tot de Iraanse religies zoals het zoroastrisme. Maar het bevat ook elementen van het christendom, de islam, het soefisme en het sjamanendom. De kinderen worden gedoopt en de jongens besneden. (Jan Kizilhan)

Omdat ik weet dat elk interview met mij het doodvonnis kan betekenen voor mijn familieleden in IS-gevangenschap, is mijn naam een pseudoniem. Ik ben achttien. En ik leef nog. Daarvoor ben ik God dankbaar.

De lelijkste plek in het mooie Sinjar-gebergte

In de regio Sinjar en in de omgeving van Mosul wonen sinds jaar en dag voornamelijk yezidi's. Sinjar is ook de naam van een stad en van een heilig gebergte dat uit een ongeveer zestig kilometer lange en bijna vijftienhonderd meter hoge bergrug bestaat. Of ik graag terugdenk aan mijn geboorteplaats Hardan? Nee! Ik heb geen mooie associaties meer bij de naam van mijn dorp. Sterker nog, het is de lelijkste plek in het mooie Sinjar-gebergte. Dat komt omdat wij yezidi's omgeven waren door Arabieren. Wij zagen hen als onze vrienden. Onze zonen uit Hardan zaten bij hen op schoot wanneer ze werden besneden. Die eer valt alleen ten deel aan mensen met wie we ons diep verbonden voelen. We vertrouwden onze moslimvrienden onze kinderen en ons leven toe, maar wat deden ze ermee? Ze staken ons een mes in de rug. Aan de handen van deze mensen kleeft het bloed van duizenden onschuldige yezidi's! Tegenwoordig associeer ik de naam Hardan vooral met verraad en dood.

Van ons huis is alleen een hoop stenen overgebleven. IS-troepen hebben boobytraps langs de toegangswegen gelegd om te voorkomen dat we terugkeren. Op YouTube zijn wiebelige camerabeelden te zien van inmiddels met Duitse wapens uitgeruste Peshmerga-strijders bij de herovering van Hardan in december 2015. Elektriciteitsmasten hangen scheef. Tussen de resten van muren ligt een man zonder benen. Arabische slogans zoals 'Allah is groot' zijn op de muren gespoten. Mijn dorp Hardan behoort nu aan de doden. Het is een spookdorp. Overal waren geesten rond en hun geschreeuw komt uit alle hoeken en gaten. Hun geschreeuw om hulp. Wie wil er nu een woonplaats delen met doden?

Deze terroristen hebben het dierbaarste van me afgenomen: mijn familie. Om al die redenen is mijn geboorteplaats nu de lelijkste plek in het prachtige Sinjar-gebergte.

Heimwee

Als kind was ik me helemaal niet bewust van de dreiging om me heen. In ons dorp voelden we ons veilig. Heel vrij. Heel gelukkig. Met onze Arabische buren vierden we feest. In augustus 2014 was Hardan een vredig dorpje in de woestijn. Hier en daar groene plekken met wollige schapen op dunne pootjes en een klein boompje te midden van de kudde.

In mijn dorp woonden ongeveer tweehonderd gezinnen, in totaal zo'n achttienhonderd mensen. Alleen wie geld genoeg had, bouwde een stabiel huis van steen. Het kwam ook weleens voor dat de stroom uitviel, maar dat soort dingen waren we gewend.

Het leven in Noord-Irak is niet te vergelijken met dat in Duitsland. In mijn dorp kende iedereen elkaar bij naam. We waren net één reusachtige familie. Als het een keertje laat werd, hoefden onze moeders zich geen zorgen te maken om hun kinderen. We pasten allemaal op elkaar. De heilige feesten vierden we met het hele dorp, samen deelden we water en brood.

Het leven was eenvoudig en mooi. Ja, gewoon mooi. Ons lemen huisje had twee kamers, een keuken en een badkamer. Voor mijn geboorte haalde mijn moeder het water nog uit de put. Voor mijn generatie waren een douche, een koelkast en een mobiele telefoon al heel gewoon. Het was zo gezellig bij ons. Als we 's avonds gingen slapen, kroop het hele gezin dicht tegen elkaar aan. Toen ik ongeveer acht was, ben ik bij mijn drie jaar oudere zus Felek op de kamer gaan slapen en heb ik mijn kleine zusje en broertje steeds vaker bij me genomen. Ze waren een beetje mijn baby's. Leyla is negen en Kemal zes jaar jonger dan ik. In Duitsland leven de mensen naar mijn idee meer langs elkaar heen. Iedereen is er erg op zichzelf. In Hardan bezaten we heel weinig, maar we hadden wel elkaar – en dat was genoeg om gelukkig te zijn. Dat alles bij elkaar is Hardan. Nee, dat *was* Hardan. Alles, het landschap, de huizen, zelfs de wind is anders bij jullie. Hier kan ik niet zo vrij ademen als thuis. De wind, dat was voor mij de geur van vrijheid en vrede. Ik denk heel vaak aan vroeger. Aan mijn geboortedorp, zoals het eens was.

De omgeving van het Sinjar-gebergte is vooral kaal en onvruchtbaar. Okergeel met veel gesteente. Maar in onze bedevaartplaats Lalish, het heiligdom van het yezidisme, groeit, bloeit en bruist het van leven. Men zegt dat de Ark van Noach daar na het zakken van het water van de zondvloed voor het eerst de grond heeft geraakt, nog voor hij op de berg Ararat belandde. In Lalish ligt sinds 1162 het gebeente van Sjeikh Adi, onze belangrijkste sjeik. Deze heilige man had dit gebied ontdekt en vond het zo mooi dat hij er de rest van zijn leven wilde blijven. Zoals de moslims op bedevaart naar Mekka gaan, zo moet iedere yezidi minstens één keer in zijn leven in Lalish zijn geweest.

Lalish ligt in een afgelegen dal, slechts zestig kilometer noordoostelijk van Mosul, maar heel ver van ons dorp, met de auto is het zeker zeven uur rijden. Daarom hebben de IS-troepen deze plek nog niet bereikt. Als klein kind ben ik er een keer geweest. Na mijn gevangenschap nog een aantal keer. Dat heeft me geholpen om alles te verwerken.

Als ik nu in Duitsland de fruitbomen en tuinen in bloei

zie staan, word ik overvallen door heimwee. Dan denk ik aan de bontgekleurde wilde bloemen in Koerdistan. Aan de watermeloenen, dadels, vijgen en tomaten die de dorpsbewoners achter de muren in hun tuin kweekten en op de markt verkochten.

Vroeger waren de yezidi's gevreesde rebellen en rovers die zich onverschrokken weerden tegen de overvallen en gewelddadigheden van anderen. Hun trouw aan het gegeven woord en hun loyaliteit werden ook door hun vijanden erkend. Het zijn ijverige land- en tuinbouwers en veehoeders die hun buren in vaardigheid overtreffen... (Handwörterbuch des Islam, Wensinck & Krämer 1941, 806-811)

Ons eigen gezin had geen grote tuin maar onze buren en mijn oom wel. Ik wilde steeds naar het dorp van mijn vaders broer om hem daar te bezoeken, maar papa had nooit tijd om ons erheen te brengen. We hadden ook geen auto. Maar zodra de zomervakantie begon, haalde mijn oom ons op met zijn auto. In de schaduw van de bomen zaten we dan met onze benen languit te genieten van enorme sappige vruchten. Het leek net een kleine oase in de rotsachtige woestijn.

De wind in Duitsland is niet te vergelijken met de wind bij ons thuis. In die thuiswind ruik ik mijn familie. Maar als ik in Duitsland diep inadem, lijkt dat alles zo ver weg. Tijdens een wandeling ontdekte ik laatst een wei met schapen, koeien en kalveren en rook ik ineens de geur van ons vroegere dorpsleven. Even voelde ik me weer als thuis. In Hardan verdienden de boeren de kost met vee. Laatst ben ik uit pure heimwee de dierentuin ingelopen en heb ik, gelukkig glimlachend, geiten, duiven en ezels bekeken.

Als 's morgens in Hardan de zon opging en de hanen kraaiden, de schapen blaatten en de bakker zijn broden in vorm sloeg, verheugde ik me op de dag. Zelfs het geblaf van de straathonden 's avonds klonk in mijn oren als een vertrouwde melodie. Als ik mijn gezicht tegen de warme huid van mijn moeder vlijde, was ik thuis. Daar was de plek waar ik me begrepen voelde. Ik heb verschrikkelijk heimwee.

Thuis

Kinderen van het licht

Hardan

Op 1 april 1996 ben ik geboren in Hardan, op het bed van mijn moeder. Mijn oma van moederskant stond mijn moeder bij als vroedvrouw. Alle kinderen in ons gezin zijn thuis ter wereld gekomen. Als er een baby wordt geboren, willen de familieleden het kindje allereerst tegen boze blikken van anderen beschermen. Wanneer het een heel knap kindje is, wordt het vooral niet te mooi aangekleed, zodat het niet nog knapper lijkt. Andere mensen zouden immers jaloers kunnen worden. Gelukkig zag ik er als baby heel gewoon uit. Mijn oudere zus Felek weet haar geboortedatum niet. In haar tijd was dat niet van belang. Pas bij kinderen van mijn leeftijd werden er voor het eerst verjaardagen gevierd. Er is dan taart en de hele familie zit rond de tafel en viert feest. Tradities veranderen soms. Naar mijn idee ten goede.

Zo moesten de getrouwde vrouwen uit de generatie van mijn moeder en grootmoeder na hun huwelijk vooral hagelwitte kleren dragen. Daaroverheen een zwart gebreid vest en meestal een losjes omgeslagen lichtpaarse of witte hoofddoek. De vrouwen van mijn generatie dragen geen hoofddoek meer. En zelfs getrouwde vrouwen trekken tegenwoordig graag kleurrijke kleding aan.

Mijn vriendinnen liepen allemaal rond met los wapperend haar. Bij ons yezidi's komen allerlei haartypes en haarkleuren voor. Er is een dorpje in het Sinjar-gebergte waar ze allemaal blond zijn en blauwe ogen hebben. Sommigen hebben zelfs rood haar en groene ogen. Terwijl de ene familie eerder donker is, is de huid van andere yezidi's net zo licht als die van Europeanen. Ik heb de goudbruine ogen van mijn moeder.

[...] De yezidi's zijn mooie mensen met lang haar en het zelfbewustzijn van onafhankelijke bergbewoners, meestal zijn ze fors gebouwd. De ongesluierde vrouwen hebben bijzonder regelmatig gevormde gezichtstrekken. (Handwörterbuch des Islam, Wensinck und Krämer 1941, 806-811)

Elk gezin is verbonden aan een bepaalde sjeik. Deze sjeik heeft tot taak om ceremonies te leiden en ruzies te beslechten. 'Wij yezidi's regelen onze zaken liever onder elkaar dan voor het gerecht,' gaf mijn moeder als reden op. De sjeik moet de kleine jongens uiterlijk met elf maanden drie haarlokken afknippen. Pas daarna mogen de ouders het haar van hun mannelijke nakomelingen zelf knippen. Twee lokken zijn voor de ouders en de derde wordt bewaard door de heilige man. Door het afknippen van die haarlokken wordt de zoon officieel lid van onze religieuze gemeenschap.

Wij Shingal-meisjes mogen ons haar niet afknippen. Mijn moeder heeft het me verboden. 'Dat is een zonde,' zei ze. Als jong meisje droeg ik mijn lichtbruine haar altijd in een lange vlecht. Pas nadat een vrouw gestorven is, wordt de vlecht afgesneden en op haar graf gelegd. In isis-gevangenschap heb ik mijn vlecht afgesneden en hem een van mijn verkrachters voor de voeten geworpen. Nu begint mijn haar weer langer te worden. Het komt al tot op mijn schouders.

In de koude maanden sliepen we binnenshuis. De lemen muren hielden de warmte goed vast. Onze winter is met zijn milde temperaturen niet eens met jullie herfst te vergelijken. Wij yezidi-meisjes waren allemaal verbaasd toen we naar Duitsland kwamen. 'Wat is het hier al koud in september. Hoe zal dat in de winter dan wel niet zijn?'

Minstens zo verbaasd waren we over de centrale verwarmingen, waar je alleen maar aan hoeft te draaien om het warm te laten worden. In de kamers van onze lemen huisjes stond een houtkacheltje te loeien. In Noord-Irak regent het 's winters bijna om de dag, maar die regen is warm, zodat je toch naar buiten kunt.

Onze zomerdagen zijn ongelooflijk heet, met temperaturen tot wel vijftig graden. De hitte brandt zo genadeloos dat de mannen tussen de middag hun werk laten liggen om thuis een dutje te komen doen. Buiten is het dan niet meer uit te houden. Hoe heter de dag, hoe mooier de nacht die erop volgt. Mijn zusjes en ik sliepen dan buiten achter het huis.

Liggend op onze rug keken we naar de sterrenhemel. Als ik mijn ogen dichtdoe, zie ik de zee van zilverwitte lichtjes weer voor me. De ene na de andere vallende ster trekt een streep langs de inktzwarte hemel. De sterren schenen zo helder dat mijn kleine zusje Leyla probeerde om ze met beide handen van het hemelgewelf te plukken. De sterren waren overal. Het was alsof we het licht en de kleur van de hemel inademden. Alsof de hemel in ons was en wij in hem. Boven ons de oneindigheid, beneden om ons heen de zwoele nachtelijke wind.

Overdag trilde de lucht tussen de huizen van de hitte. Achter de muren die onze huizen omsloten, begonnen de woestijn en de bergen. Als er tussen de kale rotsen per ongeluk een boompje groeide, duurde het meestal niet lang tot het weer verdorde. Als onze bergen zo begroeid waren geweest als die van jullie in Duitsland zouden er tijdens de vlucht in de zomer van 2014 niet zoveel mensen ellendig zijn omgekomen van dorst, honger en uitputting. Uit pure noodzaak aten de opgejaagde mensen de bladeren van doornstruiken. Er zijn daar boven wel schaduwrijke grotten, maar in de rotsachtige woestijn is nergens water te bekennen. En overal loert gevaar: vallend gesteente, schorpioenen, scherpschutters...

'Ik hoop dat God je een zoon schenkt'

Wij kinderen zijn opgegroeid in vrijheid. Urenlang speelden meisjes en jongens buiten. Althans tot een bepaalde leeftijd. Met een jaar of acht namen de moeders ons apart. 'Zo, je wordt nu langzamerhand een vrouw en daar dien je je in gezelschap ook naar te gedragen. Je mag niet meer met jongens spelen.' In onze cultuur werden jongens hoger aangeschreven dan meisjes. 'Ik hoop dat God je een zoon schenkt,' zeiden de mensen tegen een vrouw die in verwachting was.

Maar ook als God een echtpaar zes dochters achtereen had geschonken, waren de vaders nog altijd blij en bleven ze gewoon verder hopen op mannelijk nageslacht. Per slot van rekening verdienden de mannen de kost en zorgden de vrouwen voor het huishouden en de kinderen. Als de vader iets zou overkomen, moest hij worden vervangen. Er waren veel weduwen in het dorp omdat de meeste mannen in het leger moesten en daar waren gesneuveld. Als de vader er niet meer was, moest de oudste zoon de rol van kostwinner op zich nemen. Maar vrouwen zijn niet ondergeschikt aan mannen. Ze hebben dezelfde rechten en plichten.

Inmiddels is vrijwel het gehele Sinjar-gebergte ervan overtuigd dat onderwijs erg waardevol is – ook voor meisjes. Mijn moeder moest tot haar spijt van school af om haar moeder in huis te helpen. Mijn vader was bouwvakker en werkte regelmatig voor een aantal maanden buiten het dorp. Tijdens zijn lange afwezigheid zorgde mijn moeder dat thuis alles op rolletjes liep. Als wij kinderen weer eens ruziemaakten, riep mijn broer Dilshad ons tot de orde. Hij was maar een jaar ouder dan ik. Meestal was het een vrolijke boel bij ons thuis. We kregen vaak bezoek van vrienden of van onze vele familieleden. Mijn grootouders van vaderskant heb ik niet goed gekend, ze zijn vroeg overleden. Zo bleven de verschrikkingen in de zomer van 2014 hun bespaard.

Er was geen verschil tussen yezidi's en Arabieren

De mooiste herinneringen heb ik aan mijn schooltijd. En dat terwijl die helemaal niet goed begon... In mijn schooluniform, oftewel in zwarte rok en witte bloes, heb ik de tien minuten durende weg naar school blèrend en struikelend afgelegd. Ik was doodsbang voor de grote honden die me onderweg aanblaften, en voor die enorme mensenmassa. Dat was ik niet gewend. Mijn drie jaar oudere zus Felek was bij me maar ze zat twee klassen hoger en liet me harteloos alleen achter in het gedrang.

Al die mensen, dat harde gepraat, die chaos. En ineens zat ik tussen eenenzeventig schoolkinderen, want de eerste en tweede klas waren samengevoegd. Zoveel onbekende gezichten om me heen. Tot overmaat van ramp kwam er ook nog een onderwijzer binnen die les wilde geven. Van ellende begon ik meteen weer als een wolf te huilen en riep ik om mijn grote zus. Omdat de onderwijzer mijn 'uit-knopje' niet kon vinden, heeft hij haar laten halen. 'Breng me naar huis! Ik wil niet meer naar school!' Felek bekeek me wat misprijzend en nam me bij de hand.

Pas na een week kwam ik tot rust en drong het tot me door hoe belangrijk school voor me was. 'Hoe meer je leert, hoe invloedrijker je later in het leven kunt zijn,' hield mijn moeder me voor. Dat idee beviel mij wel. Vanaf dat moment wilde ik dan ook niet meer samen met mijn grote zus naar school lopen. Dat was pijnlijk. In plaats daarvan liep ik gearmd met mijn nieuwe vriendinnen. Mijn moeder heeft me hier later vaak aan herinnerd, als ik mijn kleine broertje en zusje terechtwees omdat ze tijdens de les hun mond niet open durfden te doen. 'En, weet je nog hoe bang jij vroeger zelf was?'

Tot en met de vierde zaten jongens en meisjes met elkaar in een klas, zowel Arabieren als yezidi's. De Arabieren spraken meestal Kurmançi, ons Koerdische dialect, omdat ze tussen de yezidi's waren opgegroeid en ook bijna alle leraren op deze school yezidi waren. Er was natuurlijk ook een school waar alleen in het Arabisch les werd gegeven. Maar omdat deze kinderen onze taal hadden geleerd, zaten ze in de regel ook bij ons op school. Toen de jihadisten van IS hier later binnendrongen, hebben ze dit tegen ons gebruikt. Het zou onze schuld zijn dat hun kinderen hun eigen taal niet meer kenden.

Uit verhalen wist ik dat sommige diepgelovige moslims, zowel Arabieren als Koerden, geen voedsel van ons aan wilden nemen. Eten dat door onze handen was gegaan, gold als onrein. De Koerden zijn onderling zeer verdeeld. Ze wonen niet alleen verspreid over verschillende landen, maar ze hebben ook verschillende religies, dialecten, clans en politieke partijen. Tientallen jaren lang hebben ze elkaar verraden of trouw gezworen. Wij yezidi's zijn een vervolgde groep binnen een vervolgde groep. Maar zelf heb ik nooit met dergelijke problemen of vooroordelen te maken gehad. Voor mij waren islamitische Koerden, Arabieren en yezidi's één grote familie. Pas toen de terroristen de macht grepen, wilden onze buren hun brood ineens niet meer met ons delen.

Ik had ook veel Arabische vriendinnen. Aan beide kanten hadden onze ouders ons oprechtheid, tolerantie en gerechtigheid tegenover ieder mens bijgebracht. De gebeden van de yezidi's manen de gelovigen tot bescheidenheid: 'O, aangezicht van Ali Mohammed, gezegend zijt gij. Verlos de volkeren, help alle mensen en open ook voor onze kinderen een deur!' We kwamen niet eens op het idee om verschil te maken, alleen omdat iemand een andere religie had.

'De geschiedenis van de yezidi's is een geschiedenis van vervolging en gedwongen islamisering.' Dat hielden de ouderen ons voor en daarbij staarden ze gepijnigd in de verte, alsof ze het bloed van de doden nog steeds in het zand zagen. 'Wij werden onderdrukt door Turken en Arabieren omdat we Koerden zijn. En door moslims, omdat die ons voor ongelovigen houden.'

Tegenwoordig leven we verspreid over een gebied dat zich uitstrekt van Noord-Irak en Turkije tot in Syrië en delen van de voormalige Sovjet-Unie. 'Zulke slachtpartijen kunnen zich elk moment herhalen,' geloofde mijn vader, terwijl hij zorgelijk aan zijn zwarte snor draaide.

Het conflict rond de yezidi's is meer dan duizend jaar oud en volgens schattingen gaat hun geschiedenis meer dan vierduizend jaar terug. Door de islamisering van de Koerdische gebieden in Irak, Iran, Syrië en Turkije na het jaar 637 kwam een enorme Koerdische odyssee op gang die nog altijd voortduurt. Ik ga ervan uit dat er in de laatste zevenhonderd jaar zo'n 1,8 miljoen yezidi's werden gedwongen zich tot de islam te bekeren en dat er ongeveer 1,2 miljoen zijn vermoord. (Jan Kizilhan)

Ons volk draagt de angst voor vervolging in zich mee. Alleen daarom al was een gevoel van verbondenheid met andere minderheden voor ons vanzelfsprekend, of het nu yarsan, shabakken, mandaeërs, alevieten, sjiieten of christenen waren. Tegenwoordig bevechten al deze minderheden de IS-milities in Syrië en Irak.

> *De Jasidi's [...] zijn edel van karakter en zeer gastvrij: dat werd duidelijk toen ze de christenen in hun midden opnamen, en heel in het bijzonder, toen zij zich verzamelden om de christenen van de vervolgingen en bloedbaden te redden; ze gaven zelfs hun leven voor de christenen en verdroegen het plunderen van hun huizen, om de christenen te beschermen. Daardoor lieten zij grote liefde en waardering achter in de harten van alle christenen.* (uit Quarabash, Aabed Machiho Na'man, *Vergoten bloed. Verhalen over de gruweldaden jegens christenen in Turkije en over het leed dat hun in 1895 en in 1914-1918 is aangedaan*, 2002, vertaling J.Jonk)

Hoewel we godsdienstonderwijs gescheiden van onze Arabische klasgenootjes kregen, maakte dat geen verschil. Als de moslims hun feesten vierden, nodigden ze de yezidi's graag uit. We dansten samen en maakten plezier. We hadden een hechte band. Er waren ook een paar yezidische meisjes uit ons dorp die liever naar de Arabische school gingen. Maar mijn moeder wilde dat ik naast Arabisch ook Engels leerde en dat kon alleen op onze Koerdische school.

In de jaren die volgden, was ik in elk geval een luidruchtige en soms iets te levenslustige leerling. Soms kreeg ik tijdens de les de slappe lach. Ik kon dan gewoon niet meer ophouden. Het gegons van de leerlingen om me heen verstomde, mijn buurvrouw begon ook te giechelen en ten slotte zat de hele klas te gieren van het lachen. De leraar dacht waarschijnlijk dat ik gek was geworden en stuurde me de klas uit. 'Als je klaar bent, kun je weer terugkomen.'

Het hoogtepunt van het jaar was wanneer ik een schooljaar succesvol had afgesloten en al uitkeek naar de volgende klas. Bij de afsluiting van elk schooljaar gaven mijn ouders me een cadeautje. Het was altijd iets leuks. Een nieuw paar schoenen of een vest, soms kreeg ik ook een grote bos bloemen van mijn oudste broer. Dat was om me aan te moedigen om net zo ijverig verder te blijven leren.

Leergierig zoog ik de lesstof op en ik maakte mijn huiswerk in mijn mooiste handschrift. 'Vroeger was Mesopotamië de bakermat van de menselijke cultuur. Het tweestromenland ligt tussen de rivieren Eufraat en Tigris, die volgens de christenen in het paradijs ontspringen.' Mijn vader was ontzettend trots op mij omdat het ook de mensen in ons dorp opviel dat ik zulke goede cijfers haalde. Zelfs mijn Arabische wiskundeleraar Ibrahim kwam hem complimenteren: 'Je dochter doet het uitstekend. Ze is zeer intelligent.'

Vader liep dan zo trots als een pauw door het dorp. Hoewel hij niet lang was, zag hij er indrukwekkend uit met zijn dikke zwarte haar, grote ogen en karamelkleurige huid, niet te donker en niet te licht. Een prachtige zwarte snor sierde zijn bovenlip. Een goede yezidi scheert zijn snor niet af. Vader was een yezidi uit het boekje. Meestal droeg hij een overhemd, een broek en ook nog een vest.

Als het vrijdag was, zette ik mijn schooltas in de hoek en liep ik naar buiten. Daar nam ik mijn buurmeisje bij de hand en samen gingen we naar het huis ernaast. Daar kwam de volgende mee, en nog een en nog een. Gearmd liepen we kletsend en lachend door het dorp. Onze ouders zaten buiten in groepjes te praten tot in de late avond. Er bestond een groot onderling vertrouwen.

Duivelsaanbidders die niet in de duivel geloven

In tegenstelling tot veel andere religies is ons geloof alleen mondeling overgeleverd. Onze voorouders zetten onze liederen en gebeden niet op schrift omdat ze bang waren dat de boeken zouden worden verbrand en de gelovigen vervolgd. De tien geboden en een bijzonder respect voor de natuur maken deel uit van deze overlevering. 'Yezidi' betekent zoveel als 'door God geschapen', legde mijn vader aan ons kinderen uit. 'Yezidi' word je alleen door geboorte waarbij beide ouders yezidi moeten zijn. God is almachtig. Hij schiep de wereld en zeven engelen uit één licht.

De zeven aartsengelen die ook in het jodendom, het christendom en de islam voorkomen, volgen God en worden in onze dagelijkse gebeden betrokken. Volgens de overlevering had God Adam ooit een ziel ingeblazen en daarna alle engelen bevolen om voor de mens te knielen. Alleen Taus-i Melek weigerde dit bevel op te volgen. 'Mijn schepper, ik ben niet vergeten dat u eerder heeft gezegd niemand anders dan u te aanbidden.' God vergaf hem en beloonde Taus-i Melek voor zijn trouw door hem aanvoerder van de aartsengelen te maken. Dit verhaal vertoont overeenkomsten met de gevallen engel 'Iblis' uit de Koran. Maar in de islam belichaamt hij de duivel en moet hij als straf voor zijn ongehoorzaamheid branden in de hel, terwijl wij hem als engel vereren.

In de ogen van ISIS is dat een zware misdaad. Daarom verketteren zij ons als 'duivelsaanbidders', hoewel wij niet zoals zij in een hel of een duivel geloven. Het woord 'd...vel' mogen wij niet eens uitspreken, als we dat wel doen, zouden we het bestaan van het kwaad erkennen. Volgens ons heeft God geen tegenspeler, want God is enig. Hoe kan God nu almachtig zijn als hij ook nog een tegenstander zou hebben?

God heeft aan zijn aardse vertegenwoordiger Taus-i Melek opdracht gegeven om de yezidi's op aarde te beschermen. Zijn incarnatie is een pauw met opgezette staartveren die tevens symbool staan voor de zon. Voor mij is een pauw een van de allermooiste en elegantste dieren. Wij yezidi's gaan ervan uit dat we direct van Adam afstammen. En niet van Eva die tot kwaad verleidt. Volgens ons bestaat het kwaad alleen in de mens zelf.

De steek van de schorpioen

Knipperend met mijn ogen keek ik in de rode ochtendzon die de zandbodem en de rotsmassa's achter Hardan in goud liet veranderen. De macht en de schoonheid van de natuur zijn onvergelijkelijk. Daarbij verbleekt alles wat door mensenhanden is gemaakt. Uit respect voor Gods werk mogen wij niet eens op de grond spugen. Maar we hebben ook geleerd onszelf te beschermen tegen de gevaren om ons heen. Zo wachten de zwarte schorpioenen 's nachts hun prooi op in de buurt van spelonken en andere beschutte plaatsen. Daarom kruipen ze onze huizen ook binnen. Hun stekel schiet bliksemsnel over hun kop en spuit het gif in het prooidier. Bij een dodelijke dosis treedt de dood bij een mens binnen vijf tot twintig uur in als gevolg van ademstilstand.

Schorpioenen zijn onze vijand. Later hebben we deze beesten de naam ISIS gegeven omdat ze net zo zwart en dodelijk zijn als hun strijders. Er zijn ook veel slangen. Maar mijn vader waarschuwde ons: 'Maak ze niet dood!' Volgens legenden had een zwarte slang ooit met zijn lijf een lek in de Ark van Noach afgedicht en zo de mensheid van de ondergang gered. Uit dankbaarheid vereren we deze reptielen nog steeds. Als er een verdwaalde slang onder of in ons bed terecht was gekomen, ving mijn vader het beest in alle rust en liet hem ergens anders weer vrij. Als je deze dieren met rust liet, vielen ze je ook niet aan. Alleen schorpioenen maakten we dood.

Mijn moeder is een keer gestoken. Wij hebben haar direct naar het ziekenhuis in het dorp gebracht. Ik was zo bang dat mijn mama dood zou gaan. Als kind hadden wij geleerd dat de dood niet lang op zich liet wachten als een slachtoffer van een schorpioenensteek over begon te geven. Mama gaf de hele tijd over. Als ik daar nu aan terugdenk, had ik liever gehad dat mijn moeder duizendmaal door een schorpioen was aangevallen dan eenmaal door IS-strijders. Want ze zou liever zijn omgekomen door het gif van een schorpioen dan door marteling en verkrachting door deze kannibalen. Mijn moeder had verschillende keren kunnen vluchten. Maar ze zei altijd tegen mij: 'Ik vlucht pas als ik weet dat jij in veiligheid bent.' Maar toen was het te laat.

De dokters in het ziekenhuis hebben mijn koortsige moeder injecties gegeven en ervoor gezorgd dat het snel beter met haar ging. Twee dagen later mocht ze weer naar huis. Maar haar been was nog flink gezwollen en haar gezicht had een gelige kleur. De hele tijd heeft ze niet toe willen geven hoe vreselijk slecht het met haar ging. Pas toen ze weer op de been was, merkte ze terloops op dat ze bijna dood was geweest. Ik was compleet overstuur. 'Waarom heb je dat niet meteen gezegd? Je hebt steeds beweerd dat het goed ging.' 'Als ik de waarheid had gezegd, had je je alleen maar vreselijk zorgen gemaakt,' verdedigde ze zich lachend. Moeder heeft een manier van lachen die recht uit haar hart komt.

Mijn moeder is mijn beste vriendin. Niemand ter wereld weet zoveel van me als zij. Als me iets dwarszat, kon ik bij haar uithuilen. Ik heb met niemand zo'n intense band als met haar.

Uiterlijk lijken wij, drie zusjes, erg op haar. Mijn haar is alleen bruin uitgevallen, terwijl mijn zusjes het zwarte haar van vader en moeder hebben geërfd. Wij meisjes zijn eerder aan de kleine kant, we zijn wat rond van gezicht en hebben een smalle neus. Mijn oudste broer steekt met zijn 1,70 meter bijna anderhalf hoofd boven ons uit. Allemaal hebben we een kaneelkleurige huid.

Mijn moeder heeft ons kinderen de regels geleerd waarnaar we moeten leven.

Kinderen van het licht

Aan de ene kant waren mijn ouders heel streng, maar aan de andere kant lieten ze me erg vrij. Ze hebben me onze zeden en moraal bijgebracht maar me ook hun vertrouwen gegeven. 'We geven je deze raad mee op je levenspad, maar we laten je je eigen ervaringen opdoen en je mag leven zoals dat voor jou het beste is.' Religieuze teksten en gebeden leerden we niet op school. Terwijl de moslims islamonderwijs kregen, deden de wijze mannen uit het dorp ons voor hoe je het avond- en het ochtendgebed zegt. Zoiets als een kerk hebben we niet. Bij het bidden draaien we ons gezicht naar de zon en staan we blootsvoets in het zand, met de handen voor het lichaam.

Voor ons is dit lichtgevende hemellichaam een zichtbaar bewijs van God. Zonder zon kan geen mens leven. De zon belichaamt het eeuwige vuur aan de hemel, de reflectie van het goddelijke licht. Omdat we de zon vereren, worden wij yezidi's ook wel 'Kinderen van het licht' of 'Dochters van de zon' genoemd. De zonnestralen strelen ons gezicht als liefdevolle handen terwijl wij onze gebeden uitspreken: 'God, bescherm eerst de tweeënzeventig volken en daarna ons.'

Wij zijn een vredelievend volk dat graag feestviert. Maar af en toe moeten we ons ook oefenen in onthouding. Uit dankbaarheid voor de schepping moet iedere yezidi in december drie dagen vasten. Mijn lievelingsfeest is echter het nieuwjaarsfeest dat op de eerste woensdag in april valt. Het heet zoiets als 'Rode Woensdag'. Volgens de overlevering daalt Gods engel Taus-i Melek ieder jaar op deze dag op aarde neer om de gelovigen gezondheid, bescherming en welvaart te brengen. Rond deze tijd begint alles in de tuinen te bloeien. Dan verven we eieren en versieren we de ingangen van de huizen met prachtige bloemen. Kleurig, omdat in de lente de planten weer opbloeien. Eieren en planten zijn de oorsprong van het leven. Deze kleurenpracht vond ik ronduit heerlijk. We bakten samen en iedereen ging bij elkaar op bezoek.

Wanneer de schemering over het dorp viel, maakten we een reusachtig vuur. De vlammen wierpen een rode gloed over de gezichten terwijl ik met mijn vriendinnen naar de muziek luisterde. De mannen tokkelden op de snaren van hun *tanbur*, een soort luit met een lange hals en zongen er hartstochtelijk bij. Onze liederen zijn vol melancholie en verlangen. Het gaat altijd over verhalen uit vroeger tijden. Over onze geboortegrond, maar ook over verloren liefde en pijn, over moord, dood en verlies. Andere thema's zijn er niet. Als flakkerende tongetjes sprongen de vonken en vlammen op naar de hemel. Aandachtig luisterde ik naar de woorden. In Duitsland wil ik deze liederen niet meer horen. Ik wil niet meer denken aan al dat leed. Ik heb zelf al genoeg meegemaakt.

Toch is het belangrijk dat wij als kinderen met deze verhalen opgroeiden. We zijn opgevoed met de wetenschap dat zulke bloedbaden zich elk moment kunnen herhalen. Ons volk is door deze ervaringen voorzichtiger en wantrouwiger dan andere volkeren. We leven meer teruggetrokken. Dat is een kant van ons. Aan de andere kant zijn we heel tolerant en gastvrij. Wie er ook bij ons op bezoek kwam, hij of zij mocht niet vertrekken zonder eerst iets gegeten te hebben. Steeds weer ging mijn moeder rond met gebak, brood en fruit. Zelfs in de armste vluchtelingenkampen is dat zo gebleven. Als iemand de tent van een yezidi binnenkomt, gaat hij niet weg zonder in elk geval thee te hebben gedronken. Anders zou het een belediging zijn voor de gastheer. Zelfs als er voor de kinderen niets meer is, probeert men toch de gast een pleziertje te doen.

Bij andere feesten bonden de volwassenen ons kinderen een rood-wit bandje om de pols. Dat brengt geluk en het moet blijven zitten tot het vanzelf kapotgaat. Mijn bandje is van mijn pols gerukt door een is-strijder.

Pas op, ze heeft het weer op haar heupen

Tot augustus 2014 verliep ons leven normaal. Net als bij duizenden andere gezinnen. Ik was nogal brutaal en haalde weleens wat uit. Ook was ik behoorlijk strijdlustig en eigenwijs. Als ik wild stampend ruziemaakte met mijn broers en zussen zei mama tegen de anderen: 'Laat haar toch met rust, ze heeft het weer op haar heupen. Ze koelt zo wel weer af.' Daarna richtte ze zich tot mij en zei: 'We hebben je blijkbaar iets te veel verwend.'

Natuurlijk wilde ik dat mijn ouders mij het liefste vonden. En natuurlijk wilden mijn broers en zussen dat ook. Meestal maakten we ruzie over kleinigheidjes. Over de afstandsbediening of omdat mijn vader mijn kleine zusje nieuwe pennen had gegeven maar mij niet. Ik riep mijn moeder dan ter verantwoording: 'Ik zit in een hogere klas, ik heb veel meer huiswerk en moet veel harder werken, waarom krijg ik geen nieuwe pennen?' Dat noemt men ook wel een sterk ontwikkeld rechtvaardigheidsgevoel, oftewel puberteit. Mijn ouders hebben geprobeerd om geen van ons voor te trekken, ze deden altijd hun best om alles eerlijk te verdelen.

Toch waren we vaak jaloers op elkaar. Ik wachtte altijd tot Felek de kamer uit was zodat ik privézaken met mijn moeder alleen kon bespreken. Anders zou mijn oudere zus mijn zwakheden tegen me uit kunnen spelen wanneer het haar uitkwam en me constant onder mijn neus wrijven hoe stom ik wel niet was.

Maar ook al was ik erg boos, mijn moeder accepteerde niet dat er tijdens het eten ruzie werd gemaakt of chagrijnig werd gedaan. Daar hielden we ons allemaal aan. Aan tafel praatten we normaal met elkaar, alsof er nooit iets was voorgevallen. Maar als we dan weer opstonden...

Als mijn ouders ergens op bezoek gingen, liet mijn moeder wat geld bij mij achter voor Leyla om op een lastig moment iets lekkers voor haar te kunnen kopen. Kemal was oud genoeg om op zichzelf te passen. Listig stelde ik mijn kleine zusje voor om snoepjes te gaan kopen. In de winkel deed ik dan met veel gezucht alsof ik mijn eigen spaargeld voor haar uitgaf, anders had het kleine ding haar snoepjes nooit met mij willen delen. Zo waren we allebei blij en verliep alles in pais en vree. Soms bleven mijn ouders weg tot ver na middernacht. Dan liet ik mijn zusje televisiekijken terwijl ik zelf op Facebook met mijn vriendinnen chatte.

Als Leyla op school problemen had of ruzie met haar vriendinnen, rende ze naar huis om haar hart bij moeder uit te storten. Maar voordat moeder een woord kon zeggen, wreef ik haar mijn eigen levenswijsheden al onder de neus. Ik wilde mijn kleine zusje helemaal naar mijn idee opvoeden. Alleen was ze minstens zo koppig als ik.

Ons gezin had een hechte band, we leefden niet langs elkaar heen. We deelden veel dingen en praatten graag. Wij kinderen hadden veel respect voor onze ouders, maar bang voor hen waren we niet.

Familie en bloedverwantschap spelen in traditionele samenlevingen een belangrijke rol. Familieleden zijn zo nauw met elkaar verbonden dat buitenstaanders daar vrijwel niet tussen kunnen komen. Zonder deze band waren de yezidi's als volk misschien allang uiteengevallen. De Koerdische familie vormt de basis van alle solidariteit en is een garantie voor overleven. (Jan Kizilhan)

Iedere Koerd herbouwt zijn huis meermaals in zijn leven

Moeder klaagde heel vaak over de dictatuur van Saddam Hoessein die sinds 1979 president van Irak was. 'De yezidi's mochten niets houden van wat ze in hun dorpen hadden aangeplant.' In de jaren negentig werden onze mannen gedwongen om drie jaar in het Iraakse leger te dienen. Daar mochten ze niet laten blijken dat ze Koerden waren. In plaats daarvan moesten ze zeggen: 'We zijn weliswaar yezidi, maar Arabisch van oorsprong.' Als ze de waarheid hadden gesproken, zouden ze zijn vermoord. Ook deserteurs werden zonder pardon doodgeschoten.

De yezidische soldaten mochten hun pasgeboren kinderen geen yezidische namen geven. De kinderen moesten een Arabische naam krijgen. Om dat te omzeilen, gaven de vaders hun kinderen aan op naam van hun broer die niet in het leger zat. Kennelijk ging Saddam ervan uit dat Irak van hem alleen was. Maar de Koerden droomden al sinds jaar en dag van onafhankelijkheid. Per slot van rekening behoren wij tot de grootste etnische groep ter wereld zonder eigen staat. En zo kwam het tot de 'Al-Anfal-operatie'. Het begrip Al-Anfal komt uit de achtste soera van de Koran en betekent 'de Buit'. Onder deze naam begon het Ba'ath-regime in februari 1988 met het verwoesten van vierduizend Koerdische dorpen. De huizen werden door draglines met de grond gelijkgemaakt, de waterputten met beton dichtgestort en de velden met gif onbruikbaar gemaakt. Overlevenden kwamen in concentratiekampen terecht.

Op 16 maart 1988 gaf de dictator zijn neef, later bekend als 'Ali Chemicali', opdracht om het Koerdische probleem voor eens en voor altijd uit de wereld te helpen. Helikopters gooiden napalmbommen en vuurden chemische wapens af boven Halabja, een stad van vijftigduizend inwoners in de buurt van de Iraanse grens. 'Vijfduizend mensen stierven ter plekke,' vertelde onze leraar op school. Hij liet ook foto's zien. Kinderen lagen verkrampt naast hun moeders op de grond. Duizenden mensen vluchtten over de bergen naar Iran. Na de gifgasaanval stierven veel mensen aan kanker en andere ziektes die voordien nog onbekend waren. De plaats van deze aanslag lag niet ver van Lalish, onze bedevaartplaats. De yezidi's daar waren bang dat de geur van de dood ook naar hen zou overwaaien.

Na de nederlaag van het Ba'ath-regime in de Golfoorlog van 1990-1991 kwamen de Koerden in opstand en verwierven ze autonomie. Nadat ze in 2003 aan Amerikaanse zijde hadden deelgenomen aan de Irakoorlog konden ze hun autonome regio verder uitbreiden. Binnen de nieuwgevormde federale staat werd Koerdistan in de nieuwe Iraakse grondwet erkend als de Koerdische Autonome Regio, met een eigen regering en een eigen parlement met zetel in de hoofdstad Arbil.

Toen ik over deze aanvallen op het Koerdische volk hoorde, was ik tot in mijn ziel getroffen. Ik was veertien en moest huilen omdat ik besefte wat een verschrikkelijk lot deze mensen had getroffen. In Koerdistan leek het normaal dat een mens zijn huis in de loop van zijn leven meermaals moest herbouwen. Voor het eerst vroeg ik me af waarom dit soort dingen gebeuren. Ze vallen ons aan omdat we bij een ander volk horen. Alleen maar omdat we Koerden zijn? Voor ons Koerden leek het pure feit dat we nog als volk bestonden al een overwinning. Dat kon ik niet begrijpen.

Daarna begon ik aan het hele systeem te twijfelen. Aan gerechtigheid, recht en vrede. Ik besefte dat wij als Koerden constant op onze hoede moesten zijn. Mijn vriendinnen dachten er precies zo over: 'Als ze ons toen hebben verraden en vermoord, zullen ze dat een volgende keer weer doen.'

Later vergeleek mijn moeder het is-regime regelmatig met de terreur van Saddam. 'Hij was dan wel een dictator en een moordenaar en zijn regime was slecht, maar het was duizendmaal beter dan wat we nu meemaken.'

Praat niet met onbekende mannen

In onze vrije tijd kleedden wij meisjes ons zoals we wilden. Soms droeg ik een lange, felgekleurde jurk en ook weleens een broek. Jongens bekeken we bij voorkeur van een veilige afstand. Zelfs met mijn neef at ik niet meer aan dezelfde tafel. Een man zo dichtbij zou me alleen maar verlegen hebben gemaakt.

Op school gluurden de jongens stiekem naar ons, tot ze doorkregen dat wij precies hetzelfde deden. Wij keken dan direct onopvallend de andere kant uit en negeerden hen, terwijl zij op alle mogelijke manieren probeerden op te vallen en onze aandacht te trekken. Soms riepen jongens en meisjes elkaar van een afstandje iets toe, maar er was nooit direct contact. De meisjes onder elkaar beperkten zich tot fluisteren en giechelen.

Ontelbare malen waarschuwde mijn moeder me voor moslimmannen. Onze yezidische jongens hielden zich vanzelf wel aan de regels. Hoe ouder we werden, hoe meer we merkten dat wij anders waren dan de anderen. Moeder wilde ook altijd dat ik mijn rood-witte stofbandje om mijn pols verstopte als ik ergens heen ging. Daaraan kon je een yezidi-meisje onmiddellijk herkennen.

'Als je een moslimman tegenkomt, begroet hem dan vriendelijk als een buurman met "hallo" en "dag", maar alsjeblieft niet meer dan dat,' drukte mijn moeder me op het hart, 'zorg dat je niet aan de praat raakt.' Als ik naar school ging, wees ze me erop dat ik voor de zekerheid beter geen eten of drinken van onbekenden kon aannemen. 'Koop liever zelf wat of ga naar een vriendin van wie we de familie goed kennen.' Er gingen geruchten over een moslimjongen die onopvallend drugs in het glas van een meisje had gedaan. Ik deed wat mijn moeder me had geadviseerd. In die periode begonnen mijn islamitische vriendinnen voortdurend vragen te stellen over onze religie. Dat kwam heel verwijtend over. 'Waarom hebben jullie geen godshuis?' Ik probeerde uit te leggen dat wij overal onder de blote hemel konden bidden. Ze vonden het ook leuk om flauwe opmerkingen te maken, zoals: 'Hup, zeg eens "duivel"! Toe dan! Waarom zeg je het niet gewoon?' En ze pestten ons: 'Als je niet vijf keer per dag bidt zoals wij, kom je niet in het paradijs omdat je je dan niet van je zonden kunt reinigen.'

Als ik onzeker met deze vragen bij mijn moeder aankwam, hield ze me eenvoudigweg voor: 'Zolang je niet steelt, liegt, iemand doodt of benadeelt, ben je een goed mens, heb je een zuiver hart en zul je krijgen wat je verdient.' Daarvoor hoefde ik geen vijf keer per dag te bidden. De volgende dag kwamen mijn islamitische vriendinnen weer met wat anders. 'Waarom bidden jullie eigenlijk in de richting van de zon, dat heeft toch niets met God te maken. Wij moslims bidden direct tot God en God verhoort onze gebeden. Jullie bidden naar een zon, maar die verdwijnt 's avonds toch.' Moeder reageerde als volgt: 'Als de zon ondergaat, komt de maan op in haar plaats. En beide zijn voor ons een teken van God. Voor ons yezidi's zijn natuurfenomenen zoals hemellichamen, maar ook zandstormen en aardbevingen heilig. Ze gelden als teken van Gods almacht.'

De discussies tussen moslims en yezidi's verliepen steeds

vaker op deze manier. Alleen stelden wij hun geloof niet ter discussie. Bij ons is iedereen in de ogen van God gelijk en is geen enkele religie de enige ware. Het is ons dan ook niet toegestaan om anderen te bekeren. Waarom zouden we? Het is niet eens mogelijk om je tot het yezidisme te bekeren. Yezidi ben je alleen door geboorte. De mens is eerst en vooral zelf verantwoordelijk voor zijn handelen. God heeft ons verstand gegeven zodat we zelf de juiste weg kunnen kiezen. Wij geloven in incarnatie en niet dat God de mensen in de hemel sorteert: 'Jij gaat naar het paradijs en jij niet...' Wij zien het leven als een cirkel. Voor yezidi's betekent de dood daarom geen einde. In onze taal zeggen we: 'Hij heeft alleen zijn hemd verwisseld...' Dat betekent dat alleen de ziel verhuist. In een andere ziel keert de mens terug naar het leven. Nog tijdens zijn of haar leven kiest een yezidi ook een broer of zus voor het volgende leven. Deze broers en zussen dragen dan morele verantwoordelijkheid voor elkaars daden. Ik heb zelf nog geen zus voor het volgende leven uitgekozen.

Als je een goed mens bent geweest, word je in een betere toestand herboren. Maar als je een slecht mens was, zoals een IS-strijder, dan keer je op aarde terug met een lagere status. Misschien als hond of als ezel, want honden zijn voor deze terroristen de inferieurste wezens die er bestaan. Ze belichamen voor hen vuil en onreinheid.

Groetjes uit Bollywood

Je mag alleen trouwen binnen je eigen kaste. Onze samenleving wordt gereguleerd door een streng kastenstelsel. De wereldlijke en religieuze leider, de emir, staat aan de top van deze piramide, onder hem staan twee geestelijke kasten, die van de sjeiks, de leraren, en die van de *pirs*, de priesters. Zij zijn de spirituele gids voor de laagste kaste, die van de *murids*, het gewone volk.

Lid van een kaste word je alleen door geboorte. Het is niet mogelijk om je kaste te verlaten. Maar niemand is beter of slechter dan een ander. 'Yezidi's zijn één,' goot moeder ons met de paplepel in.

Mijn familie behoort tot de murids. Als murid-meisjes vermeden we het contact met jongens uit een andere kaste zo veel mogelijk, zodat er geen wederzijdse gevoelens konden ontstaan. Ten opzichte van mensen uit een andere kaste was eerder sprake van broederlijke of zusterlijke gevoelens. Ik heb nooit meegemaakt dat een meisje uit ons dorp verliefd werd op een man uit de verkeerde kaste. Naar het hoe en waarom van het kastenstelsel heb ik nooit gevraagd. Voor mij vormde het geen probleem.

[...] een dergelijke duidelijke scheiding en de onmogelijkheid om van kaste te wisselen, verhinderen onderlinge machtsstrijd tussen de kasten. Iedereen is zich bewust van zijn sociale status en niemand kan daar iets aan veranderen. (Jan Kizilhan)

Boven mijn bed had ik een poster van een Indiase actrice opgehangen. 's Avonds zaten we op de bank aan de televisie gekluisterd te zwijmelen voor Indiase liefdesfilms. Het liefst keken we naar Bollywood-producties. Hollywood of Amerikaanse films kwamen in onze programmering niet voor. Natuurlijk was er ook in ons dorp sprake van westerse invloed. Jeans en cola waren heel gewoon. Maar we gingen niet uit met vrienden om in een bar of café iets te drinken. We nodigden elkaar eerder thuis uit of gingen bij anderen op bezoek. Alcohol was niet verboden, maar wij vrouwen hadden daar meestal toch geen behoefte aan. Ook de meeste mannen dronken met mate. Wanneer er op feesten toch gedronken werd, was dat vooral raki, aangelengd met water. Over het Westen wisten we maar weinig. Op school hoorden we er niets over. Misschien wilden de leraren ons niet op verkeerde ideeën brengen? De structuur van Irak kende ik des te beter. Een verlammende bureaucratie en de gebruikelijke corruptie. Yezidi's die na het terreurregime van Saddam in Duitsland asiel hadden gekregen, waren bij hun bezoeken aan Hardan enthousiast: 'In Duitsland heerst vrijheid van godsdienst.' Dat leek me wel wat. Op een dag, zo dacht ik bij mezelf, wil ik een keer als toerist naar dat land. Dat die wens op een heel andere manier in vervulling zou gaan, kon ik toen niet vermoeden. Maar mijn favoriete stad is en blijft Parijs! Die stad verbind ik met leven, diversiteit en vrijheid. Ook na de terreur en de aanslagen van is is dit nog altijd zo.

Op het televisiejournaal hoorden we wat er in de rest van de wereld gebeurde, maar als puber was ik niet erg geïnteresseerd in politiek en buitenland. Gespreksonderwerp nummer één was het tv-programma *Arab Idol*. Dat is net zoiets als *The Voice* in veel Europese landen. In de pauze op het schoolplein kletsten we over onze favorieten, er deden ook Koerden mee aan deze talentenjacht. Verder roddelden we bij voorkeur over de leraren.

Na schooltijd zat ik met mijn vriendinnen bij ons in de tuin. Eigenlijk wilden we niet gestoord worden, maar mijn kleine broertje was verschrikkelijk irritant. Die kabouter wilde de hele tijd bij ons zitten en moest per se met mijn vriendinnen flirten. Uiteindelijk besloot hij zelfs om met een van hen te trouwen. De meisjes lachten zich rot. Ik rolde alleen maar geïrriteerd met mijn ogen. Nadat we hem hadden afgeschud, was er eindelijk tijd voor de belangrijke dingen des levens. Bijvoorbeeld voor de kunst van het opmaken. Mijn vriendinnen zagen er fantastisch uit. Pikzwart haar met een lichte porseleinachtige teint. Hun grote ogen omlijnd met eyeliner, en rode lippen. Ik wilde me ook graag opmaken, maar mijn moeder had dat liever niet. 'Met je amandelvormige ogen ben jij de mooiste van allemaal, ook zonder make-up. Laat het!' Geërgerd bekeek ik mijn amandelvormige ogen in de spiegel. Maar het mocht niet baten. Voor ons meisjes was onze moeder het allerbelangrijkst. De moeders hadden ons ingeprent: 'Vertrouw je geheimen aan niemand anders toe.' Zelfs mijn lievelingsnichtje bij wie ik vaak logeerde, kende mijn geheimen niet.

Moeder wist het altijd het beste. Als ik stiekem verliefd was geworden en zonder haar medeweten een man zou hebben gekozen, had ik daarmee alleen maar in mijn eigen vlees gesneden. Want wat zou ik moeten doen als die man me uiteindelijk ongelukkig maakte? Mijn moeder wist het beste wat goed voor me was. Per slot van rekening had zij me grootgebracht en niet de man met wie ik dweepte.

Irak stort als een kaartenhuis ineen

Sinds ik kan denken, herinner ik me alleen een door Amerikanen bezet Irak. Nadat Amerikaanse troepen in maart 2003 het land waren binnengevallen, verging het de mensen in Irak ineens heel slecht. De Amerikanen creëerden een voedingsbodem voor de is-milities. Hoe verschrikkelijk het bewind van Saddam Hoessein ook was, onder hem was Irak niet zo instabiel als nu. Het land functioneerde toen in elk geval, ook voor religieuze minderheden. Godzijdank heb ik het regime van Saddam zelf niet bewust meegemaakt. En daarom kan ik ook niet beoordelen of het de schuld van de Amerikanen is dat Irak nu als een kaartenhuis ineenstort. Veel yezidi's in het dorp vonden ook dat de Amerikaanse troepen zich in 2011 veel te snel hadden teruggetrokken en dat ze het door oorlog verwoeste land in de steek hadden gelaten. Sinds de val van Hoessein bezetten de sjiieten de belangrijke politieke en militaire posities in het land. Ze waren niet bereid om hun macht te delen. De soennieten voelden zich zwaar onderdrukt. Het conflict liep hoog op.

Met eigen ogen heb ik gezien hoe Amerikaanse soldaten een enkele keer door het Sinjar-gebergte trokken. Mijn oom heeft zelfs met hen gepraat. Ze waren heel vriendelijk en gaven de mannen soms een hand. Maar mijn moeder bleef bij haar harde oordeel: 'De Amerikanen zijn de schuld van alles.' Dat herhaalde ze steeds weer. 'Als de Amerikanen hier niet waren geweest, zou dit alles niet gebeurd zijn.'

Een goede vriendin van haar uit Hardan was met haar auto een Amerikaans pantservoertuig tegemoet gereden. Omdat de vriendin niet direct was gestopt, hadden de Amerikanen zonder aarzelen geschoten. De vrouw was zwaargewond. Zulke dingen gebeurden vaak, in het hele land. De Amerikanen stonden bekend als paniekerig en schietlustig. Ze kenden het land niet. Ze schoten op iedereen die te dicht in hun buurt kwam. Toen ze merkten dat ze een burgerslachtoffer hadden gemaakt, brachten ze de zwaargewonde vrouw per helikopter naar het ziekenhuis. Ze betaalden haar operatie en de nazorg en boden zelfs aan om haar en haar gezin naar Amerika te brengen. Maar dat wilde ze niet. De rest van haar leven had de vriendin van mijn moeder veel pijn. Zeven jaar later overleed ze. De verwondingen in haar borst waren te ernstig.

Advocaat zonder aktekoffertje

Direct na mijn eindexamen had ik al plannen voor een vervolgstudie. Het leek me fijn om als advocaat andere gedupeerden, maar ook mezelf te kunnen verdedigen. En niet met machteloze woorden, maar op basis van wetteksten. Mijn plan stond vast. Ik wilde verhuizen naar de dichtstbijzijnde grote Koerdische stad en daar net als andere studenten op de campus van de universiteit gaan wonen. Mijn ouders hadden me zonder meer laten gaan.

Mijn vader plaagde me graag: 'Je bent een advocaat zonder aktekoffertje.' Daarmee bedoelde hij dat ik heel zelfbewust, doortastend en van mezelf overtuigd was. Alleen het belangrijkste gereedschap van een echte jurist ontbrak er nog aan: een aktekoffertje.

Bij het maken van toekomstplannen had ik het leven van mijn moeder voor ogen. Maar dat betekende niet dat ik net zo wilde leven als zij. Mijn moeder was namelijk veel te vroeg getrouwd. Ze was pas twaalf. Mijn vader was net zeventien. Moeder wist nog niet eens wat het huwelijk eigenlijk inhield. Ze had haar bruidegom nog nooit ontmoet.

Moeder zei dan wel dat ze er geen spijt van had omdat vader altijd heel goed voor haar was geweest, toch waarschuwde ze haar dochters om vooral niet te vroeg te trouwen. Zelf was zij immers nog een kind geweest dat niet kon koken en evenmin niet in staat was om een huishouden draaiende te houden. En van zichzelf had ze op die leeftijd nog helemaal niets begrepen. Ze had het extreem moeilijk gevonden om zo ineens in de rol van getrouwde vrouw geduwd te worden. Daaruit heb ik lering getrokken. Gelukkig komen zulke gearrangeerde huwelijken tegenwoordig niet meer voor. Nu leren meisjes en jongens elkaar eerst kennen voordat ze voor elkaar kiezen. Ik had twee jaar lang contact met een jonge man. Aanvankelijk wees ik hem rigoureus af, maar na veel aarzelen is hij me ten slotte steeds dierbaarder geworden.

Ik leerde Telim kennen in een dorp verderop, ongeveer een uurtje rijden van Hardan. Ik ging daar regelmatig met moeder op bezoek bij kennissen. Toen ik merkte hoe deze jonge man belangstellend naar me keek, haalde ik mijn neus op en keerde hem de rug toe. Ik was vijftien. Hij studeerde Engels en was zeven jaar ouder dan ik. Bij ons duurt een studie niet zo lang als in Duitsland. Over twee of drie jaar zou hij al leraar zijn.

Deze knul liet me volkomen koud. Hij deed me helemaal niets. Maar hij informeerde zeer vasthoudend naar mij bij onze kennissen. 'Wie is dat? Waar komt ze vandaan? Ik zou haar heel graag leren kennen.' Uiteindelijk kreeg de familie medelijden met hem. 's Avonds belden ze op. 'Er is iemand die je graag wil spreken. Mogen wij je telefoonnummer doorgeven?' Omdat ik nieuwsgierig van aard ben, ging ik akkoord. Maar bij ons eerste telefoontje sloeg ik hem meteen met mijn mening om de oren: 'Luister, ik vind je helemaal niet leuk!' Als puber voelde ik me heel sterk, bijna onoverwinnelijk. En ik had zo mijn eigen opvattingen die niemand mij uit het hoofd kon praten. Ik voelde me veel te goed voor hem.

Dat lag niet aan zijn uiterlijk. Zwart haar, even klein als ik, lichte huid, zwarte ogen, heel slank. Hij was aantrekkelijk, maar het ging me niet om zijn uiterlijk. Ik kon zijn karakter niet inschatten. Daarom was ik zo afwijzend. Telim was alleen niet erg onder de indruk van mijn weerstand. Met behoedzaam gekozen woorden probeerde hij mij via zijn mobieltje voor zich te winnen. Maar ik wees hem af. Hij probeerde het nog eens en nog eens, met vriendelijke woorden, en ik poeierde hem opnieuw af. Telim was echter bereid om net zo lang te vechten tot ik tenminste een klein beetje opener tegen hem zou worden. Drie maanden lang liet ik hem toen in zijn sop gaar koken en wisselde ik geen woord meer met hem.

Toen hij de keer daarop belde, hield ik hem ijzig voor: 'Sorry, maar ik vind je echt niet leuk.' Hij lachte: 'Dat komt nog wel.' 'Echt niet,' antwoordde ik. En weer wees ik hem af, maar dit keer iets minder overtuigd. Geduldig wachtte hij af. Hij deed echt veel moeite om mij om zijn vinger te winden. Hoe het hem uiteindelijk lukte? In elk geval niet met complimenten en vleierijen zoals: 'Je bent het mooiste meisje op de hele wereld.' Tenslotte wist ik heus wel dat dat onzin was. Daarmee kon hij mijn hart niet winnen. Hij hield er dan ook subiet mee op. Pas toen ik merkte dat hij net zo geïnteresseerd was in school en studie als ik, staakte ik mijn verzet gaandeweg. Na een halfjaar gaf ik eindelijk toe dat ik hem ook wel leuk vond. Althans een beetje. 'Zie je wel,' zei hij vrolijk. Toen heb ik ons telefoongesprek direct afgebroken, anders was hij naast zijn schoenen gaan lopen.

Bij de volgende gelegenheid had Telim al in zijn hoofd hoe het leven er met ons tweeën uit zou kunnen zien. Hij fantaseerde al over een huwelijk en een gezamenlijke toe-komst. Steeds weer benadrukte hij: 'Ik doe alles voor je. Ik zal je behandelen als een koningin.' Ik maakte hem duide-lijk dat ik helemaal niet als koningin behandeld wenste te worden. 'Het enige wat ik van je vraag is dat je mij mijn school laat afmaken en daarna laat studeren.' Hij was het daar volledig mee eens. Omdat tot nu toe nog veel te weinig yezidische meisjes de kans hadden gegrepen om een goede opleiding te volgen, vond hij mijn ambitie en gedrevenheid des te bewonderenswaardiger.

Zo'n kennismaking tussen man en vrouw verloopt in het Sinjar-gebergte heel anders dan in Duitsland. Bij ons is het heel moeilijk om elkaar te ontmoeten zonder dat er minstens honderd nieuwsgierige ogen meekijken. Telim en ik hadden elkaar alleen die ene keer gezien. Sindsdien hadden we uitsluitend telefonisch contact.

Toen ik mijn zestiende verjaardag vierde, was mijn zus Felek al onder de pannen. Alleen Leyla, Kemal en mijn oudste broer Dilshad woonden nog thuis. Nog vaker dan daarvoor stak mijn moeder haar wijsvinger vermanend naar mij op. 'Trouw vooral nog niet! Bega niet dezelfde fout als je zus Felek. Zij heeft er namelijk nu al spijt van dat ze haar studie niet heeft afgemaakt.' Dilshad daarentegen had heel graag willen trouwen, maar moeder was ertegen. 'Wacht liever een beetje. Over twee jaar ben je veel rijper.' Dilshad was een uitstekende atleet en wilde iets van sport studeren.

Om ten minste ongestoord met mijn aanbidder te kunnen bellen, pakte ik een schoolboek en stuurde mijn kleine broertje en zusje weg. 'Ik moet leren. Ik heb absolute rust nodig.' Daarna ging ik naar de tuin, zocht een plekje in de schaduw en belde met hem. We hadden niet vaak de gelegenheid voor dit soort gesprekken.

Toch dacht ik steeds vaker aan hem. Vroeger had ik nooit slaapproblemen, maar ineens lag ik 's nachts wakker met open ogen te dromen. Hoe ijveriger ik me op mijn huiswerk probeerde te concentreren, hoe vaker mijn gedachten afdwaalden. Dan gaf ik het uiteindelijk zuchtend op en moest aan mezelf toegeven dat ik mijn mobiel probeerde te hypnotiseren en me miserabel voelde omdat hij niet belde.

De vrouw is de eer en de trots van de man

Vrouwen, dochters en zusters belichamen de eer en de trots van een man. Maagdelijkheid is voor ons yezidi-vrouwen heel belangrijk. Het staat voor de zuiverheid van een vrouw. De onaantastbaarheid van een vrouw die onbevlekt en onaangeraakt in het huwelijk stapt en met deze ene uitverkoren man haar lichaam en de rest van haar leven deelt, vind ik een ongelooflijk mooi idee. Onze religie schrijft overigens voor dat ook een man maagd moet blijven tot hij trouwt.

Het idee om later mogelijk je leven te delen met een tweede of derde partner is voor ons yezidi-vrouwen volkomen uitgesloten. We doen erg ons best om ons goed te gedragen. We zijn beleefd en respectvol, met name tegenover ouderen. Zelfs in de omgang met neven of ooms houden we afstand. We raken elkaar niet aan in het bijzijn van anderen, en al helemaal niet uit baldadigheid.

Als mijn vader of Dilshad thuis waren, droeg ik altijd hooggesloten kleding. Ook tegenover mijn vader zou ik het gênant vinden als mijn bloes maar een klein beetje openviel of mijn decolleté zichtbaar zou zijn. Met hun onberispelijke gedrag houden vrouwen de naam van hun familie hoog. Mijn ouders hebben nooit gedreigd met de consequenties van immoreel gedrag. Dat was ook niet nodig want het was voor mij vanzelfsprekend. Daarom weet ik ook niet wat er in zo'n geval zou zijn gebeurd.

Van kinds af aan leren we twee belangrijke regels over het huwelijk. Ten eerste: de uitverkorene mag alleen yezidi zijn. Ten tweede: hij moet murid zijn. 'En als zo'n man je niet bevalt, moet je gewoon bij hem uit de buurt blijven,' zei moeder. In Hardan heb ik nooit meegemaakt dat een vrouw zich niet aan deze voorschriften hield.

Natuurlijk ken ik het verhaal van Du'a Khalil Aswad uit het dorp Baschika, vlak bij Mosul. In die tijd werd ons volk, voor het eerst na de dictatuur van Saddam, weer overspoeld door een golf van geweld. Volgens het verhaal wilde dit zeventienjarige meisje met een moslim trouwen en zich tot de islam bekeren. Haar ouders accepteerden het, maar haar neven en haar ooms hebben haar voor straf gestenigd. Op internet circuleerden opnames van haar steniging. Radicale moslims reageerden daarop door haar een zustermartelares te noemen. Ze zwoeren wraak.

Zo wordt het verhaal verteld. Maar wij yezidi's kennen een andere versie. Dit meisje behoorde qua religie misschien ooit tot de yezidi's, maar voor ons is zij Arabisch. De familie van deze jonge vrouw sprak namelijk niet eens de yezidische taal. Terwijl ze het meisje stenigden, riepen haar moordenaars op die opnames 'allahoe akbar'. Daardoor is niet duidelijk welke religie deze familie echt aanhing.

De gevolgen voor ons volk waren in ieder geval verschrikkelijk. In april 2007 maakten soennitische extremisten hun bedreigingen waar. Ze schoten drieëntwintig yezidi's dood op weg van hun werk naar huis. Met behulp van twee vrachtauto's vol explosieven doodden twee zelfmoordterroristen in augustus meer dan vierhonderd mensen in yezidische dorpen ten westen van Mosul.

Ik kan me niet voorstellen dat er in mijn dorp of in de nabije omgeving zoiets als een steniging denkbaar is. Een dergelijke brute manier om iemand te doden, kennen wij niet.

Als een meisje een ander geloof wil aanhangen, moet ze vertrekken en kan ze niet meer terugkomen. Ze zal niet langer tot de familie worden gerekend en ook geen yezidi meer zijn. Uitstoting uit onze leefgemeenschap is de zwaarste straf die er is. Het meisje wordt door haar familie verstoten, maar gedood wordt ze beslist niet. Yezidische vrouwen die een relatie aangaan met een niet-yezidi krijgen zeker na een tijdje heimwee en willen dan weer terugkeren. Maar dat kan dan niet meer. Een vrouw moet heel goed bedenken, welke man ze kiest. Zich gewoonweg weer laten scheiden? Daar denken de Duitse yezidi's bepaald gemakkelijker over dan wij in Noord-Irak. Voor mij persoonlijk zou het ondenkbaar zijn. Zelfs als mijn man me slecht behandelde, zou ik me niet van hem laten scheiden. Ik zou hem zijn hele leven trouw blijven omdat ik dat bij de huwelijksvoltrekking heb beloofd. Als hij mij niet meer wil, moet hij zelf de beslissing maar nemen en het huwelijk laten ontbinden. In ons dorp Hardan heb ik geen scheidingen meegemaakt. Een echtpaar blijft samen tot de dood hen scheidt.

Stiekem dagdroomde ik soms over mijn huwelijk. Hoe ik eruit zou zien in een lange witte jurk, opgemaakt met rode lippen en eyeliner rond mijn amandelvormige ogen. Maar eerst zou de vader van de bruidegom samen met het dorpshoofd bij mijn familie op bezoek moeten gaan en om mijn hand vragen. Vader zou dan zeggen: 'Het lot van mijn dochter ligt in haar eigen handen. De beslissing is aan haar alleen. Maar als ze uiteindelijk ongelukkig wordt, kan ze niet meer bij mij aankloppen.' Elk meisje is zich ervan bewust dat ze met haar beslissing moet leven.

Voor de huwelijksvoltrekking wordt de bruid bij het huis van haar familie opgehaald. Zo wordt duidelijk gedemonstreerd dat ze haar ouders moet verlaten en voortaan bij de andere familie hoort: 'Je moet je ouders nu verlaten, je hoort voortaan bij ons.' Daarbij pinken de vrouwen heel wat traantjes weg. Na de ceremonie begeeft het pasgetrouwde paar zich in de regel naar het ouderlijk huis van de bruidegom. In de huwelijksnacht die volgt, verliest het meisje haar maagdelijkheid. 's Morgens komt de schoonmoeder even de kamer binnen om het laken op bloedsporen te controleren. Maar hoe dat allemaal precies in zijn werk ging? We hadden geen flauw idee. Seksuele voorlichting kregen we niet. Dat was taboe.

In elk geval wilde ik van Telim honderd procent zeker zijn. Was hij wel mijn type? Hadden we dezelfde ideeën? Voorlopig moest ik mijn gevoelens nog verbergen en mijn dagelijkse gepieker en doorwaakte nachten verdragen, zonder mijn zorgen met een ander te delen. Pas als ik echt zeker van mijn zaak was, zou ik mijn moeder over hem vertellen. Je moest niet onnodig slapende honden wakker maken.

De overval

Augustus 2014

Het gevaar niet onderkend

Sinds 2013 viel het Sinjar-gebied onder de Koerdische Autonome Regio. Het gebied werd beschermd door peshmerga-soldaten. Hun steunpunten lagen over alle dorpen verspreid. In camouflage-uniform, hun geweer over de schouder, waakten ze over ons. 'Wij staan borg voor jullie veiligheid,' bezwoeren de peshmerga's ons. Hetzelfde hadden de Arabische buren aan de Koerden beloofd. En of we nu yezidi's of moslims waren, Koerden waren we allemaal. Wij geloofden hen en dus bleven we in het Sinjar-gebied. Wij voelden ons veilig want de peshmerga's patrouilleerden rond ons dorp. Toch bleef vader somber gestemd. 'De vraag is niet of er oorlog komt, maar alleen wanneer hij komt.' Maar dat ISIS-strijders ons land zo snel en zo diep binnen zouden weten te dringen, had zelfs hij niet voorzien. Alleen een paar visionairs zagen het ongeluk aankomen. Maar daar gingen anderen dan weer tegenin: 'Laat ze maar komen, wij hebben toch onze peshmerga's.'

In Hardan leefden we nogal geïsoleerd van de rest van de wereld. Toch waren de conflicten tussen de soennieten en de sjiieten me niet ontgaan. Iedereen wist dat de soennitische minderheid zich door de hoofdzakelijk sjiitische regering van premier Nouri al-Maliki benadeeld voelde.

Kennelijk ziet een deel van deze soennieten zichzelf als de enige ware moslims, omdat ze Allah aanbidden en Mohammed vereren. Ze haten andersgelovigen. Hoewel er maar weinig verschil bestaat tussen de sjiitische en soennitische geloofsrichting, zien soennieten de sjiieten toch als ketters. Hun moskeeën en grafmonumenten worden door de soennitische IS-milities met de grond gelijkgemaakt. Alle andersgelovigen, zoals de christenen die tot Jezus bidden, de yezidi's die in hun godsengel Taus-i Melek een vertegenwoordiger van God zien of de sjiieten die Ali en Hoessein vereren, zijn in hun ogen ongelovigen. Christenen betitelen ze als 'ongelovige kruisridders'.

Volgens IS-aanhangers is het yezidisme erger dan geloofsrichtingen met een heilig boek, zoals het christendom en het jodendom. Christenen en joden kunnen slavernij afkopen met een maandelijks geldbedrag. Yezidi's kunnen zich niet vrijkopen uit gevangenschap. (Jan Kizilhan)

Mijn ouders en de rest van de familie volgden de burgeroorlog in Syrië op de voet. Hoe Bashar al-Assad zijn eigen volk met vatenbommen en chemische wapens vernietigde. Hoe de strijd steeds onoverzichtelijker werd en hoe steeds meer partijen elkaar bevochten. We hadden geen idee welke rampzalige gevolgen dat zou hebben. We zagen niet aankomen hoe de kleine radicale groep Irakese opstandelingen die zich in de strijd mengde, zich als een besmettelijke ziekte zou verspreiden.

Aanvankelijk hadden deze jihadisten zelfs in Syrië nauwelijks gewicht in de schaal weten te leggen. Toch hadden ze daar wapens kunnen bemachtigen die eigenlijk bestemd waren geweest voor vrijheidsstrijders. Snel marcheerden ze terug naar Irak, waar ze in juni 2014 Mosul veroverden. De gouverneur van Mosul moest machteloos toezien hoe de op een na grootste stad van het land binnen enkele uren zonder noemenswaardig verzet werd ingenomen. Sommige mensen juichten zelfs bij de intocht van de terroristen die snoepgoed uitdeelden aan de bevolking. Zij dachten waarschijnlijk dat de corrupte regering erger was.

In Mosul viel de soennitische strijders al het militaire materieel in handen dat de Amerikanen bij hun aftocht hadden achtergelaten: jeeps, pantservoertuigen, kanonnen, munitie... En ook het goud uit de banken. Toen ontstond het monster dat met zijn geweld de hele vrije wereld wil verstikken. Ik hoorde de naam ISIS voor het eerst toen deze moordenaars Hardan binnentrokken. Tot dat moment zei deze afkorting ons niets. De letters stonden voor 'Islamitische Staat in Irak en Syrië'. Nadat ze in juni 2014 hun doelen in Irak en Syrië hadden bereikt, noemden ze zich alleen nog maar IS om duidelijk te maken dat ze nu van plan waren om hun zogenaamde Islamitische Staat overal ter wereld te vestigen. Omdat ik deze pretentie onterecht vind, noem ik ze nu eens ISIS en dan weer IS. De aanhangers van deze 'Daesh', het Arabische acroniem voor ISIS, willen terug naar de Middeleeuwen. Voor hen is dat het gouden tijdperk. Het hoogtepunt van hun macht. Voor ons is het duisternis.

In feite hangen deze terroristen een oerversie van de islam aan uit ongeveer 622 na Christus. Dat betekent ook een breuk met de patriarchale structuur waarbij de vader het hoofd van het gezin is. Zijn rol wordt overgenomen door de terreurorganisatie en haar aanhangers die bepalen hoe het gezin voortaan dient te denken en handelen. Het nieuwe voorbeeld is niet de vader maar de jonge terrorist die bereid is zijn leven in de strijd te geven. (Jan Kizilhan)

En wij? Wij hadden toch onze peshmerga's. Bovendien was Massoud Barzani, de president van de Koerdische Autonome Regio, van mening dat wij Koerden ons maar beter niet in de strijd tussen soennieten en sjiieten konden mengen. 'Het is niet onze oorlog,' schatte hij de situatie in. Het ging immers maar om een paar duizend ISIS-strijders tegenover uitstekend getrainde soldaten.

De hoop dat er zich in ons land zoiets als een democratie zou kunnen ontwikkelen waarbij de verschillende religieuze groeperingen vreedzaam samenleven, werd binnen een dag de bodem ingeslagen. Want alles wat niet soennitisch is, is voor deze terreurmilities niet islamitisch, en dus verkeerd. Daarom verketteren ze ons en slachten ze ons af.

De peshmerga-soldaten gaan ervandoor

Op drie augustus 2014 om tien voor zeven 's ochtends was ons normale leven van het ene op het andere moment alleen nog maar herinnering. Ik had nog geen plannen voor die dag. Ik wilde alleen met Telim bellen en keek daar al naar uit. We wisten toen nog niet dat de ISIS-strijders stukje bij beetje oprukten en steeds dichter bij Hardan kwamen. Felek had die nacht bij ons gelogeerd. We zaten 's ochtends samen aan de ontbijttafel, ik lepelde net mijn yoghurt naar binnen, toen mijn oudste broer het huis binnenstormde. 'Pas op! ISIS komt eraan en alle peshmerga's zijn weg.' Dilshad was vreselijk opgewonden en deed hijgend zijn verhaal. 'Wie bij zich thuis nog een peshmerga-uniform heeft, moet dat direct verbranden!' Pas toen drong het tot me door dat de peshmerga's ervandoor waren. Tot dan toe had ik enorm tegen deze Koerdische soldaten opgekeken. Ze hadden beloofd ons yezidi's te beschermen, zoals ouders hun kinderen. Net als wij waren het Koerden en zij toonden als moslims veel respect voor onze religie.

'Peshmerga' betekent zoveel als 'bereid om te sterven'. Voor ons was zoiets het summum van verbondenheid met ons land. Elke avond zagen we de geüniformeerde soldaten door de straten lopen, ze waren te gast in onze huizen, maar ineens leken al hun steunpunten in lucht op te zijn gegaan. Er was niemand meer om ons dorp te beschermen.

Toen de terroristen ons die ochtend aanvielen, waren de peshmerga's er allang vandoor. Waarschijnlijk uit angst voor hun eigen leven. Maar misschien waren ze ook wel onvoldoende bewapend.

Later schijnt Yonadam Kanna, de voorzitter van de christelijke partij van Koerdistan, spottend te hebben opgemerkt: 'IS-strijders geven hun leven om met de profeet Mohammed het middagmaal te kunnen gebruiken. Maar de peshmerga-strijders geven hun leven om 's avonds thuis met hun vrouw en kinderen te eten.' Later hoorde ik dat peshmerga-commandanten in andere steden zoals Makhmur en Kirkuk zelfs de smeekbeden van de inwoners hadden genegeerd om hun wapens achter te laten, zodat zij zich zelf tegen de jihadisten zouden kunnen verdedigen. Zulke angst leverde de IS-strijders heel wat overwinningen op. Men zegt dat Barzani de peshmerga's die zijn bevel om de yezidi's te beschermen niet opvolgden, met de dood heeft bedreigd. Samenzweringstheorieën deden de ronde, dat de islamitische peshmerga's het op een akkoordje hadden gegooid met de IS-strijders. Maar dat geloof ik niet. Ik denk dat ze gewoon gerend hebben voor hun leven. Deze radicale jihadisten waren niet alleen uit op het doden van mensen. Ze probeerden elkaar in beestachtigheid te overtreffen om zo de mensen bang te maken. En daarmee hadden ze succes. Verder waren er mensen die Barzani's neef de schuld gaven omdat hij het commando over deze peshmerga-compagnieën voerde. De naam Barzani stond in Koerdistan voor corruptie. In deze enorme verwarring wist je soms niet meer wie je nog geloven moest.

Wij wisten niet op welk moment onze beschermers verdwenen waren, om middernacht of pas bij zonsopgang. In elk geval gebeurde het volkomen onverwachts. Ze hadden ons toch in elk geval kunnen waarschuwen. De enigen die nog iets van de peshmerga's te zien kregen, waren de yezi-di's die naar de bergen hadden weten te vluchten. Tussen hen zaten ook Koerdische soldaten.

Overal waar de zwarte vlag, het herkenningsteken van ISIS, wordt gehesen, begint voor de bevolking een nacht-merrie.

De overval

Om zeven uur 's ochtends doken ze ineens op. In een grote stofwolk rolde een konvooi witte pick-ups en beige jeeps, waarschijnlijk terreinwagens die ooit van de Amerikanen waren geweest, ons dorp binnen. Wij waren nog in nachthemd. Vader was hoog in het noorden van Koerdistan op reis voor zijn werk. Dat heeft zijn leven gered.

Natuurlijk zagen we direct dat het een invasie was, maar echt begrijpen deden we het niet. Moeder schudde peinzend haar hoofd. 'Er zal heus niets ergs gebeuren.' Tenslotte waren wij geen gehate sjiieten. Wij waren slechts yezidi's die ze wilden kunnen controleren.

Haastig trokken we een lange rok aan over onze nachtkledij. Zo gingen we de straat op. We staarden naar de binnentrekkende strijders. Ze zwaaiden met hun zwarte vlaggen met daarop witte Arabische letters.

De eerste gezichten in de voorbijrijdende voertuigen kenden we heel goed. Handwerkers, onderwijzers of artsen, al onze Arabische buren bleken zich bij isis te hebben aangesloten. Ze droegen zelfs isis-gewaden: typische overhemden tot op de knie en wijde broeken die de enkels vrijlieten. Kemals ogen rolden haast uit zijn hoofd van verbazing. Moeder was zichtbaar opgelucht. 'Als onze vrienden erbij zitten, kan ons niets gebeuren.'

Maar achter hen kwamen mannen die we niet kenden. Ongegeneerd bekeken ze ons vrouwen en meisjes van top tot teen. Ze lachten er heel smerig bij. Hun aanblik veroorzaakte angst en afgrijzen, ook omdat hun baarden zo lang en onverzorgd waren. Wij vrouwen, meisjes en kinderen vluchtten direct achter de beschermende muren van ons huis. Geen enkele vrouw waagde zich daarna nog op straat. Ondertussen verzekerden onze buren ons via luidsprekers dat wij dorpsbewoners niets te vrezen hadden, zolang we ons rustig hielden. 'We zijn allemaal broeders en zusters...' Ze reden langzaam met een auto door het dorp terwijl ze beurtelings islamitische gebeden opzegden. Hun taal klonk ons vertrouwd in de oren. Tenslotte hadden we die van onze Arabische vrienden geleerd wanneer we samen op straat speelden. We geloofden wat ze zeiden. Alleen mijn zusje Leyla van negen was slimmer. Ze stopte direct al haar lievelingskleren in een tas. 'Die laat ik niet bij deze mannen achter. Die zijn van mij.'

Direct daarop rinkelde mijn mobiel. Het was Telim. Hij klonk geheel buiten adem. De isis-aanhangers waren zijn dorp binnengevallen. Ze hadden de dorpsbewoners gezegd dat ze niet bang hoefden te zijn. Mijn vriend sprak aan één stuk door zonder op adem te komen. Hij had met zijn familie de bergen in weten te vluchten. 'Ze liegen! Ze doden de mannen en ze nemen de vrouwen en meisjes mee. Maak dat je weg komt! Ze komen ook bij jullie! Maak alsjeblieft dat je weg komt!!' Even abrupt als het gesprek begonnen was, hield het ook weer op. Verward hield ik de telefoon nog even aan mijn oor. Dat waren toch onze buren daarbuiten? We waren zo blind. We zagen het gevaar niet.

Een paar van onze mannen kwamen samen voor de school en voerden daar een levendige discussie met onze Arabische kennissen. De mannen die zich bij isis hadden aangesloten, probeerden de gemoederen te sussen. 'Wij nemen hier alleen maar de leiding over, jullie hoeven je geen zorgen te maken. Maar haal wel jullie Koerdische en Iraakse vlaggen weg!' Ze legden uit dat alle yezidi's zich binnenkort tot de islam moesten bekeren. 'Dan gebeurt jullie en jullie vrouwen en kinderen niets.' Ook verzekerden ze onze mannen: 'Als de versterking van ISIS hier aankomt, zullen we zeggen dat jullie allemaal moslim zijn. En omdat jullie onze vrienden zijn, zullen ze jullie geen haar krenken.' In de hoop nog diezelfde avond de bergen in te kunnen vluchten, hebben onze mannen dit vuile spelletje meegespeeld. 'Goed, we zullen ons bekeren.'

Onze bontgekleurde vlaggen werden binnengehaald. Het groen in de vlag staat voor geluk en voor de natuur. Het rood voor de yezidische slachtoffers in onze permanente strijd om overleving. En het geel staat voor de zon. Het embleem in het midden is de pauw-engel Taus-i Melek die tussen God en de yezidi's bemiddelt. De zwarte vlaggen werden gehesen.

Deze ISIS-milities waren erg van zichzelf overtuigd. Vooral toen ze doorkregen dat de peshmerga's allang de benen hadden genomen. Van het Iraakse leger hadden ze sowieso niets te vrezen. De regering was verdeeld, de Iraakse soldaten liepen met vliegend vaandel over of maakten zich tijdig uit de voeten. Na zoveel jaren van oorlog en strijd bestond er geen slagkrachtig leger meer.

Onze mannen kwamen weer thuis om hun gezinnen te informeren over de plannen van de indringers. Dilshad was razend. 'Ik ga liever dood dan me tot de islam te bekeren.' Die trots was zo typerend voor hem. Maar de oudere mannen susten de vrouwen: 'Nee hoor, zij doen jullie niets.' We geloofden hen.

Als mijn moeder niet aan het bellen was om met vader of familieleden te overleggen, deed ze haar best om zo kalm mogelijk over te komen en zelfs zoiets als ons dagelijkse leven voort te zetten. Wij moesten ons omkleden en opruimen. Zij maakte schoon en kookte. Om twaalf uur moesten we aan tafel komen eten. Er waren kwark en yoghurt, brood en water. Mijn kleine zusje en mijn kleine broertje gehoorzaamden braaf. Maar mijn grote broer kreeg geen hap door zijn keel. Hij sprong op. 'Als we nu niet vluchten, zullen ze ons doden! Ik neem nu de fiets...'

Heel rustig, maar toch met een scherpe klank in haar stem vroeg moeder hem om weer te gaan zitten. Omdat vader niet thuis was, verwachtte ze dat haar zoon van achttien zich verantwoordelijk gedroeg. Dilshad was nu onze beschermer. 'Waar wil je dan nu nog heen? We zijn omsingeld,' legde ze hem uit, 'als we vluchten, dan allemaal samen.' Misschien was het beter geweest als Dilshad toch de fiets had gepakt. Misschien had hij dan meer kans gemaakt...

Vluchtplannen

De zon brandde onbarmhartig en overgoot de vlakte met verblindend licht. Het grootste deel van de tijd zat ik weggedoken in een hoekje van de bank en durfde ik niet eens uit het raam te kijken. Ik hoefde die lelijke gezichten daarbuiten niet te zien. Nerveus plukte ik aan mijn kleren. Mijn moeder had Leyla en Kemal verboden om naar buiten te gaan. Ook toen mijn broertje begon te zeuren. 'Jij blijft hier!' Haar stem klonk harder dan anders.

Felek zat roerloos in haar stoel. Dilshad ijsbeerde als een gekooid dier op en neer. De spanning was om te snijden. Toen Leyla begon te huilen, probeerde ik haar niet eens te troosten. Ik was zelf te bang. Moeder praatte voortdurend op ons in: 'Jullie hoeven niet bang te zijn, er zal jullie niets overkomen.' Ze deed haar best om zo gewoon mogelijk over te komen, maar we merkten allemaal dat ook zij bang was.

Mijn grote broer wond zich erg op. 'Die zijn hier heus niet gekomen uit vriendschap of broederschap. Ze zullen ons allemaal vermoorden. En wij hier maar gezellig met elkaar zitten eten!' Ik voelde hoe moeder Dilshad bestraffend aankeek, ook al staarde ik op dat moment strak naar mijn bord. Moeder hield voet bij stuk. 'Nee, wij geloven het beste. Ondanks alles eten we met elkaar aan tafel.' Koppig voegde ze eraan toe: 'Ik geloof niet dat ISIS ons meeneemt. Waarom zouden ze?'

Nadat we de tafel hadden afgeruimd, voerde moeder opnieuw het ene telefoongesprek na het andere. Intussen hadden mensen uit naburige dorpen haar bevestigd dat de jihadisten in elk dorp vrouwen en meisjes meenamen. Meteen bracht ze vader op de hoogte. 'We proberen te vluchten. Ik kan moeilijk inschatten wanneer we bij jou kunnen zijn.' Vader sprak haar moed in en probeerde haar te kalmeren. 'Goed, vertel me waar jullie precies zijn, dan kan ik jullie komen halen.' Daarna gedroeg moeder zich net zo nerveus en opgejaagd als Dilshad.

De dorpsbewoners communiceerden stiekem met elkaar. Dilshad en mijn moeder klommen via een ladder op het platte dak van ons huis om van daaruit langs de satellietschotel het huis van mijn oom te bereiken. In vliegende haast bereidde mijn oom alles voor om te vluchten. Om buiten minder op te vallen, trok ik ondanks de hitte nog een lang gewaad aan over mijn witte T-shirt en zwarte rok. Het was ver boven de veertig graden.

Tegen een uur of vier kreeg ons dorpshoofd bericht van de IS-strijders: 'We zullen jullie niets doen, wanneer iedere vader om zes uur zijn dochters aan ons afgeeft.' Over twee uur zouden ze de meisjes komen halen. Het bericht verspreidde zich als een lopend vuurtje. Het dorpshoofd belde de mensen ook zelf: 'Bescherm je dochters, probeer te vluchten! Anders nemen ze jullie dochters en vrouwen mee!' Het nieuws vloog van huis tot huis, van mond tot mond. En toen brak er paniek uit.

Iedereen rende zijn huis uit, naar zijn auto. Toen moeder dat zag, belde ze meteen vader. 'Als jullie nu niet vluchten, gaat het mis,' drong hij aan. Dilshad is nog een keer via het dak naar mijn oom geklommen en riep hem al van boven toe: 'We moeten nu weg! Nu meteen!'

Iedereen was in rep en roer. Moeder schreeuwde: 'Zelfs

al moet ik mijn dochters op mijn knieën smeken om te vluchten, ook al doet het nog zo'n pijn, ze krijgen geen van mijn dochters in handen!' Het halve dorp probeerde de weg naar Duhok te nemen. Ik voelde hoe het bloed me naar het hoofd steeg, ik wilde alleen nog maar mijn mobieltje redden, zodat we vader op elk moment zouden kunnen bereiken. We namen niet eens onze paspoorten mee. Niets. Alleen de kleine Leyla had haar tas die ochtend al gepakt.

De eerste auto's scheurden voorbij. We wrongen ons door de open poort naar buiten. Enkele seconden later kwam mijn oom al met gierende banden voorgereden. Daarachter zouden nog twee auto's met familie volgen. 'Schiet op!' schreeuwde moeder en ze duwde Felek, Leyla en mij op de achterbank van de auto, naast mijn tante en nichtje. Kemal en Dilshad sprongen in de auto achter ons. Ik was verstijfd van schrik. Geen van ons vermoedde hoe zinloos deze vluchtpoging was. Achter ons hoorden we een paar ISIS-strijders roepen: 'Hou ze tegen!' Maar de meesten leek het maar weinig te interesseren. Ze wisten blijkbaar heel goed dat we toch niet ver zouden komen. Op deze augustusdag had ISIS systematisch alle dorpen in het Sinjar-gebied bezet, inclusief de hoofdstad Sinjar met veertigduizend inwoners. Ik was op dat moment zeventien jaar.

Mannen en vrouwen worden gescheiden

Mijn oom duwde het gaspedaal zo hard in dat ik bang was dat de auto over de kop zou slaan. We hadden het dorp nog niet achter ons gelaten, of we ontdekten in de verte al een nieuw konvooi met jeeps en transportvoertuigen. De moordenaarsbende denderde ons uit de richting van Syrië tegemoet. We zaten in de val.

Met trillende handen waarschuwde mijn oom via zijn mobiel de auto's achter ons. 'Snel, neem een andere weg. Ze komen ons tegemoet.' De meeste dorpsbewoners lieten hun auto's gewoon staan en renden weg. Recht de woestijn in. Naar de bergen. is-strijders joegen in hun jeeps achter hen aan en vuurden met hun machinegeweren. Degenen die heelhuids de top bereikten en zich aan de andere kant van het gebergte in het vermeend veilige dal in de Koerdische regio van Noord-Irak waagden, liepen opnieuw de raketten, mortieren en machinegeweersalvo's van isis tegemoet. De mensen zaten ingesloten. Wie daar boven bleef, kwam om van dorst of honger. De vluchtelingen konden voor- noch achteruit. Als verlamd zaten we op de achterbank terwijl de jeeps steeds dichterbij kwamen.

Bij de aanval van is op de yezidische gebieden rond Sinjar in augustus 2014 werden zevenduizend yezidi's gedood. Vrouwen en kinderen werden ontvoerd. Mannen werden meestal meteen vermoord. (Jan Kizilhan)

Misschien, zo hoopten we, zouden de tegemoetkomende strijders ons laten passeren. Ze wilden toch alleen maar ons land, en niet de mensen. In plaats daarvan sneden ze ons de weg af. Mijn eerste gevoel was panische angst. Weg! Mijn tweede gevoel was: dit kan niet waar zijn. Ik vroeg mijn moeder: 'Droom ik of is dit werkelijkheid?' Moeder fluisterde, alsof ze het alleen tegen zichzelf had. 'Het is werkelijkheid. We gaan er allemaal aan.' Ze staarde naar haar handen en fluisterde: 'Ze zullen jullie van me afnemen...' Zwart gemaskerde figuren hielden ons aan. Alleen ogen en monden waren zichtbaar. 'Iedereen uitstappen!' commandeerden ze. Pas nu zag ik dat deze is-strijders zwaarbewapend waren. Semiautomatische geweren hingen over hun schouder. Ik durfde nauwelijks adem te halen. We moesten ons op straat verzamelen.

'Wie van de mannen zat in het Iraakse leger?' snauwde een van de gemaskerde mannen. Niemand gaf een kik. 'Wie zat er bij de peshmerga's?' Stilte. Diepe stilte, zo intens dat ik mijn eigen ademhaling kon horen. Toen begonnen die kerels ons te beledigen: 'En dat noemt zich yezidische mannen? Lafaards zijn jullie! Waarom zeggen jullie nu ineens niets meer?' Geroutineerd begonnen ze de yezidische mannen van de vrouwen te scheiden. Kleine jongens zoals Kemal stuurden ze naar ons. De mannen dwongen ze in kleermakerszit of op de knieën. 'Nee, scheid ons niet van onze mannen en zonen!' Van pure ontzetting begonnen zowel kinderen als moeders te schreeuwen. Om ons rustig te krijgen, leidden ze ons om de tuin: 'Zodra jullie mannen bekeerd zijn tot de islam, mogen ze hun families weer bij zich nemen. Dan wijzen we hun zelfs een huis toe.'

Er bleven ongeveer driehonderd vrouwen, meisjes en jongens over. In kleine groepjes werden we over de vrachtwagens verdeeld. 'Jij hierheen, jij daar...' Het ging razendsnel.

Felek kwam in een andere wagen terecht, waarschijnlijk bij de vrouwen die getrouwd waren. In shock hield ik me vast aan moeders arm. Kemal en Leyla keken met grote angstogen van moeder naar mij. Beschermend legde moeder haar arm om haar twee kleintjes.

'Volgende,' commandeerde een is-strijder. En de volgende wagen reed al voor. Voor we instapten, zochten we nog één keer oogcontact met Dilshad. Maar hij stond met zijn rug naar ons toe. Hij wilde niet dat we de angst in zijn ogen zagen.

Rit naar onbekende bestemming

In de vrachtwagen zaten de vrouwen en kinderen dicht opeengeperst. Zolang er nog een gaatje over was, klonk het: 'Erin jullie!' Op het laatst klom ook nog een gemaskerde man de laadruimte in om ons te bewaken. Het was donker. We zagen niets. Er werd vrijwel niets gezegd. We hadden geen idee waar we heen gingen. Er was geen vrouw die niet huilde. Tussen het snikken door klonken alleen wanhoopskreten: 'Ons leven is verwoest' of 'We hebben geen toekomst meer'.

Ik hield moeders bovenarm de hele tijd stevig vast, terwijl Leyla en Kemal haar heupen omklemden. Steeds opnieuw fluisterde moeder me toe: 'Zolang je bij mij bent, is alles goed. Zolang je bij mij bent, is alles goed...' Maar haar stem klonk zo loodzwaar, dat het leek of ze zei: alles is voorbij. Alles is voorbij... Ze bleef het de hele rit maar herhalen.

Na ongeveer anderhalf uur begaf de motor het. 'Uitstappen!' blafte iemand. Angstig drongen wij vrouwen dicht opeen langs de kant van de weg. Het was erg winderig, het zand woei in onze ogen. We zagen alleen de IS-strijders om ons heen. Na een tijdje ging de wind een beetje liggen en een van de vrouwen riep: 'We zijn in Tal Afar!'

Deze grote stad ligt in het noordwesten van Irak, strategisch gunstig aan de grote weg van Mosul naar de Syrische grens. Ik was al eens in Tal Afar geweest om daar mijn paspoort aan te vragen. Het merendeel van de tweehonderdduizend inwoners was Turkmeen, verder woonden er veel sjiieten. In juni 2014 had de terreurmilitie ook deze stad bezet en tot een van haar bolwerken gemaakt. Toen al waren ze nauwelijks op weerstand gestuit.

De zandstorm ging liggen en plotseling zagen we de bedrijvigheid om ons heen. Het verbaasde me dat het dagelijkse leven in Tal Afar blijkbaar gewoon doorging. Winkelstraten, reclamebiljetten, theehuizen. Een paar winkeliers haastten zich naar ons toe en informeerden bij onze bewakers. 'Wat is hier aan de hand?' Onze aanblik maakte hen nerveus. 'Wat zijn dat voor vrouwen en kinderen?' Ze wisten niet wat er met ons yezidi's gebeurde. Een van de gemaskerden lichtte hen lachend in: 'Dit zijn yezidische meisjes, onze oorlogsbuit.' Een halfuur later kwam er een andere vrachtauto voorrijden.

In mijn somberste buien was ik bang geweest dat ze onze mannen zouden doodschieten. Maar nooit van mijn leven had ik me kunnen voorstellen wat ze met ons vrouwen en meisjes van plan waren. We hoopten nog steeds dat de woorden van onze Arabische buren waar zouden zijn. Ik dacht bij mezelf: zelfs als we worden opgesloten, kunnen we dat accepteren, zolang we op een dag maar onze broers, mannen en familieleden mogen terugzien.

Maanden later slaagden Koerdische eenheden erin om grote delen van het Sinjar-gebergte en Sinjar-stad te bevrijden. Wat er precies met al onze mannen uit Hardan is gebeurd, weet ik nog altijd niet.

In Hardan werd het grootste deel van de mannen, net als in het dorp Kocho, vermoord en in massagraven bedolven. Een aantal massagraven werd later door peshmerga-strijders blootgelegd. Uit de broekzak van

een van de doden vielen wat parels van een gebedsket-
ting en een persoonsbewijs. In een hoofddoek, de typi-
sche hoofdbedekking van oudere yezidi's, zaten op de
plek die gewoonlijk het achterhoofd bedekt drie kogel-
gaten. Ook troffen ze kleding, vrouwenschoenen en
een speen aan. (Jan Kizilhan)

Gevangenschap

Over bommen, gestolen speelgoed
en geroofde maagden

De school

Tegen een uur of acht 's avonds stopte de vrachtwagen voor een school in het centrum van Tal Afar. Op het schoolplein stonden al meer vrouwen uit andere yezidische dorpen. In het gedrang vonden we ook Felek weer terug. Opgelucht vielen we elkaar om de hals.

Een van de gemaskerde is-commandanten beval zijn mannen: 'Controleer hen!' De bewakers moesten nagaan of we kostbaarheden bij ons droegen of ergens een mobieltje hadden verstopt. Alle vrouwen werden gefouilleerd, gelukkig alleen heel oppervlakkig. Niemand durfde te protesteren. 'Als het ze alleen om ons goud te doen is, kunnen ze het krijgen,' morde moeder. We moesten onze mobieltjes, onze sieraden en andere waardevolle spullen afgeven. Dat ging bij alle gevangenen zo. Steeds volgens eenzelfde patroon. Bij kleine meisjes rukten ze de oorbelletjes gewoon los, zodat hun oorlelletjes bloedden en de meisjes begonnen te huilen. Onze rood-witte geluksbandjes trokken ze, een voor een, met een harde ruk van onze polsen. Het wit staat voor zuiverheid. Het rood voor het bloed van de slachtoffers...

Nadat ze ons vrouwen en kinderen onze laatste bezittingen afhandig hadden gemaakt, stuurden ze ons de school in. De ingang werd bewaakt door twee jonge is-strijders met lange, ruige baarden, het haar tot op de schouders of nog langer. Zoals gebruikelijk hadden ze hun wapen op hun rug gebonden. In het gebouw zaten al heel veel mensen opgesloten, zuigelingen, kinderen, tieners, moeders en grootmoeders. De ISIS-strijders waren opgetogen dat er zoveel meisjes bij waren.

Yezidische vrouwen en kinderen werden in Tal Afar bijeengebracht en later van daaruit over andere plaatsen verspreid. In een school werden ongeveer drieduizend vrouwen en kinderen drie weken lang vastgehouden.
(Jan Kizilhan)

Ze deden de deur weer achter zich op slot. Het gebouw was vrij groot en had twee verdiepingen. De bovenverdieping heb ik niet gezien maar beneden was het overvol. Er waren geen voorbereidingen getroffen voor de komst van al die duizenden mensen. Geen matrassen, dekens of dergelijke. De mensen zaten op elkaars lip. Mijn moeder, mijn beide zusjes, Kemal en ik stapten voorzichtig over hen heen. In een klaslokaal zochten we een muur en wrongen ons daar naast elkaar tussen de mensen.

Even later zetten de gemaskerde mannen eten voor de deur. De jonge kinderen moesten dat komen halen. Zelf kwamen ze het klaslokaal niet binnen. Ze wilden niets te maken hebben met 'duivelsaanbidders' zoals wij. Het servies moesten we vervolgens zelf afwassen. Borden waar wij van hadden gegeten, wilden ze niet met hun handen aanraken.

Er waren gebraden kip, rijst, snoep en zelfs iets te drinken. Het waren de enige dagen van onze gevangenschap waarop we iets warms te eten kregen. We gaven het aan de kinderen. Wij volwassenen voelden geen honger.

Zodra de kinderen vol zaten, stuurden de moeders hen op pad om rond te kijken in de school om te zien of er vluchtwegen waren. We waren ervan overtuigd dat de is-bewakers de kinderen niets zouden aandoen. Ze moesten uit de ramen kijken en nagaan hoe het buiten was. Hijgend kwam Kemal met de andere jongens terug en deed verslag, zijn handen in de zij: 'Ze zijn overal. Echt overal. Vluchten is onmogelijk.'

Vermoeid ging mijn broertje weer bij ons zitten. Leyla wiebelde aan haar losse melktand. We hadden niet eens genoeg plaats om te gaan liggen, maar slapen was toch ondenkbaar. Als mijn ogen dichtvielen en ik indommelde, schrok ik direct weer wakker. Ik keek in de afgematte gezichten van mijn moeder, broertje en zusjes. Ik zag hoe hun gezichten zich langzaam ontspanden. Door hun aanwezigheid voelde ik me getroost. Terwijl ik zo in gedachten verzonken was, schrok Felek met een zacht kreetje weer wakker en wreef zuchtend haar ogen uit. 'Hoe kon ik hier nu in slaap vallen?!'

Drie dagen lang kwamen we niet van onze plek. Zelfs niet om de benen te strekken. Onze angst en vertwijfeling waren te groot. We hoefden niet eens naar de wc omdat we aten noch dronken. Slapen deden we ook niet. We hielden ons dood. We wilden onzichtbaar zijn, in de menigte opgaan en in geen geval door deze kerels worden herkend. We waren terecht bang dat er achter deze zwarte maskers Arabische kennissen verborgen zaten die ons wilden verraden of straffen. Voor om het even wat. We hadden nooit vermoed hoeveel haat er in hun harten huisde.

Wij gevangenen waren constant bezig een uitweg te vinden. Op de een of andere manier moest je hier toch uit kunnen komen. Ik moest de hele tijd aan mijn broer denken. Wat zou Dilshad nu doen? Moeder piekerde ondertussen: 'Hoe kunnen we in vredesnaam vader bereiken? Hij moet weten waar we zijn.' Een paar moedige vrouwen hadden hun mobiel in hun kleren weten te verstoppen. Met hulp van een van deze vrouwen bracht moeder vader stiekem op de hoogte.

'Hoe gaat het met jullie?' wilde hij direct weten. Moeder snikte: 'Ons leven is verwoest. We zitten nu gevangen. Voor ons is er geen hoop meer.' Vaders tweede vraag gold Dilshad: 'Waar is hij?' Vervolgens informeerde hij naar mijn oom en de andere familieleden. 'Waar zijn ze?' Moeder kreunde alleen maar: 'We weten het niet.' Het was hun allebei duidelijk dat ze of allang vermoord waren, of ergens anders gevangenzaten. Toen zei vader: 'Ook mijn leven is voorbij nu ik jullie niet meer bij mij heb.'

Acht meisjes

Overal rond de school patrouilleerden bewakers. Het waren jongens tussen de vijftien en de achttien. Echte melkmuilen nog. Hun bevelhebbers waren maar iets ouder. Maar die maakten hun handen niet vuil aan dit werk. Ze kwamen alleen langs om vrouwen uit te zoeken. Bij binnenkomst probeerden deze commandanten ons gerust te stellen: 'Getrouwde vrouwen raken we met geen vinger aan.' Maar hoe zat het dan met de meisjes? In die drie dagen doken ze twee keer op. Zodra we het gestamp van hun laarzen hoorden, keken we naar de grond en kropen we zo dicht mogelijk tegen de muur. 'Kijk ze vooral niet aan,' siste moeder ons toe. De eerste keer keurden ze de jonge, nog niet getrouwde meisjes. Maar geen van ons raakten ze aan. Ze lieten heel duidelijk blijken dat zoiets afstotelijk en zondig was, een gelovig mens mocht zich niet verontreinigen met het vuil van ongelovigen.

De meisjes worden gekocht en moeten zich wassen voor ze worden verkracht, zodat ze volgens voorschrift van de islam rein zijn. Daarna mogen ze 'worden genomen'. Door de verkrachting worden ze zogezegd 'moslima'. IS-milities bestellen soms ook plaatselijke schoonheidsspecialistes die deze meisjes kleden en opmaken.
(Jan Kizilhan)

Hun eigen moslimvrouwen moesten volledig gesluierd zijn. Het gold als vergrijp als een andere man ook maar een vluchtige blik op hun onbedekte handen wierp. In het beste geval werd deze man dan voor zijn schaamteloze gedrag met zweepslagen bestraft. Maar deze is-commandanten bogen zich ongegeneerd over ons meisjes heen en keken ons recht in de ogen. 'Deze hier heeft blauwe ogen, dat bevalt me wel,' klonk het dan, of: 'Ik heb liever die andere met bruine ogen.' Ze noteerden de namen van de meisjes die ze mooi vonden. 'Hoe heet je?' snauwde een van hen. Het meisje moest dan zeggen wie haar ouders waren en hoe haar volledige naam luidde.

De tweede dag riep een van de gemaskerden de namen op de lijst af. 'Meekomen!' klonk het dan. Ik kroop tegen de muur en maakte me nog kleiner dan ik al was. 'Malik!' schalde het door de ruimte. Hoewel het drukkend warm was, huiverde ik bij het horen van die naam. Malik was ons buurmeisje. Het jonge meisje was niet alleen een schatje en beeldschoon met haar ranke figuur, maar ook nogal bijdehand. Ze was vrij groot voor haar twaalf jaar.

'Malik!' Opnieuw riep de mannenstem haar naam. Onze vriendin reageerde niet en probeerde haar grote donkere ogen achter haar zwarte krullen te verstoppen. De is-commandant sprak haar vervolgens aan in het Arabisch. Maar Malik hield zich van de domme en haalde alleen haar schouders op, alsof ze de taal niet sprak. Maar omdat de man die haar wilde hebben een Arabische dorpsgenoot bleek te zijn, lachte hij haar gewoon uit. 'Natuurlijk spreek je Arabisch, je hebt toch bij ons op school gezeten. En we weten allemaal hoe intelligent je bent.'

Het negentienjarige meisje dat als volgende, met gebogen hoofd, naar buiten moest, werd door heel Hardan bewonderd om haar schoonheid. Ze had wel wat weg van jullie

Sneeuwwitje. Qua lichaamsbouw leek ze op mij, aan de kleine kant, een beetje rond met een breed gezicht. Haar huid leek wel van porselein, omlijst door vol, zwart haar. Het derde meisje uit ons dorp was twintig en net zeven maanden getrouwd. De man die haar uitkoos, zei: 'Ik vond je al heel mooi voordat je trouwde en ik wilde je altijd al voor mezelf hebben.' Al deze mannen waren gemaskerd. We konden alleen hun ogen zien. Pas twee maanden later deden ze hun masker af. Toen keken we in de gezichten van onze Arabische dorpsgenoten.

Volgens informatie van de Koerdische regering werden er zevenduizend vrouwen en kinderen gegijzeld door is. Tot nu toe konden slechts een kleine vijfhonderd van hen vluchten of worden vrijgekocht. (Jan Kizilhan)

De terroristen hadden acht meisjes uitgekozen, drie ervan kwamen uit Hardan. De moeders protesteerden luidkeels toen de terroristen de meisjes meevoerden naar de uitgang. Er ontstond grote onrust in de klaslokalen. De moeders riepen vertwijfeld om hun dochters. Sommige vrouwen schreeuwden: 'Laat onze dochters hier!' De isis-milities sloegen een mildere toon aan, om het tumult tot bedaren te brengen. 'We leren hun alleen de Koran, daarna brengen we hen weer terug.' En toen de vrouwen naar hun mannen en zoons vroegen, herhaalden ze: 'Jullie mannen moeten zich tot de islam bekeren, daarna brengen we jullie weer samen zodat jullie straks allemaal moslim zijn. Allah is groot en barmhartig.'

Hun geruststellende toon was vals. Hun woorden waren gelogen. 'Getrouwde en oudere vrouwen raken we met geen vinger aan.' Ze deden net alsof ze ons alleen op religieus vlak iets beters bij wilden brengen, maar ze vergaten te

vermelden dat ze een aantal van onze meisjes als geiten op-
sloten in kooien, uithongerden, op de markt verkochten,
beestachtig martelden...

*In deze kooien werden tien tot twaalf meisjes opgeslo-
ten en in het openbaar te kijk gezet. Dit is puur machts-
vertoon van is. In zulke kooien hebben ze ook de gevangengenomen Jordaanse piloten met benzine overgo-
ten en hen vervolgens levend verbrand.* (Jan Kizilhan)

Met een knal viel de deur weer achter hen in het slot.

Als een hinderlijke kat weggetrapt door een laars

Felek en ik verdrongen ons met de anderen voor de ramen. Van daaruit zagen we hoe de acht meisjes op het schoolplein een rij moesten vormen. Onder toezicht van de bewakers moesten ze daar blijven staan en afwachten of de commandant misschien nog een negende vond die hem beviel. Maar dat was niet het geval.

Vlak voordat de is-bewakers wilden vertrekken, wierp het negentienjarige meisje uit Hardan zich voor een van hen op de knieën en pakte zijn voeten. 'Laat me alstublieft bij mijn moeder en mijn grootmoeder blijven. Laat ons alstublieft bij elkaar blijven! Neem me alstublieft niet mee!' Ze smeekte hem, deed een beroep op zijn verstand en moraal. Maar hij trapte haar gewoon met zijn laarzen weg als een hinderlijke kat die kopjes komt geven.

Daarna joegen die kerels de meisjes met hun kalasjnikovs voor zich uit. Zelfs binnen hoorden we ze nog schreeuwen en huilen. We wisten niet wat daar precies gebeurde. We wisten evenmin dat deze meisjes niet meer zouden terugkomen. Het duurde heel lang voor we dat woord, 'verkrachting', überhaupt over onze lippen kregen.

Achter de verkrachtingen zit een geniepige strategie van de is-milities. Streng conservatieve yezidi's zien het verlies van maagdelijkheid van jonge meisjes als ontering van zowel het meisje als de hele familie. Cultureel ge-

zien speelt ook een gevoel van 'gezichtsverlies' een rol.
Dat wordt nog versterkt doordat de mannen denken
dat ze bij het beschermen van hun familie hebben ge-
faald. (Jan Kizilhan)

Van Malik ontbreekt nog altijd elk spoor. Ook het meisje van twintig is nog steeds in handen van haar folteraars. De negentienjarige wist later te vluchten.

Moeder probeerde, samen met enkele andere vrouwen, de moeders van de acht meisjes te troosten, maar die waren niet aanspreekbaar. Het verdriet en de angst waren te groot. Het was de enige keer in die drie dagen dat moeder van haar plaats kwam. Daarna nam ze Leyla, Felek en mij onder handen. 'Was en verzorg jezelf niet langer!' We moesten zo onaantrekkelijk mogelijk zijn voor deze mannen. Per direct moest ik de hele tijd bij Leyla blijven en doen alsof ze mijn dochter was. Zodat de zogenaamde 'religieuze strijders' zouden geloven dat ik al getrouwd was. Want, zo hadden we begrepen, ze waren vooral geïnteresseerd in maagden.

Mijn zusjes en ik zeiden niet veel, terwijl moeder ons aan één stuk door moed insprak. 'Jou overkomt niets,' troostte ze ieder van ons afzonderlijk en ze wendde zich daarna nog tot Kemal. 'We keren binnenkort terug naar huis, er gebeurt ons niets. We zien jullie broer gauw weer terug.' Moeders woorden waren als rustgevende muziek. Maar de moeder van Malik zei geen woord. Ze was volkomen apathisch en in zichzelf gekeerd en ze reageerde nergens meer op. Ze zat daar maar. Helemaal verstard. Pas na een tijdje begon ze weer te praten, steeds harder. 'Als ze mijn jongste kind meenemen, moeten ze mij ook maar meenemen! Voor mij heeft het leven geen zin meer.'

Intussen hadden een paar vrouwen via hun mobiel stiekem hun familieleden weten te informeren over onze precieze verblijfplaats. Zelfs de naam van de straat hadden ze kunnen achterhalen. Die informatie werd direct doorgegeven aan de enige yezidische afgevaardigde in het Iraakse parlement. Misschien, zo hoopten ze, zou het leger soldaten sturen om ons te komen redden?

Op de derde dag kwam er 's middags een Arabische arts de school binnen. Deze man werkte vroeger in het centrale ziekenhuis van de regio Sinjar. Hij kwam vooral om de kinderen te onderzoeken en vast te stellen of ze gezond waren. De vrouwen waren heel argwanend, hij zou de kleintjes iets giftigs kunnen geven of inspuiten. Maar er gebeurde niets. Nadat deze medicus zijn dokterskoffertje weer had ingepakt, dreven de is-bewakers ons op het schoolplein bijeen voor verder transport. De hemel was diepblauw. Ik kneep mijn ogen tot spleetjes en keerde mijn gezicht naar de zon. De stralen brandden op mijn huid.

Plotseling hoorden we een vliegtuig. Het motorgeronk werd steeds harder. Ik weet niet wie van de geallieerden deze bommenwerper had gestuurd. Misschien de Amerikanen of de Fransen? In elk geval was het vliegtuig niet ver meer. Onze bewakers renden rond, als kippen zonder kop, en zochten dekking in de school.

Het vliegtuig scheerde over het schoolplein. Angstig lieten we ons plat op de grond vallen en beschermden ons hoofd met onze handen. Maar er waren ook vrouwen die bleven staan en met hun armen in de lucht om hulp schreeuwden. 'Red ons!' Anderen wilden liever ter plekke sterven. 'Verlos ons van deze ellende en vermoord ons toch meteen.' Maar het zou ons niet hebben geholpen als een vliegtuig zijn bommen hier dichtbij had laten vallen. Dan zou er alleen maar paniek zijn uitgebroken. De is-strijders zouden in het wilde weg op ons zijn gaan schieten. Liever op slag door een bom uiteengereten worden en sterven, dan elke dag een beetje doodgaan in gevangenschap.

In de nabije omgeving ontplofte enkele seconden later een bom. De inslag was zo verschrikkelijk hard dat we onze handen voor onze oren hielden. Toen het vliegtuig weer verdwenen was, hadden de IS-milities grote haast om hun 'oorlogsbuit' veilig te stellen.

Waar zijn we?

Voor de school stond een aantal bussen met verduisterde ramen en draaiende motor klaar om te vertrekken. Ik was nog steeds doof door de klap van de bominslag. 'Vlug, sneller, nog sneller…!' De is-strijders duwden ons gewoon de bussen in. Het moest allemaal in hoog tempo gebeuren. Ze waren bang dat het vliegtuig terug zou komen. Met één sprong was een van de is-strijders al voor in de bus naast de chauffeur. Deuren dicht. Daar gingen we. 'Waar gaan we heen?' vroegen de vrouwen uitgeput. Maar een antwoord bleven die kerels ons schuldig.

De bus zat zo volgepakt dat we nauwelijks nog konden ademen. Ik plakte letterlijk met mijn neus tegen Feleks gezicht. De ramen waren met verf dicht gespoten of met zakken verduisterd. Het leek wel midden in de nacht, zo donker was het. We konden onmogelijk zien of alle bussen achter elkaar aan reden. Zelfs binnen in de bus hing een gordijn.

De eerste paar uur was er nog airconditioning. Ik weet niet of ze die hebben uitgezet of dat hij kapotging, want op het laatst was het zo heet dat we bijna stikten. We hadden nauwelijks geslapen, nauwelijks gegeten en we snakten naar lucht. Dicht op elkaar geperst als dieren op weg naar de slachtbank. Wat gaat er nu gebeuren? vroegen we ons in stilte af. We zeiden geen woord. Daar hadden we de kracht niet meer voor. We wilden alleen zo snel mogelijk de bus weer uit en weer vrijuit kunnen ademen. Na een uur of vijf gingen de deuren open. Lucht! Eindelijk lucht!

De lucht kleurde al rood door de ondergaande zon, toen wij de bus uit struikelden. Ik legde mijn hoofd in mijn nek en zoog met open mond de avondlucht op. Weer spraken enkele vrouwen de gemaskerde bewakers aan. 'Waar zijn we?' Maar weer bleef het antwoord uit.

Ten slotte herkenden we de plek zelf. Hoge muren. Met prikkeldraad. We waren bij de Badush-gevangenis, zo'n vijftien kilometer van Mosul. Uit verhalen van onze vaders en grootvaders wisten we dat hier veel yezidi's gevangen hadden gezeten. We wisten dat de Badush-gevangenis een van de ergste en grootste gevangenissen in Irak was.

Al bij de eerste aanvallen op Mosul in juni 2014 nam isis de Badush-gevangenis in. De terroristen executeerden er 670 gevangenen. (Jan Kizilhan)

De Badush-gevangenis

We kwamen binnen door een ronde poort die meteen weer achter ons dichtviel. Van hieruit kwamen we op een binnenplaats. Deze binnenplaats was zo groot dat er voor alle gevangenen meer dan genoeg plek was. Ik herinner me alleen nog dat ik direct op de betonvloer ging liggen en in een bijna bewusteloze slaap viel. De uitputting was te groot. Toen vroeg in de ochtend de eerste zonnestralen over ons gezicht streken, was het al te warm om nog te blijven liggen. Als eerste zag ik mijn moeder. Ze zat nog precies zo naast me als de avond tevoren. Met haar ellebogen op haar knieën en haar handen onder haar kin. De hele nacht had ze geen oog dichtgedaan.

Vol verbazing keek ik om me heen. Pas op dat moment werd me duidelijk hoeveel yezidische vrouwen en meisjes hier in deze gevangenis zaten. Eerder hadden we alleen in dat ene klaslokaal van de school gezeten, maar hier op deze binnenplaats drong de volle omvang pas echt tot me door. Ik wreef mijn ogen uit en ging rechtop zitten. 'Mama, ze hebben gewoon heel Sinjar gevangengenomen.' Mijn kleine zusje en broertje lagen nog naast mij te slapen. Maar de is-bewakers, hun lange manen bijeengebonden met bandana's, waren al in aantocht.

Onze Arabische dorpsgenoten in de school hadden zich tegenover ons vrouwen nog enigszins terughoudend gedragen. Maar deze kerels waren is-aanhangers uit Mosul. Ze hadden de reputatie nog radicaler te zijn. Over hun gevechtstenue droegen ze een munitievest. Plotseling drongen die figuren zich tussen de meisjes, ze pakten hen bij de armen en schudden hen door elkaar. 'Opstaan, uitschot!' Deze mannen droegen ook geen zwarte maskers. Zij hoefden zich niet te verstoppen zoals onze Arabische buren. Allemaal waren ze nog vrij jong, tussen de achttien en de twintig jaar.

'Hup, hup, bruidjes...' Spottend joegen ze ons het gebouw in. Moeder belandde met ons meteen in de eerste cel. We waren met drieëntwintig vrouwen en kinderen. Behalve mijn tante waren er ook enkele vrouwen uit andere dorpen in het Sinjar-gebied. Kemal was een van de vijf kleine jongens en Leyla was een van de vier kleine meisjes. De kleintjes gedroegen zich de hele tijd erg rustig.

Meer dan een betonnen vloer en een getralied raam was er in deze ruimte niet. Bij ons in het voorste gedeelte van de gevangenis was het betrekkelijk koel maar in de verder naar achteren gelegen cellen was het juist extreem benauwd. Pas na twee dagen smeten de is-bewakers matrassen, kussens en dekens voor de cellen neer. 'Met de complimenten van jullie sjiitische vrienden.' Het beddengoed was afkomstig uit geplunderde winkels van sjiieten. Nadat we de hele vloer met matrassen hadden bedekt, wreef moeder tevreden in haar handen. 'Ons huisje is echt mooi geworden! Hier gaan we niet meer weg, hier blijven we,' zei ze. We lachten tot we kramp in onze wangen kregen. Na dagenlang gezeten te hebben, waren we blij dat we ons eindelijk weer eens konden uitstrekken. Alle gezinnen, of beter gezegd, wat ervan over was, gingen naast elkaar liggen.

De deuren van onze cellen stonden de hele tijd open. Maar daarbuiten waren we door hoge muren ingesloten. We hadden van de ene cel naar de andere kunnen lopen, maar dat deden we zo min mogelijk. Op de gang lummelden namelijk zes bewakers rond die ons dag en nacht in het oog hielden. Zelfs midden in de nacht slopen ze tussen de slapende mensen door en bogen ze zich over de meisjes heen. Maar moeder waakte als wij sliepen. Met donkere wallen onder haar ogen vertelde ze dan de volgende ochtend: 'Om twee uur vannacht kwamen die kerels om alle meisjes goed te bekijken. Daarna gingen ze naar de volgende cel.'

Ik griezelde van het idee dat een vreemde kerel mij 's nachts in het gezicht keek terwijl ik daar weerloos voor hem lag. Het stelde me gerust dat mijn moeder een oogje in het zeil hield. De wetenschap dat ze me in geval van nood niet tegen deze zwaarbewapende horde zou kunnen verdedigen, verdrong ik.

Regelmatig kwamen de is-milities in de Badush-gevangenis om nieuwe meisjes te halen die ze dan naar Mosul of Raqqa brachten. De vraag was heel groot. Steeds meer is-strijders, maar ook geïnteresseerden uit Saudi-Arabië, Egypte, Tunesië, etcetera wilden deze vrouwen kopen. Daardoor was er in de groepen veel verloop.
(Jan Kizilhan)

Het dagelijkse voedselrantsoen was nogal karig. Na zonsopgang kwamen de is-strijders met een vrachtwagen voorrijden bij de gevangenis. Wij stuurden de kleine kinderen om het eten op te halen bij de poort. 's Ochtends kregen we druiven, tussen de middag een broodje en 's avonds weer druiven. We deelden de druiven. Maar daarna knorden onze magen nog harder. 'Per direct moeten de jonge vrouwen het eten komen halen, niet meer de kleine kinderen,' eisten de twee bewakers bij het verdeelpunt terwijl ze dom grinnikend aan hun baarden plukten. Ze wilden erachter komen wie van ons nog ongetrouwd was. Maar wij weigerden en stuurden opnieuw de kleine kinderen. Dat ergerde die twee kerels. 'Als de meisjes hun vreten niet zelf komen halen, krijgen hun moeders niets meer te eten.' Maar wij durfden ons niet aan deze mannen te vertonen. En onze moeders leden liever honger en beslisten: 'Jullie blijven hier!' Zo deden Kemal, Leyla en de overige kleine kinderen de vele loopklusjes, terwijl wij jonge vrouwen onze doeken nog hoger over ons gezicht trokken om ons erachter te verbergen.

In het gedeelte waar wij zaten, was ook een ruimte waar de kinderen een kan met water mochten vullen, als de deur tenminste niet, zoals meestal, was afgesloten. Het water was kokend heet. Alles wat er gebeurde, werd door de IS-strijders op de voet gevolgd.

Gestolen speelgoed in de gevangenis

Maar helemaal ontlopen konden we die kerels niet. De toiletten waren op de gang. Er waren zelfs douches maar die gebruikten we bewust niet. 'Zorg ervoor dat je vies ruikt en maak jezelf zo lelijk mogelijk,' prentte moeder ons in. Op weg naar het toilet lag een cel die om de een of andere reden helemaal was uitgebrand. Daar veegden wij ongetrouwde meisjes elke keer met onze handen langs de muur om vervolgens het roet in onze gezichten en over onze handen en armen te smeren.

Geregeld dreven de bewakers alle gevangenen op de binnenplaats bijeen en deelden ze bevelen uit. 'Ga nu jullie cellen boenen!' Vanzelfsprekend moest dit schoonmaakwerk weer worden uitgevoerd door de ongetrouwde meisjes. Ik weigerde om mee te gaan en bleef bij moeder. Nog steeds deed ik alsof ik allang getrouwd was en Leyla mijn dochter was.

Een keer gooiden de bewakers gestolen speelgoed voor de kleintjes op de grond. 'Alsjeblieft, hier hebben jullie wat mooie cadeautjes uit de winkels van Sinjar.' De cynische grijs leek wel op hun gezichten getatoeëerd te staan. Maar de kinderen begrepen niet hoe gemeen dit was. Ze waren blij met een voetbal en een paar snoepjes. Wij volwassen vrouwen krompen ineen. We wisten dat deze spullen uit winkels van yezidi's kwamen en dat IS de eigenaren waarschijnlijk allang de keel had doorgesneden.

We kregen kippenvel toen ze met nieuwe kleren voor de vrouwen kwamen aanzetten. Hoewel onze eigen kleren stijf stonden van het vuil, keurden we die spullen geen blik waardig. De kerels waren nog niet weg of een vrouw merkte bitter op: 'Waarom verwennen ze onze kinderen toch zo? Als ze echt iets goeds voor hen zouden willen doen, konden ze toch hun vaders, broers en zussen terugbrengen.' Minachtend voegde ze eraan toe: 'Niet dat gestolen goed.' Maar in het bijzijn van de IS-bewaking durfde niemand zijn mond open te doen.

Blij hield Kemal een blik cacao in zijn handen. Leyla begon meteen te spelen met een popje en een opwindhond. Peinzend streek moeder haar kleintje over het zwarte haar. Leyla lachte en liet trots het nieuwe gat zien dat haar uitgevallen melktandje had achtergelaten.

De vierde dag gaven de bewakers alle oudere vrouwen bevel om op te staan en mee te komen.

Ze komen de kleine jongens halen

'De ouderen moeten naar de dokter en daar worden onderzocht,' zo luidde de nieuwste instructie van onze bewakers. Daarna zouden ze de vrouwen weer terugbrengen, heette het. Moeder stond meteen op, samen met de anderen. Maar deze vrouwen bleken beduidend ouder dan zij, zo rond de zestig, ze waren allemaal al grijs. Moeder was met haar zevenendertig jaar nog jong en knap. 'Jou nemen we niet mee. Jij bent gezond. Ga maar weer zitten!' bepaalde de bewaker, terwijl hij naar zijn collega knipoogde.

De oudere vrouwen mochten zelfs kleine kinderen meenemen naar de medische controle, alleen de jongens moesten achterblijven. 'Die hebben we hier nog nodig!' 'Hoezo?' Voor het eerst rees bij ons het afschuwelijke vermoeden dat ze hen misschien in hun Koranscholen wilden vasthouden. Kort daarop namen de grootmoeders met een heleboel kleine kinderen aan de hand afscheid van ons. Ze kwamen niet meer terug.

We waren ervan overtuigd dat de IS-strijders hen allemaal hadden gedood. Ontzet sloeg moeder haar hand voor haar mond. 'Godzijdank ben ik niet meegegaan.' De vijfde dag kondigden ze aan dat ze de jongens zouden weghalen. De zesde dag maakten ze hun dreigement waar.

Enkele jongens waren de dag tevoren al doodsbang in vrouwenkleren geschoten om zich op die manier te verstoppen. Kemal was onder onze deken gekropen en had zich zo plat mogelijk gemaakt. Die nacht probeerden de moeders hun jongens te troosten. 'Niemand komt jullie hier weghalen!' Moeder knuffelde Kemal telkens weer en kuste hem overal. 'Ik sta niet toe dat ze je weghalen!' De vrouwen spraken elkaar moed in. Ze wilden collectief weigeren hun zoons af te staan. Dan zouden de IS-strijders hun plan om de jongens gedwongen tot de islam te bekeren, wel laten varen.

's Avonds namen moeder en ik Kemal tussen ons in. Moeder was stellig overtuigd: 'Als ze hem niet te zien krijgen, zullen ze hem vergeten.' Het was nacht. In de andere cellen hoorden we kreten van moeders en jongens. Kemal werd er ook wakker van. Met hese stem zei hij tegen moeder: 'Mama, ze komen de jongens halen.' Moeder stopte hem snel weer onder de dekens en fluisterde dat hij geen kik meer mocht geven. Felek, Leyla en ik drukten hem dicht tegen ons aan.

Hun voetstappen kwamen dichterbij. Doelgericht zochten ze de kleine jongens tussen de vrouwen en meisjes. Moeder en ik gingen zo zitten dat Kemal tussen ons in niet meteen zichtbaar was. 'Ik heb helemaal geen zoon,' liet moeder de IS-milities weten. 'Waarom haalt hij dan altijd eten en water?' sarden ze ons, 'we hebben hem wel gezien, haal hem maar onder die deken vandaan.' Ook de kleine meisjes vroegen ze mee te komen. 'Jullie mogen ook mee!' Leyla drukte haar gezicht stevig in moeders zij. Kemal bewoog zich nog steeds niet. Nonchalant stond een van de bewakers in de deuropening en wenkte mijn broertje met zijn wijsvinger naar buiten. Moeder hield haar beide handen als een schild voor zich uit en schreeuwde: 'Laat hem hier!' Bijna verveeld klonk het: 'Verdomme, komt er nog wat van?' Langzaam kwam Kemal onder de deken vandaan en richtte zich op.

Met een rood gezicht, zijn haar in de war en doodsangst in zijn donkere ogen klampte hij zich vast aan moeders arm. Toen pakten die kerels mijn tengere broertje bij zijn armen en trokken hem naar zich toe. Moeders stem sloeg over. 'Laat hem hier! Hij heeft toch geen kwaad gedaan! Het is nog een kind!' Twee van die kerels namen hem mee. Ik heb helemaal niet gezien wat er met de andere jongens in onze cel was gebeurd. De hele tijd had ik alleen oog gehad voor Kemal.

Tot dan toe hadden we nog niet gehuild. Niet in de school, niet in de gevangenis. Alle beledigingen hadden we geringschattend over ons heen laten komen en elke mishandeling hadden we verdragen zonder een kik te geven, want innerlijk behielden we onze trots. Maar deze nacht wist geen enkele vrouw zich nog langer te beheersen. Moeder ging liggen en trok de deken over haar hoofd. Haar lichaam schokte verkrampt. Tot in de ochtendschemering huilden we allemaal.

De IS-strijders namen alle vijf- tot twaalfjarige jongens mee. Ik weet niet wat er was gebeurd, of ik van binnen was opgedroogd of dat er in mij iets was afgestorven, maar na deze nacht kon ik niet meer huilen. Hoewel alles van binnen pijn deed, had ik geen tranen meer. Ook niet toen er wat later bij de vrouwen en kinderen om me heen totale paniek uitbrak...

Bommen

De volgende ochtend heerste er grote onrust onder de gevangenen. Verwilderd praatte iedereen door elkaar. 'Als ze eerst de ouderen meenemen en nu ook onze kleine jongens, wat gaan ze dan met ons doen?' Twee vrouwen hadden hun mobieltjes de gevangenis in weten te smokkelen. Uiteindelijk konden ze contact leggen met Vian Dakhil, de enige yezidische afgevaardigde in het Iraakse parlement. 'Help ons!' smeekten ze. Vian Dakhil hield daarop daadwerkelijk een aangrijpend pleidooi in het Iraakse parlement. Ze had geen microfoon nodig om de voorzitter van het parlement te overstemmen.

Broeders, laten we de politieke geschillen vergeten. Ik spreek tot jullie in naam van de menselijkheid. Red ons! Wij worden afgeslacht. Wij worden uitgeroeid. Onze religie staat op het punt om van de aardbodem te worden weggevaagd. Ik smeek jullie in naam van de menselijkheid. Red ons! (Gedeelte uit de toespraak van Vian Dakhil op 12 augustus 2014)

De voorzitter probeerde haar te onderbreken maar Vian Dakhil ging gewoon door. Toen ze klaar was, zakte ze huilend ineen. Iedereen wist dat de partijen binnen de Iraakse regering verdeeld waren en elkaar bestreden. 'De grootste kracht van ISIS is de zwakte van zijn tegenstanders,' vatten de vrouwen de politieke situatie samen. Maar in ons land speelden niet alleen binnenlandse politici de groepen tegen elkaar uit. Er was ook sprake van buitenlandse inmenging. Vaak ging het daarbij meer om macht dan om religie.

[...]Iran wil voorkomen dat aan zijn westgrens weer vijandelijke soennieten de macht grijpen. Daarom steunt Teheran de sjiieten in Bagdad en streeft naar een instabiel Irak zodat de sjiieten aan de macht kunnen blijven en de Koerden geen eigen staat uit kunnen roepen. Het soennitische Turkije wil evenmin een Koerdische staat, maar ook geen sterk Iran. Daarom heeft Turkije belang bij instabiliteit in Syrië en in bepaalde delen van Irak en wil het door de val van Assad de invloed van Iran beperken. Om deze redenen loopt Turkije niet erg warm voor bestrijding van is. (Jan Kizilhan)

Vanaf dat moment was de plaats waar het merendeel van de yezidische meisjes in Noord-Irak gevangen werd gehouden, bij het Iraakse leger bekend.

Korte tijd later hoorden we hoe een vliegtuig in een grote kring rond de Badush-gevangenis vloog en vervolgens weer in de verte verdween. Daarvoor werden we door de is-strijders bestraft. We kregen geen eten en geen water meer. 'Eigen schuld,' tierden ze. Maar ze wisten nog niet dat het opduiken van het vliegtuig daadwerkelijk aan de vrouwen te danken was. De stemming was heel bedrukt. 'We worden toch niet bevrijd,' zei iemand.

Op de achtste dag klonk er opnieuw motorgeronk boven onze hoofden. Steeds weer cirkelde het vliegtuig rond de gevangenis, tot we het suizen van vallende bommen hoorden, gevolgd door heftig gedreun en een doffe explosie.

Verschrikkelijk lawaai. Iedereen schreeuwde. De muren wankelden, de wanden brokkelden af en het regende kalk op onze hoofden. De piloot had echter nog niet op het gebouw gemikt maar op het terrein eromheen. Hij wilde de IS-strijders bang maken.

Via de mobiele telefoon had Vian Dakhil de vrouwen geïnstrueerd: 'Ga onmiddellijk naar de binnenplaats, zodat jullie niet worden geraakt! De cellen worden nu gebombardeerd!' De piloot moest proberen de poort op te blazen zodat we naar buiten konden rennen. Aldus het plan. Maar in werkelijkheid zochten de IS-strijders geen dekking in de gevangenis, zoals eerder de kerels in de school in Tal Afar gedaan hadden, maar mengden zij zich onder ons vrouwen en meisjes op de binnenplaats, om ons als levend schild te kunnen gebruiken.

Ze stonden tussen ons in waardoor de meeste vrouwen hun plek niet durfden te verlaten om naar de poort te lopen. De doffe dreunen van de inslagen bezorgden ons vreselijke oorpijn. Steeds opnieuw. Hamerslagen die het bloed met volle kracht naar ons hoofd stuwden. Naar het lawaai te oordelen, moesten er voor de gevangenis reusachtige kraters zijn geslagen. Maar de poort was niet geraakt.

In dit helse lawaai gilde mijn kleine zusje zo hard dat ze bijna stikte in haar eigen gehuil. Zo bang was ze. De kinderen bleven maar schreeuwen. Een van de vrouwen sloeg zo lang om zich heen dat ze flauwviel. Alles draaide. We kregen bijna geen lucht meer, we stikten in het stof. Met betraande ogen bleef mijn moeder als een robot steeds maar herhalen: 'Als ik mijn zoons terugkrijg, komt alles weer goed. Als ze mijn zoons maar niet doden. Mij mogen ze rustig vermoorden. Als mijn zoons het maar overleven.'

Toen de piloot begrepen had dat de IS-strijders zich op de binnenplaats tussen ons in verschansten, liet hij zijn bommen steeds dichterbij neerkomen. Bijna raakte hij ons.

Het volgende moment spoot er een fontein van stenen en zand de lucht in en wij drukten ons nog dichter tegen de grond. Een van de vrouwen werd door de luchtdruk omvergeblazen...

'We gaan met jullie naar Parijs!'

Van het ene op het andere moment werd het weer stil. Het vliegtuig was weggevlogen. Iedereen luisterde en keek angstig naar de lucht. Een mobiele telefoon rinkelde. Een van de jonge is-strijders nam op. Hij zei vrijwel niets en liet zijn telefoon toen zakken. Met open mond keek hij ons aan. Zwijgend stonden we om hem heen. Hij rechtte zijn rug en zei: 'Ik heb zojuist een bevel gekregen. Ik moet jullie allemaal doodschieten.' Toen begonnen de meisjes opnieuw en nu pas echt hard te schreeuwen en te huilen.

Hoe de gewapende strijder reageerde? Hij snikte en liep zonder een woord te zeggen met gebogen hoofd weg. Deze is-strijder was nog maar een jongen van zestien of zeventien. Misschien had hij zich niet vrijwillig bij het terreurregime aangesloten? Er waren strijders die zich hadden aangesloten omdat de is-milities dreigden anders hun familie te vermoorden. Zag hij zich misschien weer voor hetzelfde dilemma gesteld? Of kon hij het gewoonweg niet over zijn hart verkrijgen om weerloze vrouwen en meisjes af te knallen zoals een jager zijn prooi? We hebben hem niet meer teruggezien.

Hij was nog niet achter de gevangenismuren verdwenen, of de vrouwen deden hun witte hoofddoeken af en reikten ermee naar de hemel, om God om hulp te smeken. 'Alstublieft, spaar ons!' We waren ontzettend bang dat de bewakers hun dreigement waar zouden maken en wij het volgende moment allemaal doodgeschoten zouden worden. We werden volledig in beslag genomen door onze gebeden en riepen onze engel Taus-i Melek aan: 'Alstublieft, alstublieft, laat ons leven!' De tranen van de vrouwen trokken strepen in het stof op hun gezichten.

Dit bombardement had naar schatting een uur geduurd. Voor mij leek het wel een heel jaar. Zodra de piloot zag dat er bussen voor de poort werden gereden, had hij de beschieting gestaakt. De bommen hadden maar één effect gehad. Ze hadden onze kinderen doodsangsten bezorgd en ons allen bijna gedood. Een van de vrouwen stond handenwringend voor de is-bewakers die voor de bussen heen en weer liepen. 'We gaan regelrecht naar jullie hel, als we bij jullie moeten blijven!' Een andere vrouw naast mij zat onder het bloed. Ze had bij een van de bominslagen splinters tegen haar hoofd gekregen. 'Waarom doen jullie dit met ons?' protesteerde ze luidkeels. 'Waar hebben we dit aan verdiend? Waar brengen jullie ons nu weer heen?' Grijnzend antwoordde een van de bewakers: 'We gaan met jullie naar Parijs. Parijs is niet zo erg.'

Weer persten ze ons in dezelfde bussen met de verduisterde ramen. We gingen terug richting Tal Afar. Aan de rand van de stad stopten we en opnieuw stapten we uit voor een school met twee verdiepingen.

School nummer twee

Bij het hek stond al een bewaker klaar om ons het gebouw binnen te brengen. Deze IS-strijder had duidelijk geen idee van de gevangenen die hij moest overnemen. Hij had zelfs nog nooit van yezidi's gehoord. Toen hij onze meelijwekkende horde zag, reageerde hij verbijsterd: 'Waarom sluiten jullie hen op? Dit zijn toch doodgewone vrouwen en kinderen! Jullie hebben zelf toch ook dochters, jullie hebben zelf toch ook moeders?!' Omdat hij ons niet op wilde sluiten, deden de anderen dat.

Maar ten minste één pleziertje was ons gegund. Tussen de vele gevangenen in de klaslokalen zaten ook de grootmoeders uit de Badush-gevangenis. Zodra de IS-bewakers de deur achter zich hadden gesloten, ging moeder op de oude vrouwen af. Natuurlijk ook in de hoop iets over Kemal en de andere jongens te weten te komen.

De vrouwen vertelden dat ze inderdaad naar een medische controle waren gestuurd. Er was zelfs een arts bij geweest. 'Maar deze arts was er vooral om ons tot de islam te bekeren,' legde een van de grootmoeders uit. Maar dat was de eer van deze oude dames te na. Hun weigering kwam ook voort uit respect voor onze voorvaderen die ondanks de vele moordpartijen op ons volk voor onze tradities waren opgekomen. Zonder hen zouden er nu waarschijnlijk geen yezidi's meer zijn geweest. Voortdurend probeerden de IS-strijders de grootmoeders volgens islamitische voorschriften te laten bidden maar ze hadden zich verbitterd verzet. 'Vermoord ons dan maar!' De IS-strijders hadden de oude vrouwen echter niet gedood maar overgebracht naar deze school. Sindsdien zaten ze hier.

Bij de eerstvolgende gelegenheid zette moeder zich over haar weerzin heen en sprak een van de gemaskerde IS-strijders aan: 'Wat hebben jullie met onze kleine jongens gedaan?' 'Die brengen we op dit moment de islam bij, ze leren uit de Koran en nemen alle religieuze teksten door. Ze zullen terugkomen als moslim.' Ontdaan trok moeder zich terug. Zou Kemal als een ander mens bij ons terugkeren?

Dit Koranonderwijs bestaat naast dagelijkse religieuze indoctrinatie uit vechtsporten en het leren verdragen van pijn en wreedheden. In steden als Tal Afar, Mosul of Raqqa moeten de kinderen toekijken hoe IS-strijders mensen stenigen, zweepslagen toedienen, onthoofden of lichaamsdelen publiekelijk amputeren. Alles wat de kinderen tot dan toe van hun ouders hebben geleerd, moet worden uitgevlakt. Ze moeten betrouwbare nieuwe IS-strijders worden. (Jan Kizilhan)

De volgende ochtend kwam een van de IS-bewakers van de vorige dag de school binnen. 'Die vent die jullie gisteren in bescherming wilde nemen, hebben we vandaag zijn hoofd afgehakt.' Ook op zijn gezicht plakte zo'n smerige grijns. 'Zo, en nu gaan alle gezinnen één voor één naar het lokaal daarginds,' besliste hij en hij wees naar de vrouwen die vooraan stonden, 'daar krijgen jullie je verdiende loon.'

In dit lokaal moesten we die mannen ons gezicht laten zien, want alle vrouwen hielden nog altijd hun hoofddoek ter bescherming voor mond en neus, zodat alleen hun ogen zichtbaar waren. We wilden allemaal maar één ding: ons voor deze schaamteloze blikken verstoppen. Het vuil op mijn huid voelde beschermend aan. 'Een van jullie heeft vast een mobieltje verstopt en om dat vliegtuig gebeld. Voor straf nemen we jullie ongetrouwde dochters mee,' maakte een van de bewakers ons duidelijk.

Toen ons gezin aan de beurt was, stapten moeder, Felek, Leyla en ik naar voren. Ze bekeken ons en wenkten mij met mijn met roet besmeurde gezicht aan de kant. Mijn hart stond bijna stil van schrik. 'Wacht even!' protesteerde ik. 'Waarom willen jullie mij meenemen? Dit is immers mijn dochter, ik ben getrouwd.' Onmiddellijk nam ik Leyla bij de hand en trok haar hoofd tegen me aan. Toen stuurden ze me samen met mijn familie weer weg.

Midden in de nacht betrapten de bewakers in een ander klaslokaal een twintigjarig meisje dat stiekem aan het bellen was. Ze namen zowel de telefoon als het meisje mee. Ze was nog maagd. We hoorden haar om hulp roepen. De volgende dag haalden die kerels alles overhoop. Veel vrouwen hadden hun mobieltje zorgvuldig tussen hun spullen weggestopt. In totaal vonden ze zo'n tien telefoons. 'Mooi, nu hebben we alle mobieltjes te pakken,' zeiden de is-milities opgetogen. Maar dat was niet zo. Er waren nog altijd een paar telefoons over. Verstopt in kinderkleren, ondergoed of knuffelberen.

Hier in Tal Afar werden vanwege deze vondst alleen de maagden bestraft. In Mosul zouden de is-milities ongetwijfeld keihard met alle vrouwen hebben afgerekend. Als het om het kwellen van anderen ging, hadden ze een oneindige fantasie.

De extremisten dwongen sommige gevangen vrouwen hun familie te bellen en de verschrikkingen ter plaatse uitgebreid te beschrijven. Anders zouden ze hun nog er-

gere dingen aandoen. Zo moest een moeder haar dochter aanhoren die tot in detail beschreef hoe ze binnen een paar uur door tientallen mannen was verkracht. Andere vrouwen werden verplicht om hun ouders te bellen tijdens hun bevalling. Via de telefoon beschreven ze hoe de baby direct uit hun handen werd gerukt. Dit is totale psychologische oorlogvoering. De getroffen gezinnen zijn emotioneel toch al kapotgemaakt en krijgen dan ook nog te horen hoe hun dierbare familieleden op barbaarse wijze worden gekweld. (Jan Kizilhan)

'Waar ben ik? Ik ruik mijn dorp hier niet'

De eerste dagen ondervonden we na de maaltijd geen vreemde bijverschijnselen. Maar opeens werden we extreem slaperig. Wazig tolden de gedachten door mijn hoofd en ik werd zo moe dat ik in slaap viel. Steeds wanneer we iets gegeten hadden, werden onze oogleden loodzwaar en konden we onze ogen nauwelijks nog openhouden. Vermoedelijk kregen we een kalmeringsmiddel, zodat niemand het in zijn hoofd zou halen om te vluchten. We brachten deze twee weken door in een soort trance, met ons hoofd op de schouder van onze buurvrouw. Leyla lag op mijn schoot.

Het vermoeden dat er kalmeringsmiddelen in ons eten werden gestopt, werd bevestigd toen we de school weer verlieten. De verlammende vermoeidheid was in één klap verdwenen. Ineens konden we ons weer concentreren en zakten onze hoofden niet meer slap opzij. Toen wisten de vrouwen het zeker: 'Dit was niet normaal geweest.'

Ondanks die slaperigheid had moeder vader nog twee keer weten te bellen. Om drie uur 's nachts fluisterde ze: 'Nu zijn je beide zoons weg.' Maar vader was beter op de hoogte. 'Nee, ik heb onze jongste zoon gesproken.' De jongens hadden tijdens het Koranonderwijs zo geschreeuwd en gejammerd dat de IS-strijders ten einde raad waren. 'Wat willen jullie dan?' hadden ze gevraagd. 'We zouden graag een familielid spreken,' had Kemal verzocht. Vader had mijn twaalfjarige broertje toen aan de telefoon kunnen vragen hoe het met hem ging. 'Het gaat niet goed met me, maar ik leef,' had hij geantwoord. 'Ze brengen me de islam bij, ik mis alleen mijn moeder heel erg.'

Moeder slaakte een zucht van opluchting toen ze dat hoorde. Felek en ik glimlachten. De hoofdzaak was dat Kemal nog leefde. Leyla zei meestal niks. Soms vroeg ik me af of ze wel besefte wat er allemaal om haar heen gebeurde. De kinderen bleven binnen gezichtsafstand van hun families. Soms zat Leyla in een hoekje met haar vingers te spelen, terwijl ze zachtjes in zichzelf praatte. Omdat ze nog steeds moest doen alsof ze mijn dochter was, bleef ze dicht bij mij in de buurt. Verder gedroeg ze zich als een gewoon kind van negen. Heel eigenwijs. Ze wilde niets eten: 'Nee, dat lust ik niet.' Moeder moest haar gewoon dwingen een paar hapjes te nemen. Ze was zo mager dat haar sleutelbenen door haar kleren heen staken.

De tweede keer dat moeder met vader belde, was 's morgens vroeg, net nadat de gemaskerde mannen het eten voor de deur hadden gezet en weer verdwenen waren. Wanneer een van de vrouwen met een telefoon aan haar oor zat, kwamen de anderen in een kring om haar heen zitten. Zo konden ze de bellende vrouw afschermen voor ongewenste blikken. Andere vrouwen hielden de wacht om met gebaren te kunnen waarschuwen voor het geval een van de bewakers onverwachts opdook. 'Waar zijn jullie precies?' wilde vader weten, maar we konden die vraag niet nauwkeurig beantwoorden. Vader vertelde nog dat er veel mensen naar ons hadden geïnformeerd en hij vroeg of Kemal alweer bij ons terug was. 'Misschien komt hij morgen,' antwoordde moeder.

Kort daarvoor hadden de Daesh in de klaslokalen namelijk luidkeels een aantal namen afgeroepen. Onder andere die van moeder en mij. 'Waar zijn jullie?' blèrden ze. Maar wij bleven muisstil met trillende knieën zitten. Achteraf hadden we daar spijt van, want Kemal bleek aan de telefoon naar ons te hebben gevraagd. Hij had ons willen spreken, maar wij hadden ons niet durven melden.

Als ik 's ochtend wakker werd, wist ik niet meteen waar ik was. Mijn eerste gedachte was: ik ben thuis, ik sta op en ik ga naar school. Waar zijn mijn vriendinnen? Maar als ik de vuile gezichten van mijn moeder en zusjes naast me zag, drong het weer tot me door: we zitten gevangen.

Soms staarde ik uit het raam en zonk dan zo diep weg in mijn dagdromen dat ik buiten alle plekken meende te zien waar ik ooit gelukkig was geweest: de boomgaard van mijn oom en ons bed onder de sterrenhemel. Ik meende zelfs de zwoele avondwind van de woestijn te voelen. Ruw kwam ik weer bij mijn positieven. 'Waar ben ik? Dit is Sinjar toch niet! Ik ruik hier wel mijn land, maar niet mijn dorp.'

'Jij bevalt me wel, ik ga met je trouwen'

Toen gebeurde er iets wat ik op alle mogelijke manieren had willen vermijden. Ik werd opgemerkt door een van de bewakers. Een ongemaskerde dikke dwerg schuifelde recht op mij af. 'Jij bevalt me wel, ik ga met je trouwen,' bepaalde hij. Instinctief pakte moeder mijn hand. Zelfverzekerd wierp ik mijn hoofd in mijn nek en beweerde: 'Dat zal niet gaan, ik ben al getrouwd!' Leyla vleide haar wang tegen de mijne. 'Voorlopig laat ik je met rust, maar ik weet je hier overal te vinden en ik kom je halen,' mokte de kerel. Daarna vervolgde hij zijn weg.

Moeder was in alle staten: 'Je moet je verstoppen!' Maar hoe moet je je in een gevangenis schuilhouden voor een bewaker? Vertwijfeld stapte ik met hoog opgetrokken benen als een ooievaar tussen de vrouwen door om te vragen wie er een extra jurk bij zich had. Ik vond een yezidi-vrouw die een vieze jurk vol gaten over haar goede jurk had aangetrokken. 'Kun je me die alsjeblieft lenen? Als ik die jurk aantrek, herkent die man me niet meer.' De vrouw gaf me direct haar kapotte jurk.

Op die manier vermomd, ging ik op een andere plek zitten, verstopte mijn neus achter mijn vieze doek, trok mijn knieën zo dicht mogelijk naar me toe en boog mijn hoofd nog dieper. Mijn hart klopte in mijn keel toen de dwerg zijn blik als een schijnwerper over alle hoofden liet glijden. Maar hij herkende mij niet. Het was een pak van mijn hart.

's Nachts zocht ik het gezelschap van mijn dierbaren weer op. Moeder probeerde me steeds weer te troosten. Zoals ze dat later ook zou doen, toen ik meer dood dan levend was. Moeder zei altijd: 'Alles komt goed. Alles komt goed. We komen hier weer uit. Uiteindelijk zullen we elkaar allemaal weer terugzien...' Dat soort dingen vertelde ze. En aan haar woorden warmden wij ons.

'Kemal!'

Die nacht droomde ik van mijn beide broers. Overal waren yezidische vrouwen. Ik stond met mijn rug naar de mensenmenigte. Ineens voelde ik een hand op mijn schouder en ik draaide me geschrokken om. Daar stonden Dilshad en Kemal me allebei lachend aan te kijken. Direct sloot ik mijn kleine broertje in mijn armen en kuste hem op het voorhoofd. Daarna probeerde ik mijn grote broer aan te raken, maar het lukte niet. Hij ontglipte me. Er was alleen lucht... Toen ik wakker werd, merkte ik dat mijn gezicht helemaal nat was.

De voorgaande dagen waren de eerste jongens al in de school aangekomen. Ik vroeg aan ieder van hen: 'Waar is mijn broertje? Hebben jullie hem gezien?' En de jongens antwoordden: 'Ja, natuurlijk. Hij heeft hierheen gebeld en voortdurend naar jullie gevraagd. Hij wilde gewoon de stem van zijn moeder horen, maar jullie waren niet bereikbaar.'

De volgende dag keerden de overige vermisten terug. Een Koerd uit Arbil begeleidde de jongens. Wippend op zijn tenen begon deze man meteen op te scheppen en ons vrouwen te intimideren. 'Jullie zijn dan wel Koerden, maar geen moslims! Wij zijn Koerden én moslims! Daarom zullen we jullie doden.' Hij sprak Kurmançi, onze moedertaal dus. Waarschijnlijk wilde hij duidelijk laten merken hoe ver hij boven ons verheven was. 'Ik word als Koerd niet gedood, maar jullie wel.'

Het voelde of de bodem onder onze voeten werd weggeslagen. Hadden wij Koerden in onze geschiedenis nog niet voldoende ellende meegemaakt? Was het voor ons volk niet van het allerhoogste belang om in zulke tijden solidair te zijn? Ik voelde hoe al mijn spieren zich spanden. 'Wacht even...' Furieus drong ik mij naar voren. Maar moeder trok me aan mijn schouder terug. 'Rustig blijven,' siste ze me toe. Ik had hem heel graag willen vragen of hij soms vergeten was dat alle Koerden vroeger het yezidische geloof beleden. Ook al ben je een islamitische Koerd, toch zijn al je voorvaderen yezidi. Een Koerd die zijn eigen wortels vergeet, vernietigt ook zichzelf!

De grootschalige islamisering van de Koerdische gebieden in het jaar 637 door kalief Omar I leidde tot onderlinge verdeeldheid van de Koerden. De meesten van hen werden bekeerd tot de islam. De yezidi's hebben zich hieraan onttrokken. Zij zien zichzelf als aanhangers van het oudste geloof ter wereld. (Jan Kizilhan)

De verontwaardiging over dit verraad riep duistere gedachten bij ons op. We hadden die man wel willen vermoorden. Toen we begrepen dat er tussen de IS-strijders nog meer Koerden zaten, was dat een bittere teleurstelling. Uiteindelijk heb ik mijn geboortegrond vanwege deze Koerden verlaten. Wat heb je thuis nog te zoeken als je eigen broeders je dood wensen?

Zodra deze overloper de deur uit was, kwamen de jongens binnenstormen.

'Kemal!' riepen moeder, Felek, Leyla en ik in koor en renden op hem af. We waren zo ontdaan dat we nauwelijks zagen hoe hij eraan toe was. We merkten niet dat hij hinkte en dat hij slechts een schaduw van zichzelf was. We zochten alleen zijn donkere ogen, trokken hem in ons midden en omhelsden en kusten hem.

Met z'n allen gingen we tegen de muur zitten. Leyla hield hem met haar dunne armpjes van achteren omkneld. Moeder nam zijn hand en streelde die voortdurend. Felek streek over zijn haar. Ik hield zijn andere hand vast en drukte die tegen mijn lippen. Moeder keek Kemal zo indringend aan, dat het leek of ze recht in zijn ziel wilde kijken. Alleen met horten en stoten kon Kemal vertellen wat hij had doorgemaakt: 'We moesten op hun manier bidden. Ze leerden ons de islam.'

Toen pas merkten we dat mijn broertje zijn been had gebroken. Om zijn scheenbeen zat een verband dat het bot bijeenhield. Moeders lippen trilden. 'Wat is er gebeurd?' Kemal sloeg zijn ogen neer. Hij had zijn kleren moeten wassen en was daarbij van een verhoging gevallen. Het was duidelijk dat hij ons niet de waarheid wilde vertellen. We zijn er nooit achter gekomen wat er werkelijk was voorgevallen. Wel hoorden we van de andere jongens dat ze door de IS-milities waren afgeranseld. Wanneer ze weigerden als moslims te bidden, sloegen de IS-strijders hun dikke stokken stuk op de rug van de jongens. Zo hard ging het er aan toe.

Kemals haar was verwilderd en wat langer dan eerst. Al met al maakte hij een heel angstige indruk. Voortdurend keek hij met opengesperde ogen rond en als hij het gestamp van laarzen hoorde, dook hij in elkaar. Ik had mijn kleine broertje heel erg gemist. Die dag knuffelde ik hem steeds opnieuw. 'Jij blijft nu bij ons! Voor altijd! En vannacht moet je naast mij slapen.'

Tussen de bedrijven door prentte ik Leyla telkens weer in: 'Als de IS-strijders je vragen wie je moeder is, wat zeg je dan?' En Leyla antwoordde voorbeeldig: 'Jij bent mijn moeder, Shirin is mijn moeder.' Telkens oefenden we dit samen. Mijn kleine zusje verstond nog niet veel Arabisch. Waarschijnlijk hadden de bewakers haar daarom die vraag nog niet gesteld, maar ik bereidde haar er toch op voor. Dezelfde dag nog kondigden de bewakers aan: 'Morgen brengen we jullie naar andere dorpen, daar worden jullie ingekwartierd in huizen die jullie mensen bij hun vlucht hebben achtergelaten.' Hoopvol keken we elkaar aan. Misschien zou onze hele familie binnenkort weer samen zijn? Misschien hadden we het ergste nu achter de rug? Maar het ergste moest nog komen.

De oudere vrouwen en de getrouwde vrouwen met kinderen worden geïnterneerd in massaverblijven zoals in Tal Afar of Mosul die voor die tijd door sjiieten of yezidi's werden bewoond. Ze worden daar door is-milities bewaakt, vernederd, geslagen en verkracht. Elke avond duiken er is-strijders op, maar ook gewone burgers uit Syrië, Saudi-Arabië en andere Arabische landen, om vrouwen te kopen en mee te nemen. (Jan Kizilhan)

Kemal sliep die nacht tussen mij en moeder in. 'Je blijft nu voor altijd bij ons,' fluisterden we tegen hem. Hij lag te woelen en te kreunen in zijn slaap. Ik hield zijn hand de hele nacht vast. Toen de bewakers de volgende ochtend het eten kwamen brengen, verstopte mijn broertje zich achter de ruggen van anderen. Hij durfde zich niet meer aan die mannen te vertonen. Zo bang was hij dat ze hem weer mee zouden nemen. Toen kwam de dag waarop ik van mijn familie werd gescheiden.

Verraden door mijn leraar

's Ochtends telden de gewapende bewakers elk gezin. Zodat ze voldoende huizen ter beschikking konden stellen, heette het. Ik vertrouwde dit tellen niet. 'Dat doen ze vast om te controleren welke meisjes nog ongetrouwd zijn,' zei ik tegen moeder en Felek. Voor de zekerheid ging ik maar weer op een andere plek zitten, dit keer op de bovenverdieping bij de vrouwen uit Kocho. Die vrouwen waren allemaal getrouwd of al weduwe. Dan zouden de IS-strijders vast denken dat ik een van hen was.

Negen overlevenden van een massa-executie in Kocho vertelden mij dat ze zich op 15 augustus 2014, niet ver van hun dorp, in verschillende rijen moesten opstellen. Zo'n rij bestond uit twintig tot zestig mannen, onder wie ook jongens tussen de veertien en de achttien jaar. Weer eisten de IS-milities dat de groep zich tot de islam zou bekeren. De yezidi's weigerden. De IS-strijders begonnen daarop in het wilde weg met hun kalasjnikovs op de mannen te schieten. In totaal negentien mannen hebben het overleefd, sommigen van hen waren zwaargewond. Ze bleven roerloos tussen de lijken liggen totdat de IS-strijders het dorp weer verlaten hadden. Bij deze massa-executie bleken 413 mannen en jongens te zijn vermoord. (Jan Kizilhan)

De weduwen omringden me en vroegen me het hemd van het lijf. 'Wie ben je? Hoe heet je? Waar is je man?' Ik probeerde hen rustig te houden. Ik wilde vooral niet opvallen. Toen het er even later op begon te lijken dat we binnenkort zouden vertrekken, sloop ik haastig terug naar mijn familie beneden. Daar trok ik de geleende jurk weer uit en gaf hem terug aan de eigenares. Ik ging ervan uit dat ik hem niet langer nodig had. We moesten naar het schoolplein om op de bus te wachten.

Maar plotseling schrok ik me wezenloos. In gezelschap van een andere gemaskerde man stond daar de dikke dwerg, die over trouwen had gebazeld. Een Turkmeen. Zoals de meeste inwoners van Tal Afar. Ik schatte zijn leeftijd op vijfentwintig. Bliksemsnel verborg ik mijn hoofd achter moeders schouder en ik wenste dat ik de kleur van het zand onder mijn voeten zou aannemen. Maar het was al te laat. 'Jij daar, kom eens hier. Jou neem ik mee. Jou mocht ik direct. Ik vond je meteen al erg knap.'

Ik veerde overeind en stak minachtend mijn kin in de lucht. 'Nee, ik ben al getrouwd. Dit is mijn dochter.' Ik klampte me regelrecht aan Leyla vast. Op dat moment trok de gemaskerde man die er de hele tijd bij had gestaan, doodgemoedereerd het zwarte masker van zijn gezicht. Hij bekeek me geamuseerd. 'Maar Shirin, ben je nu al getrouwd?' Het was Ibrahim, mijn vroegere wiskundeleraar.

In tegenstelling tot de anderen droeg hij zijn baardje kort. Evenmin had hij de typische blik van een is-soldaat. Hij keek eerder open en vriendelijk om zich heen. Ik kon geen woord uitbrengen omdat ik heel goed wist wat me te wachten stond. Het sneed door mijn ziel. Mijn leven is voorbij. Ik ben alles kwijt. Mijn familie. Mijn toekomst. Voor andere gedachten was geen plaats meer.

Langs de straat stonden de bussen te wachten om ons

vrouwen naar de dorpen te vervoeren. Angstig drukte moeder haar vingers tegen haar gezicht. 'Ik probeer je te beschermen. Jij gaat eerst!' Ze duwde me voor zich uit en toen we bij de ingang van de bus waren, probeerde ze me met een flinke zet tussen de andere passagiers naar binnen te werken. Ik viel zowat. Maar mijn leraar doorzag de situatie, greep me bij mijn mouw en sleurde me de bus weer uit. Moeder hield me schreeuwend bij mijn andere mouw beet. 'Je neemt mijn dochter niet mee!' Daarop veranderde hij van tactiek. 'Oké, geen probleem,' suste hij haar, 'ik neem haar niet mee. Jij loopt terug met je kinderen en gaat bij de anderen voor de school op de grond zitten.' Terwijl moeder zijn bevel opvolgde en ging zitten, probeerde hij mij weer bij haar vandaan te trekken.

Vanaf de grond greep moeder mijn arm. Felek pakte mijn andere pols, Leyla hield zich vast aan mijn jurk en Kemal probeerde me ook beet te pakken. Ik was compleet overstuur, raasde en tierde, zette mijn voeten schrap in het zand, maar deze man was sterker dan wij allemaal samen. Moeder begon alsmaar harder te schreeuwen. 'Nee!' krijste ze, ze ademde steeds sneller, begon te hyperventileren en viel flauw.

Toen ze weer bijkwam en merkte dat ik verdwenen was, is mijn moeder een van de is-bewakers te lijf gegaan. Ze ging volkomen door het lint en sloeg met haar vuisten op hem in. Ik was daar helaas niet meer bij, maar veel vrouwen hebben me later verteld hoe sterk ze was. Razend van woede heeft ze zich verzet: 'Ik blijf net zo lang hier tot jullie mijn dochter weer terugbrengen!' Uiteindelijk hebben de is-bewakers Felek, Kemal, Leyla en moeder de bus in moeten slaan.

Als de leraar uit mijn dorp me niet had verraden, zou alles misschien anders zijn gelopen. Ik had nooit gedacht dat hij ook bij ISIS hoorde. Ons leerlingen behandelde hij altijd liefdevol en met respect. Maar ineens klonk hij net als al die anderen: 'Die wil ik hebben!' En hij lachte er zo afstotelijk bij. Acht jaar lang had deze leraar tussen ons yezidi's in gewoond.

Laten we zussen zijn

Op het schoolplein moest ik met zeven andere meisjes in een rij gaan staan. De IS-milities maakten ons uit voor uilskuikens en zeiden dat we per direct als moslims moesten bidden. 'Wij maken goede moslima's van jullie,' benadrukte mijn oude leraar. Maar we stribbelden allemaal tegen. 'Dat doen we niet!' zei ik. 'Nooit,' vulde een ander meisje aan. Resoluut pakten de IS-milities ons toen een voor een bij haren, schouders en armen en sleepten ons als zakken achter zich aan door het zand. Wij verzetten ons, schopten om ons heen en schreeuwden. Met hun laarzen trapten ze ons in de buik en met hun handen sloegen ze op ons hoofd. Ik spuugde zand uit mijn mond. De volgende schop joeg me weer overeind.

Wankelend liepen we terug naar het schoolgebouw. Voor het eerst in mijn leven had iemand geweld tegen mij gebruikt. Ik heb me even niet meer de dochter van mijn ouders gevoeld. Zo vernederd voelde ik mij.

We moesten in het klaslokaal blijven tot de bus zou terugkeren om ons op te halen. 'We brengen jullie bij de andere yezidische meisjes,' zei een van de bewakers. Maar we hadden geen idee waar dat was. Toen hij naar buiten ging, deed hij de deur achter zich op slot. Vluchtig bekeek ik de andere meisjes. De een zat vol schrammen, de ander had een blauw oog. En allemaal zaten we onder het stof. We kwamen uit verschillende dorpen. De oudste was vijfentwintig, de jongste dertien. Ze heette Samia en was een achternichtje van me dat ook in Hardan woonde. We mochten elkaar heel graag. Omdat ze alleen broers had, kwam ze haast elke dag bij mij langs. Er was nog een meisje uit Hardan, ze was negentien en een beetje mollig. Ook zij kwam vaak bij ons thuis. Ze had een lief gezichtje dat als het ware gemaakt was om te lachen.

Samia kwam naast me zitten en stelde voor: 'Shirin, zullen we doen alsof we zussen zijn?' Moedeloos wiste ik mijn voorhoofd af. 'Maar wat dan als mijn leraar terugkomt? Hij kent me toch, hij weet heus wel dat je mijn zus niet bent.' 'Maar ik heb toch nooit bij jou op school gezeten, dus kan hij mij niet gezien hebben,' opperde mijn nichtje.

Ooit hadden de is-bewakers ons verteld dat ze zussen niet van elkaar zouden scheiden. Daarom deden we toen maar alsof we zussen waren. En Ibrahim slikte ons verhaal. Samia en ik moesten als eersten de bus in en ver bij de ingang vandaan gaan zitten, zodat we onderweg de deur niet konden openen en naar buiten springen. Verder stapten er nog vijf bewakers plus Ibrahim de bus in.

De dikke dwerg uit Tal Afar was naast de leraar gaan zitten. 'Maar ik wil Shirin voor mezelf hebben,' mopperde hij. Daarop maakte Ibrahim hem duidelijk: 'Als je Shirin voor jezelf wilt hebben, moet je haar zus ook in huis nemen. Realiseer je dat goed.' Daar moest de Turkmeen over nadenken. Een persoon meer betekende ook een mond extra om te voeden.

Wij waren zo naïef. Nog altijd geloofden we wat onze vroegere dorpsgenoot ons vertelde. We gingen ervan uit dat we naar een plek werden gebracht waar ze ons uit de Koran zouden voorlezen en islamitische gebeden zouden leren. Daarna zouden ze ons terugsturen naar onze moeders. Zelfs toen de Turkmeen had gezegd dat hij mij voor zichzelf wilde, liet ik de gedachte om gedwongen met zo iemand te moeten trouwen niet toe. Ik kon het me niet voorstellen.

De rit eindigde in Tal Afar voor een heel hoog, breed gebouw. Qua afmetingen leek het wel een sporthal. Vermoedelijk vonden er vroeger politieke manifestaties plaats. De bovenverdieping bestond uit appartementen. Uit een van de ramen keek een jongen met zijn moeder op ons neer. We gingen beneden naar binnen.

Gedwongen bekering

Over het leven van een huisslavin

De hal

Binnen in de hal zaten nog meer vrouwen en meisjes op matrassen op de vloer. Ik telde hoeveel het er waren. Met mij erbij drieëndertig. Mooi zo, dacht ik bij mezelf. Ik snapte niet hoe ik erbij kwam, maar ik troostte mezelf met de gedachte dat het nooit zo erg kon worden als het er maar zo weinig waren. Samia en ik gingen op een van de vrije matrassen zitten. Er waren er nog genoeg.

Een bebaarde oppasser hield de afgesloten deur onafgebroken in het oog. Op deze verdieping waren ook een keuken, een badkamer en een wc. Dat vertelden de andere meisjes. Ongeduldig stelde ik de ene na de andere vraag: 'Hoe gaat het met jullie? Wat is er met jullie gebeurd?' Veel meisjes reageerden nogal kortaf en geïrriteerd: 'Waarom vragen jullie wat er hier is gebeurd? Waarom vragen jullie hoe het met ons gaat? Een paar dagen geleden zat deze hal nog vol meisjes. We zaten hier met honderden tegelijk. Elke avond kwamen ze een aantal meisjes halen.'

Eerder hadden de is-milities ook deze meisjes wijsgemaakt dat ze bij particulieren zouden worden ondergebracht om volgens de Koran te leren leven. Ze moesten daar dan ook als dienstmeisje werken en het huishouden doen. Op een van de matrassen lag een meisje van vier, naast haar twaalfjarige zusje Hana. De oudste van de twee was me direct opgevallen vanwege haar grasgroene ogen. 'En? Hoelang zijn jullie al bij je moeder vandaan?' informeerde ik.

Steunend op haar ellebogen vertelde Hana dat ze al sinds de overval gescheiden waren. Ze wreef met haar mouw over haar betraande ogen en neus. De kinderen zaten al vijfentwintig dagen in deze hal. Het kleine zusje had geen woord meer over haar moeder gezegd. Waarschijnlijk was ze er inmiddels ook al aan gewend dat er telkens een man binnenkwam om een van de meisjes mee te nemen. Het licht in de hal brandde dag en nacht, maar 's avonds was ik zo uitgeput dat ik toch in slaap viel. Ineens pakte iemand mijn schouder en schudde me wakker. Geschrokken ging ik rechtop zitten en ik keek in het gerimpelde gezicht van een oude Turkmeen. 'Hoe heet je?' wilde hij in het Arabisch weten. Het was een kleine dikke man van een jaar of zestig, met kort grijs haar en een lange grijze baard. In een reflex deinsde ik achteruit en antwoordde in het Kurmançi: 'Ik spreek geen Arabisch, ik heb een tolk nodig.' Een minuut later hadden ze er al iemand bij gehaald die mijn dialect kende.

'Hoe heet je?' informeerde de Koerdische tolk. 'Ik heet Shirin.' 'Hoe oud ben je?' 'Ik ben vijfentwintig.' 'Ben je naar school geweest?' 'Nee, dat ben ik niet.' 'Wil je met hem trouwen?' Ik gebaarde afwerend, alsof ik een lastige vlieg wilde verjagen. 'Waarom zou ik met hem trouwen? Dat wil ik absoluut niet.' 'Wil je moslima worden?' 'Nee, ik ben yezidi en ik blijf yezidi.' Ongeduldig mengde de Turkmeen zich in het gesprek: 'Als ze niet wil, kom ik morgen terug en dan dwing ik haar om mee te gaan.' Op dat moment was ik er nog van overtuigd dat ik met een combinatie van slimmigheid en brutaliteit elke moeilijke situatie de baas kon.

's Avonds noteerde een van de bewapende mannen al onze namen. Daarna ging de deur op slot. Twee uur later dook er opnieuw een onbekende op. De klok aan de muur wees elf uur aan. 'Ga dat knappe meisje halen dat de oude man wil hebben,' eiste hij van de bewaker bij de deur. 'Ik neem haar mee.'

Mijn hart sloeg over en met een sprong stond ik rechtovereind. Maar de bewaker probeerde de man op andere gedachten te brengen. 'Nee hoor, die ga ik niet halen, die is toch helemaal niet knap.' Met een grimmige uitdrukking op mijn vieze gezicht staarde ik voor me uit. Verwilderd en onverzorgd. Mijn haar stijf van het vuil. Toen de man me zo zag, maakte hij daadwerkelijk rechtsomkeert. God zij dank, zei ik bij mezelf, terwijl ik weer ging zitten. Maar slapen was er niet bij, want even later kwam de oude Turkmeen opnieuw op me af gewaggeld. Dit keer in gezelschap van een ander die in het Arabisch commandeerde: 'Meekomen.' Weer probeerde ik hetzelfde spelletje. 'Ik spreek geen Arabisch.' 'Ga dan maar weer zitten,' blafte hij geïrriteerd. Hij beklaagde zich bij de oude man: 'Wat moet je met haar, als ze geen Arabisch begrijpt?' Maar die vogelverschrikker kende een woordje Koerdisch: '*Werea*', dat betekent 'Kom!'. 'Werea, werea…,' brieste hij ongeduldig.

Koppig bleef ik zitten en probeerde er zo onnozel mogelijk uit te zien, alsof ik er niets van begreep. Toen begon de oude man te jammeren: 'Waarom wil je niet met me mee? Waarom wil je niet met me trouwen? Ik zou je naar je moeder kunnen rijden en je Bagdad laten zien.' Terwijl hij daar zo stond te jammeren, waren de bruine tandenstompjes in zijn mond duidelijk zichtbaar. Ik rilde van afschuw. In het Koerdisch snotterde ik terug: 'Je had mijn vader kunnen zijn. Hoe kan ik nu trouwen met iemand als jij?' Samia klemde zich stevig aan mij vast. Uit angst mij kwijt te raken, begon ze zo hard te huilen en te jammeren dat ik bang was dat ze erin zou blijven. Geërgerd droop de oude man af. Samia keek me stralend aan.

De volgende ochtend, rond een uur of elf, kwam er een

koper die mijn nichtje meenam. Verder nog een meisje van negen plus Hana met haar kleine zusje van vier. De man beloofde alle vier de meisjes terug te brengen naar hun moeder. Ik haalde diep adem en wenste Samia nog veel geluk. Mijn nichtje klapte van blijdschap in haar handen. Zelfs het kleintje van vier dat zo'n gelaten indruk maakte, sprong zowat een gat in de lucht. Maar later zou blijken dat deze man heel andere plannen met de meisjes had.

De IS-milities gaven vrouwen met kleine kinderen weer door aan andere IS-aanhangers of verkochten hen aan gezinnen waar ze als slavin moesten werken. Omdat er voor deze verkoop heel veel belangstelling bestond, werden er uiteindelijk ook moeders met kinderen verkocht om te worden verkracht. De kinderen werden meteen bij hun moeders weggehaald en naar een plek gebracht waar ze weken- of maandenlang elke dag islamonderwijs kregen. Jongens van acht jaar en ouder werden opgeleid tot kindsoldaat. De driejarige Hilal had blond haar en blauwe ogen. Zij werd bij haar moeder weggehaald omdat ze volgens een van de IS-strijders een erg mooi kind was. Hij wilde haar opvoeden om vervolgens, als ze negen zou zijn, met haar te 'trouwen'. Rinda van vijf werd bij haar moeder weggehaald en aan een kinderloos echtpaar in Raqqa gegeven. Het echtpaar rechtvaardigde zich met de woorden: 'Het kind zal haar moeder mettertijd wel vergeten.' (Jan Kizilhan)

Die ochtend was ik heel tevreden over mezelf. Als ze me lelijk vinden, nemen ze me niet mee. Als ik geen Arabisch spreek, willen ze me ook niet. Ik kreeg weer hoop. Als ze Samia naar haar moeder brachten, zouden ze mij binnenkort ook wel naar mijn familie terug laten gaan. Hier gold ik immers als Samia's zus. 'Morgen ga je naar je moeder, niemand wil jou immers hebben en alles komt goed.' Er viel een zware last van mijn schouders.

De derde dag kwam er 's ochtends om zeven uur een tot dusver onbekende bewaker binnen met een mededeling. Straks komen enkele van onze mannen uit Sinjar. Zij zullen wat meisjes uitzoeken. Deze nieuwe man, een lelijke dwerg, stiefelde verder naar mijn matras. 'Shirin, iemand uit Bagdad wil jou hebben. En je moet daar ook naartoe. Hij leidt daar in de buurt een bordeel met yezidische vrouwen.' Mijn naam stond op de lijst. Als prostituee. Ik stortte compleet in, alsof alle leven in één klap uit me wegvloeide. Prostitutie?

'Nee,' protesteerde ik met zwakke stem. 'Waarom ik? Ik ben veel te lelijk. Het is een misverstand...' De bewaker zei alleen: 'Die man wil je per se hebben.' Mijn hart klopte zo heftig dat ik het bloed in mijn oren voelde suizen. Ik had geen enkel gevoel meer in mijn handen en voeten.

Toen de is-bewaker zag hoe kapot ik ervan was, draaide hij om als een blad aan een boom: 'Ga dan niet naar dat bordeel! Straks komen de mensen uit Sinjar. Ga maar met hen mee.' Waarom deze lelijke dwerg me dit aanraadde, bleek pas later. Het werd hem in elk geval niet ingegeven door zijn goede hart.

Hel nummer één of hel nummer twee

Wat moest ik doen? Alles vervaagde voor mijn ogen, maar ik moest snel weer tot mijn positieven komen om een besluit te kunnen nemen. Het bordeel was hel nummer één. Meegaan met deze IS-milities uit Sinjar was hel nummer twee. Het was kiezen tussen de pest en cholera. Naar een hoerenkast wilde ik in geen geval, met die IS-types meegaan evenmin. Maar ik had geen tijd meer om er nog over na te denken.

De bezoekers bekeken alle meisjes een voor een. 'Shirin!' Mijn naam werd afgeroepen. Als altijd volgden dezelfde vragen. 'Ben je getrouwd?' Ik voelde hoe mijn keel werd dichtgesnoerd. 'Nee, dat ben ik niet.' 'Wil je trouwen?' 'Nee, dat wil ik niet.' 'Ben je yezidi?' 'Ik ben yezidi, voor honderd procent,' antwoordde ik. 'Wil je moslima worden?' 'Nee, dat wil ik niet.' 'Als je niet meegaat, sturen we je morgen naar het bordeel,' maakte ook deze kerel me duidelijk.

Met mij werden er nog twee zestienjarigen geselecteerd. Het ene meisje was klein en mollig. Ik kende haar uit Hardan. Ze had een heel donkere huid, grote poppenogen, volle wenkbrauwen en zwart haar. Het ander meisje was in alles haar tegendeel: lang, slank, een lichte huid, een ovaal gezicht en lang bruin haar. Angstig namen we met zijn drieën plaats op een matras, we keken naar de grond en weigerden om ooit nog op te staan.

De mannen waren duidelijk geïrriteerd. 'Zo komen we

niet verder,' foeterde de leider van de groep. Hij pakte zijn telefoon en belde de hoofdcommandant. 'Kom alsjeblieft hierheen en neem jouw yezidi mee.' Deze man had een yezidische vrouw als slavin. Heel Sinjar gehoorzaamde hem. Niet veel later zweefde een lange zwarte gedaante statig op ons toe. Ze was volledig gesluierd. Zelfs haar handen staken in handschoenen. De IS-strijders hadden deze vrouw gedwongen om ons tot bezinning te brengen. 'Het is beter als jullie meegaan,' drong ze aan. We konden alleen haar ogen zien. Hoewel zelfs het kijkgat verduisterd was met een stuk stof, ontging de angst in haar ogen ons niet. Ik kon me nauwelijks voorstellen dat dit echt een yezidi was. Zoals zij eruitzag, verborgen onder een zwart gewaad dat tot op de grond reikte. Ze leek wel een nachtelijk spook. 'Nee, dat doen we niet,' weigerde ik als woordvoerder voor ons alle drie. De vrouw probeerde ons met schorre, gebroken stem te overtuigen. 'Jullie hoeven niet bang te zijn, ze zullen jullie niets doen.' Dat mocht ze uitleggen: 'Hoezo? Ze doen ons niets? Hebben ze jou dan ook niks gedaan?' 'Ja, ze zijn heel goed voor me,' zei ze. Ineens begon ze te fluisteren. 'Als het me niet lukt om jullie te overtuigen, zullen ze me doden. Als jullie het niet voor jezelf doen, doe het dan voor mij. Alsjeblieft!'

Maar eigenlijk wilden we allemaal alleen maar dood. Ook dit zwarte nachtspook.

In Abu Nassers gejatte stadsvilla

Hel nummer twee klonk alsof er nog een kans bestond op een uitweg. Voor de hal stond een minibus. Achter het stuur zat een ondergeschikte, op de bijrijdersstoel de hoofdcommandant zelf. Hij noemde zich Abu Nasser. Ook een Turkmeen. Wij meisjes gingen met ons vieren achterin zitten. Abu Nasser was een stevige man van gemiddelde lengte. Zijn pikzwarte haar zat vol grijze slierten. Zijn ogen waren zwart. Maar zijn blik was niet boosaardig. Integendeel, hij probeerde steeds grapjes met ons te maken. Opgewekt draaide hij zich om naar de achterbank: 'Mijn dochters, word toch moslima! Dan breng ik jullie naar jullie moeders en jullie trouwen met een van ons. Het zal jullie goed gaan, we behandelen jullie niet slecht. En mocht iemand jullie toch slecht behandelen, dan kom je het me gewoon vertellen.' Dit alles uiteraard onder voorwaarde dat we ons tot zijn geloof zouden bekeren. Dat benadrukte hij voortdurend.

De twee uur durende rit bracht ons in het hart van het Sinjar-gebied. In een wat grotere plaats parkeerde de chauffeur het busje op de oprit van een heel voornaam huis met drie verdiepingen. Oorspronkelijk was deze villa eigendom geweest van een sjiitische arts die vermoord was of gevlucht. Maar nu woonde hoofdcommandant Abu Nasser hier. De in zwart gehulde vrouw bleek niet alleen zijn huisslavin te zijn. Vrolijk stelde hij haar voor als zijn echtgenote, met wie hij voor de imam was getrouwd. 'Dit is mijn vrouw. Zij is nu van mij.' In de gang dook nog een baardig type op dat op zijn beurt met haar zus getrouwd was. Ze woonden hier met zijn vieren.

Vol ontzag keken we om ons heen. In een hoek van de kamer prijkte een enorme flatscreen. Er waren prachtige houten kasten vol boeken en stoelen overtrokken met de duurste stoffen. Op de bovenste verdieping had ieder kind zijn eigen kamer gehad. Zo iets chics hadden wij drieën in ons eigen dorp nog nooit gezien.

De meeste tijd moesten we in een kamer op de begane grond blijven. Ik wilde die kamer ook helemaal niet uit. De wereld aan de andere kant van de deur was me te onberekenbaar. Aan de muren hingen nog ingelijste foto's van de sjiitische arts met zijn vrouw en drie kinderen.

Wij meisjes gingen ervan uit dat we in de toekomst samen als dienstmeisje in dit huis zouden blijven. Abu Nasser gaf zijn yezidische echtgenote bevel om bij ons op de kamer te slapen. In huis kregen we haar voor het eerst zonder zwarte sluier te zien. Men zei dat alleen de allermooiste meisjes aan de hoogste commandanten werden gegeven. Dat klopte wel. Ze had een porseleinen teint, grote expressieve ogen en een rijzig figuur met weelderige vormen. Haar lange zwarte vlecht reikte bijna tot op haar heupen.

Voordat de hoofdcommandant ons eindelijk alleen liet, maande hij ons nog eens om verstandig te zijn: 'Als jullie moslima worden, zijn jullie onze zusters en wij zijn jullie broeders. Dan helpen we jullie.' Wij lieten hem geloven dat we daarmee instemden. 'Het is goed,' zei ik. Alles was beter dan een hoerenkast. Eerst moesten we ons gaan douchen en opfrissen. Daarna zouden we samen bidden, zodat wij yezidi's officieel van geloof konden wisselen.

Na heel die lange tijd heb ik me voor het eerst weer gewassen. Het water bleef heel lang zwart, zwart en nog eens zwart. Het liefst was ik daar nog tot de volgende ochtend blijven staan. Het was alsof het licht weer doordrong tot mijn huid. Zuchtend droogde ik mijn lange haar. Ik legde me neer bij de situatie. Er lag al schone kleding klaar. De mannen waren verbaasd toen ze me zo zagen. 'Zie je wel dat ik gelijk had, kijk eens hoe mooi ze is onder al dat vuil,' complimenteerde Abu Nasser me in het bijzijn van de andere man. Die knikte waarderend.

Toen ik het gebed moest uitspreken, hielden de mannen zich wat afzijdig. In dit gebed dat natuurlijk in het Arabisch wordt uitgesproken, komt de naam van de profeet Mohammed voor. Elke keer verving ik de naam Mohammed door de naam van onze aartsengel Taus-i Melek. Toen mijn vriendinnen uit de douche kwamen, adviseerde ik hun hetzelfde: 'Doe het ook zo!' Abu Nasser en zijn collega waren tevreden met zichzelf en hun wereld, ze waren blij dat we nu moslima waren geworden. Goedgemutst kondigde de hoofdcommandant aan: 'Zo, nu bidden we allemaal samen!'

Hij liep naar voren, knielde op zijn gebedskleed, boog zijn hoofd en hief zijn achterste omhoog. Ik zat vlak achter hem en keek eerst naar die dikke kont, daarna naar mijn vriendinnen, sperde mijn ogen open en vormde met mijn mond een verbaasde, geluidloze 'oh'. De meisjes beten op hun tong om niet in lachen uit te barsten. Het gebed mocht niet hardop worden uitgesproken, alleen fluisteren was toegestaan. Zo konden we 'Taus-i Melek' blijven fluisteren in plaats van 'Mohammed'. Vanbinnen vervloekte ik de situatie duizendmaal, maar tegenover mijn vriendinnen maakte ik me vrolijk over die wippende kont voor me, terwijl ik een gezicht trok alsof ik een rode peper had doorgebeten.

Als er gasten in huis waren, moesten we een hoofddoek

dragen, een zogeheten hijab, die ons haar verborg maar ons gezicht vrijliet. Daarbij droegen we een lange jurk. Met de andere meisjes bereidde ik in de keuken de maaltijd voor. De gasten kregen we niet te zien. Een bediende kwam het eten halen. 'Als jullie het huis verlaten, moeten jullie handschoenen en een nikab dragen,' bracht de yezidische echtgenote ons op de hoogte van de gebruiken binnen de Islamitische Staat. Minimale afwijkingen van de kledingvoorschriften werden al bestraft. Wie zich er niet aan hield, riskeerde geldboetes, zweepslagen of zelfs steniging. Of wat dan ook.

's Avonds praatten we nog lang met de yezidische vrouw. Met een beschrijving van haar eigen dagelijkse realiteit probeerde ze ons houvast voor ons nieuwe leven te geven. 'Als ik niet alles voor mijn man doe en niet goed genoeg voor hem ben, niet lekker kook en niet grondig schoonmaak, zal hij me doorverkopen.' Wij slikten. 'Daarom geef ik jullie een goede raad, als een man je tot vrouw neemt, blijf dan bij hem, wees goed voor hem, zodat je niet wordt doorgegeven aan een ander.' Ze kon onze blikken niet verdragen en sloeg haar ogen neer. 'Ik probeer dit ook aan mijn zus duidelijk te maken, zodat ze tenminste bij me blijft.' Ook wij staarden nu beteuterd naar de grond. De yezidische vrouw streek over haar smalle neus en vertrok haar mond tot een bittere streep. 'Ik raad jullie aan, hou vol en wees goed voor je man.' Zij was negentien en haar zus drieëntwintig. Ze kwamen uit het Sinjar-gebied.

Mijn eerste reactie op haar lange verhaal was: 'Dat zal ik nooit doen. Ik kan het niet.' Vastbesloten sloeg ik mijn armen over elkaar. Maar wel drong het toen voor het eerst tot me door dat ik ge- of verkocht kon worden. Als een broodje bij de bakker. 'O God, en wat als ik niet goed genoeg voor zo'n man ben...' Onvoorstelbaar.

Wat we ons niet konden voorstellen, was voor ons geen realiteit. Daarom probeerden we vooral niet verder te denken dan het moment zelf. Zodra de deur achter de yezidische was dichtgevallen – ze moest nu waarschijnlijk goed genoeg zijn voor haar man – werden wij ontzettend melig. We deden de hoofdcommandant na, hoe hij over de heilige oorlog oreerde en daarbij zijn dikke rechterwijsvinger vermanend ophief naar de hemel – als symbool van de goddelijke eenheid.

Ik wist dat ik nooit een echte moslima zou kunnen worden. Ik wist dat ik mijn lichaam nooit vrijwillig aan een van die is-schurken zou kunnen uitleveren. Ik wist dat ik niet eens voor huisslavin zou deugen, omdat ik hun levensovertuiging niet kon delen. Omdat ik mezelf heel goed kende en wist dat ik ertegen in opstand zou komen.

Drie dagen later werd ik opgehaald.

Neem haar als dank voor jouw strijd in Sinjar

'Jij bent allang aan een man beloofd.' Dat had de yezidische me de avond tevoren nog verteld. En wel aan de lelijke dwerg die mij in de hal had aangeraden om niet naar het bordeel te gaan. Toen al had Abu Nasser mij aan hem gegeven. 'Wat kon ik doen?' Die vraag bleef maar in mijn hoofd rondspoken, maar een antwoord had ik niet. Hij zou komen en mij meenemen. Dat stond vast, maar ik had geen flauw idee hoe ik dan moest reageren. Ik kon niets bedenken om het te voorkomen. Om het voor mezelf draaglijk te maken, praatte ik mezelf aan dat ik vast in de buurt van de beide andere meisjes zou blijven. Zelfs als ik met die vent moest trouwen.

Ineens stond hij voor de deur. 'Ik kom mijn Shirin halen.' Abu Nasser had hem drie dagen uit mijn buurt gehouden. Eerst wilde hij er zeker van zijn dat ik ook echt moslima was geworden. 'Oké, je kunt haar meenemen,' willigde de hoofdcommandant nu zijn wens in. 'Neem haar als dank voor het feit dat je uit Tal Afar hierheen bent gekomen om voor Sinjar te strijden.' Ik was een cadeau.

Voor de autorit moest ik me eerst omkleden. Twee mantels, drie sluiers, handschoenen. Alles zo zwart als de nacht. Elke lichaamsvorm moest onder deze lagen stof verdwijnen. Toen ik voor het eerst de sluier, de nikab, omdeed en het lange gewaad, de abaja, aantrok, leek het alsof alle vreugde uit me verdween. Alsof ik opnieuw in een gevangenis zat. 'Voorbij, mijn leven is voorbij,' treurde ik. Weliswaar kon ik door de kier en het fijne gaas voor mijn ogen nog wel wat zien, maar de wereld was in één klap donker en benauwd geworden. Deze duisternis zou mijn leven nog verstikken. Waarom moet jou dit overkomen, Shirin? Zal je hart op een dag net zo zwart zijn als dit gewaad? Deze Turkmeen was tweeëndertig, een kleine man met een flinke zwemband rond zijn heupen. Blond met groene ogen. Zelfs zijn baard was rossig-blond. Zijn gezicht maakte een verkreukelde indruk. Na een autorit van ongeveer een halfuur zette hij me af voor zijn huis. Daar riep hij zijn eveneens soennitische buurvrouwen bij zich. Deze drie moslima's moesten mij wassen en voorbereiden op de huwelijksplechtigheid.

'Nee,' maakte ik duidelijk, 'niemand gaat mij hier wassen. Dat doe ik zelf.' Snel deed ik de deur achter me op slot. De Turkmeen bonkte met zijn vuist op de deur. 'Doe direct open, anders trap ik de deur in.' Hij begon steeds harder te bonken. Toen draaide ik de sleutel maar weer om en koos een van de drie vrouwen uit. Met vlugge hand hielp ze me bij de voorbereidingen. Vervolgens nam ze me mee naar de andere vrouwen die in de kamer ernaast zaten te wachten.

Die vrouwen leken net ganzen. Ze kwaakten aan één stuk door. Ze deden wel hun best om vriendelijk te zijn, maar hun woorden kwetsten me diep. 'We wachten hier al heel lang op yezidische vrouwen, die zijn zo mooi,' dweepte de een. De ander viel haar bij. 'Het liefst had ik ook een yezidische vrouw voor mijn zoon.' Terwijl ze zo kletsten, droogden ze mijn haar, wreven mijn lichaam droog met handdoeken en maakten me op. Ik liet het allemaal willoos over me heen komen. Ook toen ze me een mooie lange rode jurk aantrokken.

Daarna brachten ze me naar een andere kamer, waar ook de lelijke dwerg erbij kwam. Naast elkaar op een bank moesten we samen bidden. En weer moest ik de naam Mohammed uitspreken. Dit keer was ik genoodzaakt om het woord hardop te zeggen, zonder dat ik het kon vervangen door de naam van onze engel Taus-i Melek. De ceremonie duurde niet lang. We waren nauwelijks klaar met het gebed of hij wilde al seks.

Slaag in de 'huwelijksnacht'

Hij deed de deur op slot, gleed weer naast me op de bank en probeerde met getuite lippen mijn ogen te kussen. Maar ik begon te schreeuwen: 'Nee! Nee! Nee!' Ik gilde zo hard dat mijn eigen trommelvlies bijna scheurde. Zonet, toen de vrouwen me opmaakten en voorbereidden, had ik zelfs een keer gelachen en onnozel met hen gekletst. Toen was ik nog niet bang. Maar die man zo vlakbij, dat werd me te veel. Hoe haalde hij het in zijn hoofd?

Verkrachting – dat is de allergrootste schande voor ons yezidische vrouwen. Het ergste wat een vrouw kan worden aangedaan. We zouden er alles voor overhebben om dat te voorkomen. Ze mogen ons executeren, doodschieten, afslachten, maar om op die manier onteerd en vernederd te worden, dat is het allerergste.

Het is een oorlog tegen vrouwen. Met vrouwen werft men nieuwe IS-aanhangers. Ze worden systematisch tot slachtoffer gemaakt. IS gebruikt bewust seksueel geweld om via vernietiging van hun meest waardevolle bestanddelen, gemeenschappen te ontwrichten. Wie een vrouw verkracht, verkracht ook een gemeenschap en een familie. (Jan Kizilhan)

Toen hij merkte dat ik me verzette, probeerde hij me met geweld te nemen. Naar zijn idee had hij daar recht op. De kerel wierp me op het bed en hield allebei mijn handen vast. Maar omdat hij niet erg sterk was, wist ik hem weer af te schudden en kon ik zijn polsen beetpakken. 'Blijf uit mijn buurt,' gromde ik tegen hem. Met een zwaai wierp hij me weer op het bed, waarop ik hem zo hard ik kon tegen zijn scheenbeen schopte. Daarop sloeg hij met zijn vuist tegen mijn bovenarm en probeerde hij met zijn andere hand de jurk van mijn lijf te scheuren. Wild schopte ik om me heen. Op dat moment ging zijn telefoon.

Direct trok ik de deken beschermend over me heen. Hij streek zijn haar weer in model, terwijl hij opnam en luisterde naar wat er werd gezegd. 'De PKK valt ons aan!' snauwde hij in mijn richting. 'Ik moet nu weg, maar vanavond wanneer ik terugkom, zal ik je eens laten zien wie hier de baas is.' Met een diepe zucht liet ik me achterover op het bed vallen. Ik had hem weerstaan! Het was me gelukt! Ik zou vechten tegen deze man! 's Avonds zou ik een nieuwe tactiek bedenken om me tegen zijn handtastelijkheden te beschermen.

Eén ding wist ik zeker, deze man was een nietsnut, een mislukkeling die in de maatschappij nooit iets betekend had. Van zo iemand had ik niets te vrezen. Voordat hij zich als strijder bij IS aansloot, voorzag hij in zijn levensonderhoud als fruithandelaar. Door zijn uniform dacht deze Turkmeen dat hij ineens belangrijk was geworden.

Zodra hij weg was, kwam de vrouw die me eerder in de badkamer had geholpen op me af getrippeld. Met de andere vrouwen had ze de hele tijd in de kamer ernaast zitten luisteren. 'Van harte gefeliciteerd!' riep de volgende me van achter toe, 'je bent nu immers getrouwd!' De derde vroeg nieuwsgierig: 'Hoe was het? Je schreeuwde zo hard. Deed het pijn, Shirin?' In de hoop dat ze me met rust zouden laten, loog ik hun voor: 'Ja, het deed pijn, maar nu ben ik getrouwd.'

Die avond, bij zijn tweede toenaderingspoging, deed ik alsof ik doodziek was. Dat viel me niet zwaar, want ik voelde me ook werkelijk ziek. Van pure nervositeit had ik blijkbaar echt koorts gekregen. Mijn gezicht was gloeiend heet. Ik lag voor halfdood op het bed en woelde kreunend heen en weer. Hij moet onder de indruk zijn geweest want hij trapte erin en viel naast mij in slaap.

Nog diezelfde nacht stond ik alweer op, om wat water te drinken. Ineens merkte ik dat hij achter me stond. Het volgende moment trok hij mijn kleding naar beneden. Even stond ik spiernaakt voor hem. Weer pakte hij mijn beide armen en smeet me op het bed. Ik begon hem te slaan en te schoppen. Hij raakte me overal aan. Toen ik zijn arm te pakken kreeg, beet ik uit alle macht, net zo lang tot hij begon te bloeden. Ik schopte zo lang en zo hard en sloeg zo heftig om me heen dat hem na een tijdje de lust verging en hij zich weer vloekend op zijn zij draaide. Even later lag hij naast me te snurken.

Voor ik in handen van deze barbaren viel, wist ik überhaupt niet wat seksualiteit inhield. Ik dacht dat het bij geslachtsverkeer om kussen en strelen ging, om tederheid en oog voor elkaar. Om iets bijzonders en unieks, tussen twee mensen die van elkaar hielden. Het enige wat wij yezidische meisjes hadden geleerd was dat we in de huwelijksnacht onze maagdelijkheid zouden verliezen. Ook dat had ik voor een speciale manier van elkaar kussen gehouden. Totdat de yezidische echtgenote van Abu Nasser ons uitgebreid voorlichtte. Iedere vrouw heeft een velletje tussen haar benen dat kapotgaat als het wordt aangeraakt. Ik had nog nooit eerder de lippen van een man aangeraakt, laat staan de hand van een vreemde gestreeld. Ik wist niets. Niet eens dat er op deze manier kinderen konden ontstaan.

Om zeven uur 's ochtends bracht de Turkmeen me een

ontbijt, daarna verliet hij het huis. Honger had ik niet. Ik dronk alleen thee. Mijn rug deed pijn van zijn klappen. Maar voor deze man was ik niet bang. Ik laat niet toe dat hij met me slaapt, zei ik bij mezelf. Een figuur als hij kon ik wel aan. Diezelfde avond nog probeerde ik mezelf van het leven te beroven.

'Nu ben je mijn zuster'

Zijn afwezigheid gebruikte ik om de kamer zorgvuldig te inspecteren. Mijn sjaal kon ik niet aan het plafond bevestigen. Dus bond ik mijn doek om mijn hals en trok die aan beide uiteinden aan. Ik trok zo hard dat de adertjes in mijn brandende ogen sprongen en het me begon te duizelen. Uitgerekend op dat moment kwam hij de kamer binnen. Hij rukte de sjaal uit mijn handen en sloeg me net zo lang tot ik op de grond bleef liggen.

Veel yezidische meisjes pleegden zelfmoord uit angst voor verkrachting. Ze sneden hun polsen door, slikten rattengif, elektrocuteerden of verdronken zichzelf. Ik ken een geval van twee zussen die probeerden om elkaar te wurgen. Een ander meisje vertelde: 'Op een dag gaven ze bevel om ons te wassen en danskledij aan te trekken. Mijn vriendin Jilan sneed in de badkamer haar polsen door en hing zichzelf op. Ze was heel mooi. Ze wist dat een man haar mee zou nemen.' [...] Op grond van zulke berichten, houden we er rekening mee dat er tot nu toe zo'n tweehonderd meisjes zelfmoord hebben gepleegd. (Jan Kizilhan)

Omdat deze is-aanhanger voortdurend ergens bij gevechten was betrokken en niet op mij kon letten, zette hij me nog diezelfde avond in zijn auto om me naar zijn woning in

Tal Afar te brengen. Het huis was relatief klein maar centraal gelegen. De Turkmeen bleek getrouwd. Hij had twee kinderen, een dochtertje van drie en een zoontje van zes. Zijn vrouw was rond de veertig, klein en gedrongen. Ze was een warme persoonlijkheid. In de woonkamer legde de Turkmeen haar kort het probleem uit. 'Ze wil zich van het leven beroven. Ze moet bij jou blijven.' En weg was hij weer.

Uitnodigend klopte de vrouw met haar hand naast zich op de bank en vroeg wat er met me aan de hand was. Voortdurend op zoek naar een uitweg, diste ik haar het volgende verhaal op: 'Tien dagen voordat ISIS Sinjar binnenviel, ben ik getrouwd. Ik was beloofd aan mijn neef. Ik ben allang geen maagd meer.' Nadenkend fronste de vrouw haar voorhoofd. Toen ik merkte dat ik succes had, raakte ik nog meer op dreef. 'Dus als hij een maagd wil, moet hij me naar een dokter brengen en me weer dicht laten naaien. Anders kan geen enkele islamitische man nog met me trouwen.' In mijn aanwezigheid belde ze haar man om de verdere gang van zaken te bespreken. Het plan van het echtpaar hield in dat ik mijn echtgenoot, mijn zogenaamde neef, moest bellen. Ook hij moest meteen moslim worden. Zodra hij bekeerd was, zou ik weer samen met hem mogen leven. Beiden zagen het als hun religieuze plicht om ons yezidi's te behoeden voor hun hel. 'Nee,' verwierp ik hun plan, 'mijn echtgenoot komt hier niet naartoe en ik ga hem ook niet bellen.'

Zodoende besloot de vrouw om mij als huisslavin te houden. Vanaf dit moment liet ze ook niet meer toe dat haar man 's nachts naar mij toe kwam. Ik was immers al getrouwd. Op slag gedroeg de Turkmeen zich voorkomend en zelfs respectvol tegenover mij. Hij keek me niet meer recht in het gezicht. 'Nu ben je mijn zuster,' besliste hij. Misschien was hij wel blij dat hij 's nachts niet nog eens oorlog hoefde te voeren met een yezidi. Deze man behandelde zijn vrouw liefdevol. Zij gehoorzaamde hem, maar hij luisterde ook naar haar. Welbeschouwd had zij binnen dit huwelijk de broek aan.

Ik kon alles verdragen zolang ik mijn eer maar kon behouden en het vooruitzicht had mijn moeder gauw weer te zien. In dit huis kreeg ik genoeg te eten en te drinken, maar ik moest wel elke dag alle vijf de gebeden met hen uitspreken. Zelfs 's nachts maakte de Turkmeense me wakker om voor te lezen uit de Koran. Maar dan zei ik steeds bij mezelf: hoe vaak ik hier ook bid, ik blijf een dochter van het licht.

Weerzien met een nachtspook

Toen ik na vijftien dagen vroeg of ik mijn moeder weer mocht zien – ik miste haar vreselijk – stemde de Turkmeen toe: 'Jij bent moslima en je moeder en je andere familieleden hebben zich ook tot de islam bekeerd. Ik breng je graag naar onze broeders en zusters.'

Moeder huisde met mijn tantes, mijn zusjes en mijn broertje in een van de geplunderde en verlaten dorpen. Er woonden zelfs nog een paar yezidische mannen. Mijn geloofsgenoten moesten allemaal doen alsof ze moslim waren geworden. De gezinnen werden permanent bewaakt en mochten het dorp niet verlaten. Ze leefden als in een grote gevangenis.

Duizenden gezinnen worden in de dorpen gegijzeld en vermoord als ze zich niet tot de islam bekeren. (Jan Kizilhan)

Zodra ik me buiten de deur begaf, moest ik in een nachtspook veranderen en verdwijnen onder verschillende lagen tot op de grond reikende, zwarte stof. Al voor de inval van ISIS waren de vrouwen in Irak met hoofddoeken gesluierd, maar nog niet zo extreem als nu. De Turkmeense vond het schandalig om de kledingvoorschriften niet na te leven. Zij had zich volledig aan het nieuwe systeem aangepast. 'Er zijn wetten. Wij moeten ons aan deze wetten houden.' Maakte niet uit hoe belachelijk die waren. Mijn familieleden zouden zich waarschijnlijk doodschrikken als ze me zo zagen.

Ik maakte me vooral zorgen over de reactie van mijn moeder. Zou ze me in dit gewaad nog wel herkennen als haar eigen dochter? Zou ze beseffen dat deze verandering alleen uiterlijk was? Ik had een wee gevoel in mijn maag. De Turkmeen en ik werden door een IS-beul het huis binnengebracht. We moesten plaatsnemen in een kamer. 'Wacht hier, wij halen de moeder,' maakte de IS-strijder duidelijk.

Snel sloeg ik mijn sluier terug. Toen mijn moeder binnenkwam, kromp ik ineen. Ze droeg nog altijd dezelfde vieze jurk waarin ik haar de laatste keer voor de school op de grond had zien liggen. Ook haar gezicht leek nog net zo overdekt te zijn met vuil. Sinds de dag waarop wij werden gescheiden, had ze zich niet meer gewassen. Dicht tegen haar aangedrongen, volgden Kemal en Leyla. Mijn oudere zus Felek bewaarde afstand omdat ik officieel bij deze Turkmeense man en zijn familie hoorde. Daarom wilde zij niet meer bij mij horen.

Toen ze me zagen, begonnen moeder en Felek te huilen. De kleintjes hielden zich vast aan moeders jurk en snotterden mee. Alleen ik had allang geen tranen meer. Moeder kwam maar niet tot bedaren. 'Mama, hou op, het gaat goed met me, ik ben nog als op de eerste dag. Hij is niet met me getrouwd.' Ik liep naar mijn moeder toe en legde heel behoedzaam mijn hoofd tegen haar borst. Zo bleef ik met gesloten ogen staan terwijl ik haar geur diep opsnoof.

Nog altijd ruik ik die geur. Er was niets vies aan, het was gewoon de geur van mijn moeder. Daarna kuste ik Kemal op zijn voorhoofd en wilde ik ook Leyla omhelzen, maar ze was bang dat de Turkmeen ook haar mee zou nemen en ze verstopte zich achter moeders rokken. Ik probeerde haar gerust te stellen: 'Niet bang zijn, ze doen je niets.'

We gingen weer aan tafel zitten en wanneer die twee kerels ons niet mochten verstaan, wisselden we, quasi per ongeluk, soms even van het Arabisch in het Kurmançi. 'Jullie hoeven je geen zorgen te maken, ze behandelen me goed. Maar ik moet eerlijk tegen jullie zijn, als ik in leven wil blijven, moet ik samen met hen bidden.' Moeders gezicht ontspande. Je zag dat er een zware last van haar schouders viel. 'Goed, speel dat spelletje dan maar mee, zolang ze je maar niets aandoen.'

Toen mijn zestienjarige neef de kamer binnenkwam en me daar in mijn zwarte moslimkleding zag zitten, voelde ik het bloed naar mijn gezicht stijgen. Ik schaamde me verschrikkelijk en smeekte mijn moeder: 'Mama, kijk toch in mijn ogen, kijk alleen maar naar mijn ogen, ben ik niet de oude Shirin?' Toen keek moeder met haar goudbruine ogen in mijn goudbruine ogen en ze smoorde me bijna onder haar natte kussen. 'Je bent nog altijd onze gekke ouwe Shirin.'

Iedere gast wordt bij ons yezidi's vorstelijk onthaald. In elke situatie. Moeder wrong zich van pure gêne in bochten omdat ze niets had om mij voor te zetten, niet eens een schaaltje met pistachenootjes. Ze hadden zelf nauwelijks te eten. Ik vroeg in het Arabisch aan de Turkmeen: 'In naam van Allah, geef hun alsjeblieft geld, of ten minste wat fruit.' Die moslims hadden het immers voortdurend over hun barmhartige God. 'Natuurlijk.' Gedienstig bood hij zijn hulp aan.

Toen hij even later de kamer verliet om iets met zijn IS-collega's te overleggen, drukte moeder me op het hart: 'Het is niet erg als je op hun manier bidt, zolang je je eigen religie maar in je hart behoudt.' Later zei vader precies hetzelfde tegen me aan de telefoon. En zo heb ik het gedaan. Even onder elkaar bracht ik haar snel op de hoogte, voor het ge-

val de Turkmeen naar mijn 'echtgenoot' zou informeren.
Bij het volgende bezoek wilde de Turkmeense vrouw per se mee. Ze sprak mijn moeder over dit huwelijk aan. Met een diepe zucht antwoordde moeder: 'Ja, Shirin is met haar neef getrouwd. Vlak voordat is Sinjar binnenviel.' De Turkmeense knikte begripvol. 'Shirin is als een zus voor mij. We zullen een goede man voor haar vinden.' Aan de manier waarop moeder zich zwijgend afwendde, merkte ik dat ze diep verontwaardigd was.

Omdat ik bleef weigeren mijn verzonnen echtgenoot te bellen, zagen de Turkmenen zich genoodzaakt een waardige opvolger te zoeken. De Turkmeen liet me op zijn telefoon verschillende foto's van is-strijders zien. Voornamelijk oudere kerels. 'Hier, een Duitser,' wees hij op een foto. 'Nee, die wil ik niet.' 'Of een Turk?' 'Nee, die al helemaal niet.' 'Deze Tunesiër dan?' 'God, nee!' Hij liet me mannen van allerlei nationaliteiten zien. Allemaal met verwilderd haar en ruige baarden. Een patroongordel omgegespt, naast een raketwerper of bezig met het laden van mortieren. 'Onze is-mensen komen uit de hele wereld.' Zijn borst zwol op, hij was zo trots als een pauw.

Het stel wilde echter geen druk op mijn huwelijk leggen. Ze waren bang dat ik dan weer in opstand zou komen en niet braaf zou blijven bidden. Dat ik misschien zou zeggen: 'Nee, de islam bevalt me toch niet meer zo.' Ze hadden helemaal niet door dat ik absoluut geen moslima wilde worden. Ik hoopte dit echtpaar net zo lang voor de gek te kunnen houden, tot er iemand van de PKK, de Syrische Koerden, of wie dan ook kwam om mij uit hun klauwen te bevrijden.

Twee keer mocht ik moeder zien. Na onze eerste ontmoeting had ze zich direct gewassen en een schone jurk aangetrokken. 'Nu kan ik weer wat vrijer ademen,' zei ze me ter afscheid nog. Bij de tweede keer had ik mijn oude moeder weer terug. De sterke moeder. Zoals ik haar kende. Maar de derde keer was ze weg. Het huis stond leeg. Geschokt sloeg ik mijn hand voor mijn mond. De Turkmeen kwam er via zijn medestrijders achter dat enkele vrouwen verkocht waren naar Syrië. Mijn benen leken wel van was. Ik moest gaan zitten. 'Ze hebben alle vrouwen meegenomen wier mannen verdwenen of gedood zijn,' vertelde hij verder. Alsof het de gewoonste zaak van de wereld was. De IS-milities waren constant mensen aan het sorteren, alsof het om graansoorten ging. De mannen werden gescheiden van de vrouwen. De maagden van de getrouwde vrouwen. De mooie van de lelijke. De jongens van de meisjes. Oudere mensen werden gescheiden van hun families, als slaaf gebruikt of de dood in gestuurd. De grond zakte weg onder mijn voeten. 'Help me alsjeblieft,' smeekte ik de Turkmeen. 'Waar is mijn moeder? Waar zijn mijn broertje en zusjes? Waar is mijn familie?' Maar de Turkmeen kon niet achterhalen waar ze waren gebleven. Daar was de situatie te ingewikkeld voor, zei hij.

De goede man van ISIS

Weer terug in Tal Afar at of dronk ik vrijwel niets meer. Het echtpaar zag met lede ogen aan hoe ik wegkwijnde. De Turkmeen probeerde me tot rede te brengen en kwam met een mobiele telefoon aanzetten. 'Shirin, blijf rustig en bel eerst je vader eens.' Dankbaar stortte ik me op de telefoon en typte haastig het nummer in. Vader wist al van moeder dat ik als huishoudster in Tal Afar moest werken.

'Papa,' zei ik naar adem happend, 'ik weet niet waar mama is. Geen idee waar ze haar heen hebben gebracht.' Gelukkig was mijn vader beter op de hoogte. 'Je moeder heeft me gebeld met de telefoon van een IS-aanhanger. Deze IS-strijder is een goede man.' Volgens vader was hij halverwege de twintig, eveneens Turkmeen en had hij al veel van onze familieleden veilig naar Koerdistan gebracht.

Deze soenniet had tegenover andere IS-milities net gedaan of hij moeder als slavin voor zichzelf wilde houden. Maar in werkelijkheid had hij haar bij hen uit de buurt willen halen. Inmiddels had mijn familie onderdak gevonden in een wijk van Tal Afar waar alleen yezidi's woonden. Vader sprak me moed in. 'Het gaat goed met je moeder. Ik heb haar zojuist nog gesproken.'

Deze goede man van ISIS kende ook de Turkmeen bij wie ik in huis woonde. Moeder liet later via vader weten dat ook ik bij haar zou kunnen intrekken. Op de plek waar ze nu woonden, was het veel beter dan voorheen. De IS-strijder die haar beschermde, legde daarop contact met de Turkmeen.

Zo ging mijn liefste wens in vervulling en kon ik mijn moeder opnieuw in mijn armen sluiten. In haar woonwijk hadden eerder sjiieten gewoond. De huizen waren heel mooi en modern en lagen enigszins buiten de stad op een rustige plek bij een bedrijventerrein in Tal Afar. Mijn drie tantes, Kemal en Leyla woonden er ook, verder nog een neef met zijn jongere zus die hij tegenover de buitenwereld door liet gaan voor zijn vrouw. Een grote familie, verdeeld over twee huizen, maar dicht bij elkaar.

Het was mooi daar. Achter het huis lag een kleine tuin waar ze alles konden verbouwen wat ze nodig hadden. De IS-milities hadden hun zelfs schapen voor de slacht en koeien voor de melk ter beschikking gesteld. De bewoners waren zelfvoorzienend, ze maakten hun eigen yoghurt en oogstten hun eigen groente en fruit.

Bij mijn eerste bezoekjes nam ik altijd wat fruit mee voor moeder, Kemal en Leyla. Maar toen ik merkte dat ze geen gebrek leden, hield ik hiermee op. Zo nu en dan wilde de Turkmeen me wat aalmoezen toesteken voor moeder, maar ik wees dat resoluut van de hand. 'Mijn moeder heeft jullie geld niet nodig. Ze kan voor zichzelf zorgen.'

De soenniet die moeder en de andere yezidi's beschermend de hand boven het hoofd hield, gaf ons moed. 'Als Shirin weer bij jullie terug is, probeer ik jullie allemaal hieruit te krijgen. Ik zal jullie helpen vluchten.' Ik heb geen echte verklaring voor zijn gedrag. Deze man had een vriendelijk gezicht. Hij had ook niet zo'n lange baard, zoals al die anderen. Ik denk dat hij de tirannie van deze terroristen net zo slecht verdroeg als wij, maar op de een of ander manier in dit systeem moest zien te overleven. Hij wist ook heel goed dat moeder en de anderen, ondanks hun gedwongen bekering tot de islam, in werkelijkheid nog altijd yezidi waren. Hij respecteerde onze religie. Alleen voor de buitenwereld noemde hij ons moslims.

Het leven van een 'bekeerde' huisslavin

De relatie tussen mij en de Turkmeense vrouw werd meer en meer bepaald door wederzijds belang. Zij wilde mijn diensten. En ik wilde onbevlekt verder leven. In het begin probeerde de Turkmeense mij met de volledige huishouding op te zadelen, maar ik deed alsof ik twee linkerhanden had. Het resultaat was dat we het werk samen deden. Als zij kookte, moest ik de afwas doen, of andersom. Ze wilde me ook de boodschappen laten doen. Maar toen dreigde ik: 'Als ik naar de winkel ga, kom ik niet meer terug.' In werkelijkheid was ik bang voor de mensen op straat. En op haar beurt was zij bang om mij kwijt te raken. Zonder begeleiding van dit Turkmeense gezin durfde ik de deur niet uit. Ik voelde me daarbuiten, in de schaduw van IS, niet prettig. Mensen meden elk oogcontact, hun gezichten waren gesloten. Natuurlijk zat ik goed verborgen onder de nikab. Aan mijn uiterlijk zou niemand kunnen afleiden dat ik yezidi was, maar wel aan mijn dialect. En wat zou er dan gebeuren? De winkeliers zouden me kunnen opeisen: 'Die wil ik zelf graag hebben, verkoop haar aan mij.'

Een vrouw mocht het huis alleen verlaten in gezelschap van een man. Vrouwelijke politieagenten controleerden of je wel correct gekleed was. Als een vrouw dan toch zonder man over straat liep, moest ze in elk geval een kind bij zich hebben. Ook dat greep ik aan om de Turkmeense bang te maken: 'Als ik alleen boodschappen moet doen, neem ik je kinderen mee en kom ik nooit meer terug.' Waarop zij dan vroeg: 'En wat doe je dan als ze je gevangennemen?' 'Dan zeg ik dat ik ongelukkig ben als huisslavin. Dat ik bij iemand anders wil werken.' In elk geval verloor ze me daarna niet meer uit het oog. Zelfs als ik naar mijn moeder ging, wilde ze altijd mee. Moeder raapte al haar moed bijeen en sprak haar hierop aan: 'Shirin is nu toch moslima, net als ik. Waarom moet zij dan nog gescheiden leven van haar moeder? Breng haar bij me terug.' Dat bracht de Turkmeense aan het twijfelen. Ze liet me niet langer te hard werken. Wanneer ik huilde om mijn broer of mijn familie, huilde ze met me mee. Maar ze wilde me toch niet laten gaan.

Als ze ergens op bezoek was geweest, was het eerste wat ze bij terugkeer aan haar kinderen vroeg: 'Heeft Shirin geprobeerd te vluchten?' Een keer, toen ze terugkwam van het boodschappen doen, heb ik me expres in huis verstopt. Terwijl de Turkmeense gejaagd het hele huis naar mij afspeurde, sloop ik stiekem de trappen op naar het platte dak. Hijgend kwam ze uiteindelijk boven. Ze plantte haar handen in haar zij: 'Ik heb je overal gezocht. Wat doe je hier?!' Met een onschuldig gezicht draaide ik me om. 'Ik wilde eens van het uitzicht hier boven genieten.' Geërgerd maar opgelucht wiste ze het zweet van haar voorhoofd.

Met deze vrouw viel wel te leven, maar ik bleef terughoudend en op mijn hoede. Wanneer er nieuws over yezidi's op televisie was, riep ze verhit: 'Ongelovigen! Ongelovigen!' Ook daarom mocht ik haar niet.

Maar de kinderen werden me dierbaar. Ik leerde het jongetje wat yezidi's waren. 'Ik ben een dochter van het licht, de ISIS-strijders hebben mijn vrienden vermoord, ik ben mijn familie kwijt. Ik ben alleen. Maar de yezidi's zijn sterk, moedig en zeer trots. Wij zijn goede strijders.' Bij het jongetje gingen deze verhalen erin als koek. Hij had nooit eerder van ons volk gehoord. Als hij op straat met leeftijdsgenootjes vocht, waarschuwde hij hen met gebalde vuisten: 'Hou op met pesten. Als jullie me pijn doen, haal ik mijn yezidi, en die slaat jullie tot moes.' De buren riepen de Turkmeense ter verantwoording. En zij nam haar zoon onder handen: 'Hoe weet je dat Shirin yezidi is?' Hij haalde alleen zijn schouders op. Daarna nam de Turkmeense mij in de mangel. Maar ook ik haalde mijn schouders op. 'Ik heb hem niets verteld, dat moeten jullie zelf hebben gedaan. Hoe kan hij anders weten wat een yezidi is?' Mijn brutale natuur kon ik nu eenmaal niet verloochenen. Bovendien lach ik graag. Ook dat kon ik niet verloochenen. Wanneer mij onrecht wordt aangedaan, kom ik daartegen in opstand. Dat hoort bij mij, net als het haar op mijn hoofd.

Hun dochtertje was niet bij me weg te slaan. Als haar vader thuis was, sliep ik met het kleine meisje in mijn armen in een andere kamer. Een keer mocht ik een hele nacht bij mijn moeder doorbrengen. Maar daarna klaagde de Turkmeense dat het meisje de hele tijd om mij had geroepen: 'Shirin, Shirin! Waar is Shirin nou?'

Wie probeert te vluchten, wordt naakt over straat gejaagd

De heer des huizes was permanent bewapend, zelfs als hij televisiekeek. Altijd was hij inzetbaar, er altijd op bedacht dat elk moment iemand van de PKK het huis binnen kon stormen. Elke dag weer kreeg ik te horen: 'Jij bent nu moslima, een van ons.' Mijn bloed kookte. Deze Daesh hadden al onze dorpen in Sinjar vernietigd, onze mannen vermoord en ons meisjes en kinderen weggehaald. In een aanval van woede gooide ik bij het schoonmaken soms de glazen in de keuken kapot. En een keer smeet ik het zorgvuldig kleingesneden vlees met bord en al tegen de grond. Toen het echtpaar me geschrokken aankeek, verontschuldigde ik me terwijl ik op mijn knieën de scherven bijeenraapte: 'Het vlees is op de grond gevallen.' Ze waren niet boos. Integendeel. Ze toonden zelfs begrip. 'Geeft niks, kan gebeuren,' zei de Turkmeen.

Ze vonden het vooral belangrijk dat ik hun geloof aannam. De vrouw stelde steeds weer voor om mijn vader over te laten komen. 'Ook hij kan moslim worden.' Alsof het een cadeautje was. 'Waarom mijn vader?' wimpelde ik haar af. 'Die komt hier nooit heen.'

Toen ik in aanwezigheid van mijn moeder hardop nadacht over een vluchtpoging, schrok ze. Ze probeerde me dit idee zo snel mogelijk uit mijn hoofd te praten. 'Iedereen die probeert te vluchten, wordt uitgekleed en naakt over straat gejaagd.' Dat had ze gehoord van twee yezidische meisjes die onlangs bij haar op bezoek waren geweest. Bij wijze van waarschuwing gaf moeder me nog een ander verhaal mee. 'Een meisje had geprobeerd om weg te lopen. De ISIS-strijders riepen haar na: "Staan blijven!" Maar ze rende toch door. Nog een keer riepen ze tegen haar: "Blijf staan!", maar ze bleef rennen. Toen hebben ze haar doodgeschoten.' Na dat verhaal gaf ik mijn vluchtplannen op. Bij elk bezoek vroeg ik moeder: 'Geloof je dat we gered zullen worden?' Moeder knikte. 'Ja, ja, ik geloof met heel mijn hart dat we op een dag gered zullen worden.'

Ik heb het Turkmeense paar nooit gevraagd om me vrij te laten. Beiden hielden me constant voor dat elke vluchteling weer werd opgepakt. Tal Afar lag in het midden. Rechts ervan lag Mosul, links Sinjar. Al het omringende gebied werd belegerd door IS. Ik had niet eens geweten in welke richting ik had moeten lopen.

Ik was al een halfjaar huisslavin toen er in februari 2015 steeds zwaarder werd gevochten in het Sinjar-gebied. Moeder had erover gehoord. Blijkbaar had ze iemand gebeld die weer iemand kende die er meer over wist. Bij deze gevechten waren diverse Koerdische eenheden betrokken, onder andere de peshmerga's, die inmiddels waren uitgerust met wapens uit Duitsland. Er waren ook yezidi's bij. Zij hadden hun lot vertwijfeld in eigen hand genomen en aparte yezidische eenheden opgericht onder bevel van Syrisch-Koerdische 'volksverdedigingseenheden', de YPG.

Voor het eerst namen nu ook onze eigen meisjes en vrouwen de wapens op, iets wat voor andere Koerdische vrouwen al langer gebruikelijk was. Mensen die nog nooit eerder een geweer van dichtbij hadden gezien. 'Wat moet je beginnen, als bakker, schoonheidsspecialiste of scholier, tegen al die zwaarbewapende IS-strijders?' twijfelde moeder. Maar uiteindelijk hadden alleen deze YPG-eenheden een vluchtroute naar Syrië weten te vormen voor de ingesloten yezidi's in het Sinjar-gebergte.

Voor is-terroristen vormen deze vrouwelijke strijders een groot risico. Zij beschouwen vrouwen als minderwaardige wezens. De zogenaamde 'religieuze strijders' geloven dat ze in het paradijs komen als ze een ongelovige krijger doden. Maar gedood worden door de hand van een vrouw betekent schande en zwakte. Zo'n dood wordt in het hiernamaals niet beloond. De Koerden hebben in hun eeuwenlang onderdrukte cultuur andere maatschappelijke structuren ontwikkeld. Ondanks hun patriarchale hiërarchie waren ze, ook in de strijd, aangewezen op hulp van vrouwen. De Koerdische vrouw heeft altijd al actief gestreden voor de rechten van haar volk. (Jan Kizilhan)

Bij deze schietpartijen in februari is de Turkmeen omgekomen. Alleen wisten we dat toen nog niet. Al een maand lang had hij zich niet meer laten zien. Onophoudelijk zeurde ik de vrouw des huizes aan het hoofd: 'Wanneer komt hij nu om me naar mijn moeder te brengen?' De Turkmeense was niet eens op de hoogte van de heftige strijd rond Sinjar. Ze was geobsedeerd door slechts een ding: dat iemand haar huisslavin zou kunnen stelen. 'Dieven kunnen je van me afnemen.'

's Nachts knalden er stenen tegen de muur van ons huis. Ongerust maakte de Turkmeense me wakker. 'Opstaan Shirin, er zijn mannen buiten die ons huis met stenen bekogelen.' Direct laaide er hoop in mij op: misschien komen ze me nu wel bevrijden. We luisterden naar het geluid van de afketsende stenen. De Turkmeense was radeloos. 'Waarom doen ze dat?' Omdat ik zweeg, gaf ze zelf het antwoord:

'Waarschijnlijk vanwege jou. Of ze zijn boos omdat jij hier bent. Of deze mannen hebben zelf geen yezidische vrouw kunnen kopen. En daarom zijn ze nu teleurgesteld.' Daarop werd de Turkmeense nog veel banger, misschien was het wel een inbreker die mij wilde roven.

Uiteindelijk ben ik maar gaan schoonmaken en de was doen. Als ze iemand nodig had om mee te praten, was ik er natuurlijk voor haar. Ze was niet moedig genoeg om alleen thuis te zijn. Ondanks de aanwezigheid van al haar IS-vrienden voelde ze zich niet veilig in haar woonwijk. Overal wemelde het van de spionnen. Niemand durfde nog uit de pas te lopen. De Turkmeense bewaakte mij, als een kostbaarheid die ze hoe dan ook wilde behouden. Ik mocht ook niet meer het dak op, omdat ze bang was dat ik mezelf iets aan zou doen.

Toen ik merkte dat de heer des huizes niet meer terugkwam en de tijd verstreek, huilde ik nog meer dan zijn eigen vrouw. Niet om hem maar om mijn moeder. Nu was er niemand meer die me naar haar toe kon brengen.

In de tijd dat ik bij dit echtpaar woonde, dacht ik dat de wereld van IS afschuwelijk was, maar toch draaglijk. Maar het ware gezicht van het terreurregime leerde ik pas kennen toen ik gedwongen was deze vier muren te verlaten. Daar had ik mijn eer en mijn trots nog met behulp van uitvluchten weten te redden. Maar zodra die deur achter me dichtgevallen was, telden mijn woorden niet meer. Ze werden door niemand meer gehoord.

Verkocht

Overleven onder onthoofders

Verkocht!

Het was ongeveer halfacht 's avonds en al donker toen de broer van de Turkmeen beneden opdook in de woonkamer. Ik was net met de kinderen aan het spelen en hoorde niet wat hij tegen de Turkmeense zei. Nieuwsgierig ging ik de trap af en ik trof haar in tranen aan op de bank. 'Waarvoor kwam hij? Wat zei hij?' vroeg ik. 'Niets bijzonders,' snifte ze en ze veegde met een zakdoek langs haar neus. Ik keek wat televisie, maar was toch wel nerveus omdat ik niet wist waarom ze alsmaar bleef snikken. Wat was er aan de hand? Na een kwartiertje kwam de broer weer terug. Met zijn dochter.

Weer wilde ik weten wat er aan de hand was. 'Niets,' zei de dochter tegen mij. Toen werd ik boos: 'Jij hebt hier niet te antwoorden, ik vroeg het aan de volwassenen.' De broer van de Turkmeen stuurde zijn dochter weg en zei: 'Shirin, pak je spullen, we brengen je voor een maand naar je moeder. Een andere man brengt je.'

Natuurlijk was ik ontzettend blij. Ik dacht dat de Turkmeense alleen verdriet had omdat ze het een maand lang zonder mijn werkkracht zou moeten stellen. Maar ze huilde omdat ze heel goed begreep wat er te gebeuren stond. Alleen ik begreep niet waarom ze zo huilde.

Goedgemutst haastte ik mij naar de auto, toen het dochtertje van de Turkmeense me achterna rende. 'Shirin! Niet weggaan!' Nu liepen ook haar de tranen over de wangen, waarop haar moeder nog heviger begon te snikken. Dat maakte me wantrouwig. Hier klopte iets niet. Zouden ze me echt naar mijn moeder brengen? Maar dat was toch geen reden om zo hartverscheurend te huilen? De broer opende het achterportier voor me en ging zelf voorin naast de bestuurder zitten. Zijn dochter bleef achter bij de Turkmeense om haar hand vast te houden. Ik voelde me slecht op mijn gemak zo alleen met deze twee onbekende mannen in de auto. Niet veel later stopte de chauffeur in een wijk aan de rand van de stad bij een huis met twee verdiepingen in een rij van vrijwel identieke woningen.

'We zijn er,' deelde de chauffeur mee. 'Maar hier woont mijn moeder toch niet?' vroeg ik verbaasd. De broer van de Turkmeen bracht me naar de huisdeur en draaide zich weer om toen ik daar ontvangen werd door een yezidische vrouw. 'Ik ben Nesrin en ik kom uit Kocho,' stelde ze zich meteen voor in het Kurmançi, 'we verwachtten je al.' Ik stond perplex omdat ik de afgelopen zes maanden vooral Arabisch had gesproken. Mijn Koerdisch leek haast een beetje weggezakt. En hoezo werd ik verwacht?

Nesrin was eenentwintig. Ze voerde me mee over de binnenplaats naar het trappenhuis. Ik keek rond. Rechts en links waren enkele kamers. Beneden stonden nog twee meisjes. De oudste heette Mahrusa. Het was een mager meisje met een donkere huid en ze kwam ook uit Kocho. 'Waar kom jij vandaan?' vroeg ze mij. Zelf vertelde ze dat ze vierentwintig was, getrouwd was met een yezidi en twee kinderen had. Het andere meisje heette Huyam. Zij was zestien en kwam uit Sinune. Huyam was helemaal in zichzelf gekeerd, ze trilde over haar hele lichaam. Wat was er met haar aan de hand? Was ze misschien ziek?

De eerste vraag die Nesrin mij stelde was: 'En, ben je al getrouwd?' Ik vond haar meteen onsympathiek. 'Nee, natuurlijk niet,' weerde ik verontwaardigd af. Ze trok alleen vol ongeloof haar wenkbrauwen op. Nesrin ging ervan uit dat ik allang was verkracht en mijn maagdelijkheid had verloren. Geklop op de huisdeur deed iedereen de oren spitsen. Nesrin en Mahrusa vielen stil, Huyam sloeg ineens beide armen om zich heen, maar haar trillen wilde niet bedaren. De bezoeker bleek Nesrins eigenaar. Hij had haar gekocht. Kennelijk wilde de lange baardige strijder nu mij, zijn nieuwe buit, komen bekijken. Met priemende blik bezag hij me. Met moeite onderdrukte ik mijn verwarring die zich op mijn gezicht waarschijnlijk in een dom, krampachtig glimlachje uitte. Het was een fors gebouwde vent van vierentwintig, uiteraard bewapend. Zijn foto vond ik later in Duitsland terug op internet. Het soort man dat daar opschept over zijn misdaden.

'Ben je bang?' wilde hij weten. 'Nee, bang ben ik niet,' antwoordde ik, maar ik voelde toch hoe ik afwisselend verbleekte en een kleur kreeg. 'Waarom ben ik hierheen gebracht?' 'Een vriend heeft je gereserveerd, hij wil je kopen,' zei hij. Ineens kwam er een andere man binnen. Van angst begon Huyam te klappertanden. De kerel nam haar mee naar een van de kamers. Ze volgde hem zonder iets te zeggen. Blijkbaar was ze van hem. Verward keek ik hen na. Zelfs toen de kamerdeur weer dicht was, hoorde ik nog steeds haar tanden klapperen.

Nesrin, Mahrusa, die is-strijder en ik bleven achter in de hal. Plotseling klonk er geschreeuw vanuit de kamer. Het was Huyam. Ik werd heel nerveus. 'Waarom staan we hier? Waar wachten we op?' Weer dat geschreeuw en gehuil. De beide andere vrouwen leken het niet eens te horen. De man hield met opgetrokken wenkbrauwen zijn hoofd schuin: 'Shirin, ik heb je toch gekocht voor mijzelf. Ik ga met je trouwen. Zo-even heb ik gelogen.' Op dat moment moest ik weer denken aan de Turkmeen bij wie ik zes maanden in huis had gewoond. 'Waar is hij nu?' 'Die is allang dood,' antwoordde hij.

Mijn wereld stortte in. Ik barstte in snikken uit, openlijk en hulpeloos omdat ik wist dat alles nu verloren was. Trouwen – dat betekende bij deze IS-strijders verkrachten. Mijn hart ging als een razende tekeer, maar ik wilde al mijn krachten verzamelen om ook deze man van zijn voornemen af te brengen. Met samengeperste lippen snikte ik: 'Je hebt er toch al een! Is het meisje hier ook niet van jou?' 'Natuurlijk, zij is van mij, jij bent van mij en ik haal nog een meisje uit Kocho en nog een en nog een.' Lachend verdween hij in de keuken.

Ditmaal was ik geen cadeau. Deze onbekende had mij van de broer van de Turkmeen gekocht. Hoeveel geld daarbij over tafel was gegaan, wist ik niet. Nesrin uit Kocho vertelde me hoe dat in zijn werk ging: 'Als er bij hen in de familie een broer sterft, erft de oudste diens bezit plus vrouw.' Dan waren de Turkmeense in Tal Afar met haar beide kinderen en ook ik dus eigendom van deze broer. 'Met zijn bezit kan hij doen wat hij wil.' Ik vond haar heel onbehouwen. Met een arrogante blik adviseerde ze mij: 'Je kunt beter met hem trouwen zodat hij je niet doorverkoopt. Dan ben je ook beschermd tegen groepsverkrachtingen.' Ik werd alsmaar banger voor die man.

Een maand lang moest ik daar blijven. Er was niets wat deze kannibalen niet met ons deden.

Deze meisjes zijn soms overgeleverd aan gruwelijke seksuele handelingen. Wanneer ze weigeren, worden ze bestraft of gedood. Een meisje van negentien werd levend verbrand, omdat ze weigerde een extreme seksue-

le handeling te verrichten. Ik heb dat meisje zelf onder-
zocht. Ze werd in Raqqa verbrand, kon weliswaar nog
vluchten, maar overleed in Turkije kort voordat we
haar konden overbrengen naar Duitsland. (Jan Kizilhan)

Over de juiste omgang met slaven

De Fatwa-Beirat, het is-informatiebureau voor juridische en religieuze vraagstukken, heeft een officieel handboek uitgebracht 'met vragen en antwoorden betreffende gevangenen en slaven'. Een document van ware mensenverachting. Hier volgen enkele passages.

VRAAG: wat is een *al-sabi*?
ANTWOORD: een al-sabi is een ongelovige, door moslims gevangengenomen vrouw uit een volk waarmee we in oorlog zijn.

VRAAG: waarom mag men een al-sabi gevangennemen?
ANTWOORD: men mag een al-sabi gevangennemen vanwege haar ongeloof. Ongelovige vrouwen die gevangen werden genomen en naar het gebied van de islam zijn gebracht, komen ons toe nadat de imam ze ons heeft toebedeeld.

VRAAG: mag men iedere ongelovige vrouw als slavin houden?
ANTWOORD: de geleerden zijn het erover eens dat men alle ongelovige vrouwen tot slavin mag nemen. Dat geldt ook voor joden- en christenvrouwen. Daarentegen is er verschil van opvatting over de vraag of men afvallige vrouwen als slavin mag houden. Een meerderheid verbiedt dat.

VRAAG: is seks met een slavin toegestaan?
ANTWOORD: ja. Allah de almachtige zegt: 'Succesvol zijn de gelovigen die hun kuisheid bewaren, afgezien van hun echtgenotes of van degenen die ze van rechtswege bezitten (gevangenen en slaven), want dan zijn zij vrij van schuld.' (Koran 23:5-6)

VRAAG: mag het direct na gevangenneming tot seks komen met slavinnen?
ANTWOORD: als de slavin nog maagd is, is seks toegestaan. Maar als ze geen maagd is, moet eerst haar baarmoeder gereinigd worden.

VRAAG: mag een moeder door koop of verkoop gescheiden worden van haar kinderen?
ANTWOORD: nee, de kinderen mogen voor de puberteit niet van hun moeder worden gescheiden. Het is echter wel toegestaan indien het kind volwassen is.

VRAAG: kan men twee zusters als slavin houden?
ANTWOORD: ja, maar men mag geen seks hebben met beiden.

VRAAG: mag men slavinnen slaan?
ANTWOORD: men mag slavinnen om disciplinaire redenen slaan. Het is echter niet toegestaan hen uit genoegdoening te mishandelen. Evenmin is het toegestaan slavinnen in het gezicht te slaan.

VRAAG: als twee of meer mannen een gevangene kopen, kan elk van hen dan over haar beschikken?
ANTWOORD: als de eigenaar een vrouwelijke gevangene niet alleen bezit, is het verboden geslachtsverkeer met haar

te hebben. Een man die een slavin samen met een ander bezit mag geen geslachtsverkeer met haar hebben tot de ander haar aan hem verkoopt of zijn deel aan hem afstaat.

VRAAG: mag men geslachtsverkeer hebben met een slavin die de puberteit nog niet bereikt heeft? ANTWOORD: men mag geslachtsverkeer met een slavin hebben als ze daar lichamelijk klaar voor is. Maar als ze nog niet klaar is, zou het moeten volstaan ook zonder geslachtsverkeer van haar te genieten.

VRAAG: als een man een slavin trouwt die van een ander is – wie mag dan geslachtsverkeer met haar hebben? ANTWOORD: een eigenaar mag geen geslachtsverkeer hebben met een slavin die getrouwd is met een ander. In zo'n geval dient ze haar meester, terwijl haar man geslachtsverkeer met haar mag hebben.

Zo werd Mahya door een strijder gekocht en verkracht. Deze is-strijder, bijgenaamd 'de Australiër', gebruikte drugs, sloeg het meisje, bond haar vast en verkrachtte haar vervolgens. De hele nacht liet hij haar zo op de grond liggen. Wanneer hij 'in een goede bui' was, liet hij honing halen, drenkte zijn voeten erin en beval Mahya ze af te likken. Toen ze daarbij moest overgeven, sloeg hij haar in elkaar en sloot haar geboeid een aantal dagen op in zijn kamer. Na drie weken had hij 'geen zin' meer in de jonge vrouw. Na haar te hebben misbruikt, riep hij zes is-bewakers en gaf hun bevel om het meisje te verkrachten. Hij zat er de hele tijd bij te kijken, gebruikte drugs en moest telkens hard lachen. Het meisje werd tot in de vroege ochtenduren verkracht, geslagen, aan de haren getrokken en aan de benen van de ene naar de andere plek gesleurd. Daarbij werd steeds weer gelachen. [...] Enkele dagen later werd het meisje doorverkocht. Mahya vertelde dat ze dit lachen nooit zou vergeten. (Jan Kizilhan)

Het huis in Tal Afar

Om verder te leven, moet je kunnen vergeten. Maar sommige dingen kun je nooit vergeten. Het lukt me niet om tot in detail verslag te doen van alles wat toen volgde. Sommige beelden staan letterlijk in mijn geheugen gegrift. Andere duiken op in een flits om even snel weer te verdwijnen. Ik vergeet ze ogenblikkelijk en weet wekenlang niet meer dat er überhaupt iets te vergeten viel. Binnen in mij heerst een verschrikkelijke warboel. Dat huis in Tal Afar was niet een bordeel in de gebruikelijke zin, want iedere man die daar kwam had een meisje gekocht dat uitsluitend voor hem was. Het waren allemaal Turkmenen. 's Avonds gingen ze naar hun huisgezin, maar als ze zin hadden in hun meisje kwamen ze naar ons huis om zich op ons af te reageren. Ze droegen allemaal een trouwring.

Eerst stuurde mijn koper die Abu Saleh heette, de beide meisjes uit Kocho weg. Nesrin had hem verklapt dat ik nog onberoerd was. 'Ik ga je nu ontmaagden,' verduidelijkte hij mij in zijn kamer. Vier uur lang praatte ik voor mijn leven. Mijn mond deed er gewoon zeer van. 'Ik ben hier vandaag toch voor het eerst. Ik ben toch een gast.' Ik was woedend. Ik vleide hem. 'Waarom schiet je me niet dood?' vroeg ik hem. Maar wij meisjes waren voor deze barbaren te veel waard.

Uiteindelijk wist ik hem tot de volgende dag aan het lijntje te houden. 'Ik heb tijd nodig en ik moet beslist nog tot Allah bidden. Morgen zal ik je geven wat je wilt.' Misschien deed mijn ononderbroken woordenvloed of de naam 'Allah' hem besluiten om zijn plannen op te schorten. Maar waarschijnlijk was hij alleen doodmoe. Met hun God, de Albarmhartige Allah, had het sowieso niets te maken. 'Als het morgen gebeurt, is het ook nog goed,' pruttelde hij. Toen ging hij weg en liet hij zich vijf dagen lang niet zien.

De zesde dag kwam hij zijn vermeende rechten opeisen. 'Shirin, vanavond maak ik je tot mijn vrouw.' Eerst maakte hij wat eten voor zichzelf. Mijn maag kromp ineen. De mannen van de andere meisjes lieten zich die avond niet zien. Terwijl hij zijn soep slurpte, liep ik naar Nesrin, Huyam en Mahrusa. Ik protesteerde, beklaagde me en schreeuwde. 'Ik ga niet met hem slapen! Ik doe het niet!' De meisjes zwegen. Ze waren zelf heel bang.

'Kom nu!' beval hij. In zijn kamer kleedde hij me helemaal uit en gooide me op bed. Ik schaamde me vreselijk om daar spiernaakt in bijzijn van een vreemde te liggen. Met zijn beide handen drukte hij mijn benen uit elkaar. Ik voelde hoe hij probeerde naar binnen te dringen. Ik hapte naar adem. Steeds weer stootte hij toe. Maar het lukte hem niet omdat ik helemaal verkrampt was en van onderen wel uitgedroogd leek. Ondanks veel geweld wist hij niet bij mij binnen te komen. Voortdurend riep hij: 'Relax, relax toch eens!' Als een plank zo stijf lag ik erbij. Omdat het hem van voren niet lukte, draaide hij me gewoon om en verkrachtte hij me anaal. Toen hij klaar was, liet hij me, hard huilend, op bed achter. Hij was niet tevreden omdat hij me niet had weten te ontmaagden. Knorrig gooide hij de deur achter zich dicht. Ik moest me gaan douchen en dan terugkomen.

In de badkamer staarde ik mezelf aan in de spiegel. Met een vertrokken gezicht dat niet van mij leek. 'Waarom? Waarom overkomt mij dit? Wat heb ik in mijn leven fout gedaan?' Compleet overstuur riep ik naar Mahrusa. 'Een schaar, breng me een schaar! Gauw!' Haastig bracht ze mij een schaar. In één beweging pakte ik mijn lange kastanjebruine vlecht, knipte hem direct boven mijn haarband af en gooide hem briesend op de grond. Ik wilde op een jongen lijken. Geschrokken schreeuwde Mahrusa: 'Waarom doe je dat? Dat is een zonde!' Bokkig trotseerde ik haar: 'Het is mijn zaak!' Mahrusa begreep er helemaal niets van. 'Waarom? Misschien vragen je broers je er wel naar.' Woedend wierp ik tegen: 'Hoe weet je nou of zij überhaupt nog leven?'

Aangetrokken door het lawaai dook Abu Saleh achter haar op. Toen hij me daar met dat rafelige korte haar zag staan, maakte hij mokkend rechtsomkeert. In elk geval wilde hij die avond niets meer met mij te maken hebben.

Het was de eerste keer in mijn leven dat ik een man naakt had gezien en meegemaakt. Het heeft bij mij tot op heden zulke gevoelens van weerzin en destructie achtergelaten dat ik niet eens meer mijn eigen vader zonder bijgedachten aan kan kijken. Urenlang stond ik onder de douche. De meisjes hebben me getroost door dicht tegen mij aan te gaan slapen. Ze zeiden alleen: 'Wij kunnen je niet helpen. Je moet het over je heen laten komen.' 's Nachts stond ik verschillende keren op om nog eens mijn tanden te poetsen. Maar de vieze smaak bleef.

Abu Saleh had me zoveel pijn gedaan dat ik dagenlang niet meer kon zitten. Ik lag steeds op mijn zij of stond gekromd. Toen ik op een ochtend wakker werd, was er een nieuw yezidisch meisje gearriveerd. Van pijn kon ik me niet oprichten. Het lukte me nauwelijks om te bewegen. Zij heette Zina en ze vroeg wat er met me was gebeurd. Toen ik dat er met veel moeite uit had gekregen, gaf ze me het volgende advies: 'Zolang ze je niet ontmaagd hebben, is alles in orde. Je bent nog yezidi. Probeer je maagdelijkheid zo lang mogelijk te behouden. Pas als je die hebt verloren, heb je alles verloren.' Ze was veertien en leek heel wijs. Zina was al twee keer ingewisseld en nu voor de derde keer verkocht. Met een IS-strijder kreeg zij een kamer op de eerste verdieping.

Acht dagen

Als alle IS-strijders in huis waren, moesten twee meisjes beneden en twee meisjes boven bij hen in hun kamers komen. Wanneer ze er niet waren, brachten we allemaal onze dekens naar een kamer om daar gezamenlijk te slapen. Acht dagen lang kwam Abu Saleh niet opdagen. In die periode ben ik moeizaam het dak op geklommen om vandaar uit te kijken naar een vluchtweg. Getoeter en straatrumoer. Boodschappentassen en moeders met kinderwagens. Hoe was het mogelijk dat het leven daar beneden gewoon doorging alsof er niets aan de hand was?

De meisjes waren me achterna gekomen. 'We zijn hier nu drie maanden. Voor jou hebben anderen het al geprobeerd, maar het niet gered,' zei Nesrin. Sindsdien waren de controles nog verscherpt. Bovendien woonden er in het huis hiernaast ook IS-milities met yezidische meisjes.

Voor onze huisdeur klopten een paar pluisbaarden beurtelings hun wacht. Voortdurend controleerden ze of de deur goed was afgesloten en rammelden ze aan de deurklink. Die kerels liepen ook met regelmatige tussenpozen rond het huis. Ze intimideerden ons: 'Jullie hoeven echt niet te proberen om ertussenuit te knijpen. Eentje is het ooit drie uur gelukt. Toch hebben we haar te pakken gekregen. We vinden jullie allemaal.' Aan de rand van het dak ging het minstens tien meter omlaag. Vluchten was vrijwel onmogelijk.

Twee meisjes slaagden erin 's nachts door een raam te vluchten. Ze hadden zich als moslimvrouwen helemaal in het zwart gekleed en liepen in Homs naar de taxistandplaats in de hoop iemand te vinden die hen in de richting van Koerdisch gebied zou kunnen brengen. Ze vonden iemand die een uur lang met hen rondreed en hen vervolgens afzette in een dorp. De meisjes wisten niet waar ze naartoe moesten omdat alle straten door IS-milities werden gecontroleerd. In hun angst klopten ze aan bij verschillende huizen. Ze vertelden dat ze bang waren voor de milities. De mensen stuurden hen weg tot er uiteindelijk een gezin was dat hen binnenliet. Ze ontvingen de meisjes beleefd en gaven hun ook wat te eten. Na een uur dook er een troep IS-soldaten op en nam de meisjes mee. Twee maanden zaten ze in een onderaardse gevangenis. Daarna werden ze weer verkocht. (Jan Kizilhan)

Alleen de hoop dat ik binnenkort weer samen zou mogen zijn met mijn moeder, hield me in leven. Kort na mijn zelfmoordpoging bij de Turkmeen had mijn moeder me in haar armen gesloten. Als ik me toen echt zou hebben omgebracht, had ik mijn moeder nooit meer teruggezien.

Elke dag brachten de bewakers ons rijst, kip of iets anders te eten. Honger hoefden we niet te lijden. Wanneer wij vijf vrouwen onder elkaar waren, probeerden we onszelf wat afleiding te bezorgen. De meisjes hadden op het erf een bal gevonden en speelden ermee. Vanwege mijn pijn keek ik alleen maar toe. We verlangden heel erg naar een stukje normaliteit en deden alles om maar niet over onze situatie na te hoeven denken. Wanneer we onszelf aan vertwijfeling hadden overgegeven, zou alles nog erger zijn geweest.

Ieder meisje vertelde over haar dorp, haar ouders, haar

broers en zussen. Wie van hen had weten te vluchten. En wie niet. Nesrin en Mahrusa beschreven hoe voor hun ogen de oude vrouwen van Kocho door terroristen waren doodgeschoten.

Ook op de weg tussen Kocho en Tal Afar zijn vrouwen en kinderen doodgeschoten, omdat ze geprobeerd hadden te vluchten of zich niet geschikt hadden naar de wil van de is-milities. (Jan Kizilhan)

Langzamerhand waren ze aan de gruwelen gewend geraakt. Allemaal moesten ze huilen van heimwee naar hun moeder. Voor ons bestonden alleen onze moeders, hun stem, hun warmte – en de herinnering daaraan. Ook voor Nesrin. Tegenover de anderen was ze erg vriendelijk, maar tegenover mij gedroeg ze zich vooral gereserveerd. Nog altijd voelde ik me bij haar niet helemaal op mijn gemak. Toch hielpen wij meisjes elkaar zo goed mogelijk.

Samen haalden we oude verhalen op en maakten we ons vrolijk over wat we allemaal hadden uitgehaald. Ik moest weer denken aan die keer dat ik tijdens de les te veel had gekletst en de leraar voor straf een notitie over mij in het klassenboek maakte. Daarop had ik geprotesteerd: 'Waarom doet u dat?' Dat leverde me prompt een nieuwe notitie op. Van het lachen liepen de tranen ons over de wangen.

Huyam praatte alleen over haar moeder. Ze zei dat ze haar al drie maanden niet had gezien. 'Ik zou haar gewoon nog eens willen zien om daarna te kunnen sterven.' In de tijd die ik in dat huis moest doorbrengen, probeerde ze twee keer zelfmoord te plegen.

De eerste keer zagen we haar naar het dak klimmen. Een keukenmes in haar hand. Mahrusa rende achter haar aan. Toen Huyam haar zag, verstopte ze het mes snel achter haar rug. Heel langzaam liep Mahrusa op haar af, terwijl wij achterbleven. 'Ik weet hoe je je voelt. Ik weet dat je bang bent dat hij 's nachts naar je toe komt en al die dingen met je doet.' Terwijl ze zo op haar inpraatte, wrong ze bliksemsnel het mes uit Huyams hand.

De tweede keer probeerde Huyam zich met pillen om het leven te brengen. Overal in huis slingerden alle mogelijke doosjes met medicamenten rond. Waarschijnlijk slikten de mannen het spul om in een roes te komen of zich op te krikken voor het front. Weer betrapten we haar. Nesrin schudde Huyam stevig heen en weer om haar wakker te maken. Maar ze hing slap in Nesrins armen. Dit keer moesten we een ambulance laten komen. De is-bewakers brachten haar scheldend naar buiten. 'Die stomme hoer deugt ook nergens voor!'

De volgende dag brachten ze haar weer terug. Vaalbleek en zwakjes. 'Wat hebben ze met je gedaan?' Zachtjes schoof ik een haarsliert uit haar oog. Haar lippen waren gesprongen, haar mond deed moeite om woorden te vormen. 'Mijn maag leeggepompt, het gaat weer goed.'

We namen haar in ons kringetje, pakten haar handen en streelden die. We omarmden en troostten haar. 'Kijk, als je zoiets nog eens doet, is er helemaal geen hoop meer om je moeder ooit terug te zien. Je moet verder leven, vechten voor je moeder,' zei ik.

Leven in horror

Wanneer er rond het middaguur geklopt werd, wisten we dat het eten er was. Dan waren we niet bang. Maar wanneer we 's nachts geluid hoorden, begonnen we allemaal te trillen. Tot het uiterste gespannen luisterde ik of ik iets kon horen in de hal. De stappen werden luider. Naast mij lag Huyam moeizaam te ademen. Ik klampte me vast aan de deken en wenste dat ik dood was. Tot ik merkte dat het voor een ander was. 'Niet mijn beurt vandaag!' Opluchting en diep uitademen.

In plaats daarvan moest een van mijn vriendinnen lijden. In het begin kon ik haar pijnkreten nauwelijks verdragen. Ik voelde me zo hulpeloos in het donker. Eenzaam. Verlaten. Maar langzamerhand werden zelfs die kreten gewoon. Ik kon haar toch niet helpen. We konden niets voor elkaar doen. We zaten allemaal in dezelfde uitzichtloze toestand.

Zodra de folterknechten het huis uit waren, zochten we elkaar weer op. Zodat we sneller konden vergeten wat ze een van ons zo-even nog hadden aangedaan. Alles was beter dan te gaan piekeren.

Soms wilden die kerels samen met ons in de woonkamer zitten. Ze keken ons dan aan alsof we een hoop vuil waren. Ik raapte al mijn moed bij elkaar en vroeg naar mijn grote broer. 'Weten jullie waar hij is?' 'Kijk zelf maar,' zeiden ze terwijl ze hun laptop openklapten op tafel.

Op het scherm zag ik een heleboel yezidische mannen in

kleermakerszit op de grond. Ze moesten gaan liggen en werden een voor een door een IS-strijder achter hen doodgeschoten. 'En, zit je broer erbij?' Het was hun manier om zich met ons te amuseren. Godzijdank had ik niemand uit Hardan gezien.

De terreur gebruikt moderne media en creëert transnationale netwerken. De propaganda-experts van IS zetten executies zorgvuldig in scène. IS vindt het belangrijk dat een strijder zich in een mondiale mediawereld via video [...] presenteert. Zulke presentaties worden na de dood van de dader als een kostbaarheid behandeld en op de media gezet. Met als doel om nieuwe krachten te mobiliseren, vooral onder jongeren. (Jan Kizilhan)

Om zout in onze wonden te strooien, lieten de IS-mannen ons steeds weer nieuwe propagandafilms zien. Dan moesten wij meisjes toekijken hoe kinderen, mannen en vrouwen werden geblinddoekt en geboeid. Vervolgens werden ze naar een enorme kuil gedreven. Ik weet niet meer wie van de meisjes het wist, maar een van hen zei dat ze die kuil zelf hadden moeten graven. 'Ze moesten er allemaal in,' zei ze met schorre stem, 'en ze werden allemaal levend begraven.'

In Hardan en in Sinjar-stad werden volgens tot nu toe ontvangen berichten meer dan vijfhonderd mensen in massagraven aangetroffen. Hier zouden ook mensen levend zijn begraven. Bulldozers schoven de aarde gewoon over hen heen. (Jan Kizilhan)

Op de laptop zagen we hoe de IS-strijders de doden later weer opgroeven. 'Hier waren we ongelovigen aan het doden!' pochte een van de mannen aan de woonkamertafel. Een ander riep overtuigd: 'Wanneer we sneuvelen, komen we in het paradijs met tweeënzeventig maagden als beloning.' 'De weg van de strijd is de weg van het leven,' wist de volgende een duit in het zakje te doen. Hij was blij dat hij iets slims had gezegd, hoewel hijzelf niet precies wist wat het was geweest.

Het is onmogelijk om deze terreurgroepen vreedzaam te stoppen, omdat de dood voor hen niet werkelijk bestaat [...]. Want wie in de strijd voor de goede zaak valt, is niet dood maar een shehid *(martelaar) en shehid zijn, betekent eeuwig leven.* (Jan Kizilhan)

Elke film, iedere foto – uitdrukking van onmetelijk leed. Zoveel doden, in zo korte tijd. Dat alles vergezeld van hun religieuze liederen. Als ik nu dit soort muziek hoor, word ik misselijk. Ik wil die Arabische taal nooit meer spreken.

Wij meisjes hielden er serieus rekening mee dat we op enig moment in een film zouden moeten zien hoe onze eigen familieleden werden vermoord. Zelf vond ik de opnames over de gerekruteerde kinderen het ergst. Omdat ik dan aan moest zien hoe IS-strijders van onze kinderen net zulke monsters maakten als zijzelf waren. Ze droegen hoofdbanden met Arabische lettertekens en brulden: 'Allah is de enige God en Mohammed zijn profeet.' Ze speelden met handgranaten en hielden afgesneden hoofden in hun handen. De IS-mannen lachten vanwege onze lijkbleke gezichten. 'Kijk maar goed hoe we jullie yezidi-kinderen te pakken hebben! En we vormen hen zo dat ze hun eigen volk, hun eigen moeders doden.'

Evenals Afrikaanse kindsoldaten worden ook deze kin-
deren gedrild en misbruikt. Hun wordt onmenselijk-
heid geleerd en ze moeten uiteindelijk tegen hun eigen
families optreden. In het leger leren ze om andere kin-
deren te slaan, te kruisigen of levend te begraven als die
zich niet aan de voorschriften van is houden. Kinderen
die niet in de strijd gestuurd worden, dienen als lakei
voor de commandanten, als bewaker of als spion in de
dorpen of kampen waar yezidi's of andere religieuze
minderheden gevangen worden gehouden. (Jan Kizilhan)

Ik dacht dat niets mij nog choqueren kon.

Straathonden zijn intelligenter dan die mannen van IS

In de hoofden van deze kerels draaide bijna alles om seks. In onze vertwijfeling maakten wij meisjes er zelfs grappen over. Steeds weer hielden ze ons voor 'hoe men in de islam tot werkelijk inzicht komt'. In ons meisjeskringetje stak ik ineens op de manier van IS-strijders mijn wijsvinger vermanend op naar de hemel: 'Nu heb ik het inzicht bereikt!' Vier paar ogen keken me aan of ik gek geworden was. 'Ze strijden niet voor de Islamitische Staat. Ze strijden voor de Sekslamitische Staat!' We lagen dubbel van het lachen. Zo op waren we. Die kerels dachten dat ze erg vroom waren, maar ze gedroegen zich erger dan beesten. De straathonden van Tal Afar waren intelligenter dan zij.

Zonder iets te zeggen, lieten we hun grootspraak in de woonkamer over ons heen komen. 'Vrouwen van vijfentwintig, die willen we helemaal niet, die zijn ons al veel te oud en verbruikt.' 'We hebben liever kinderen, zo van een jaar of twaalf, veertien. Yezidische meisjes vonden we altijd al mooi. Nu zijn ze allemaal van ons.' Ik weet niet wat hun echtgenotes van dit soort gedrag vonden. Misschien waren zij wel blij dat ze van deze mannen verlost waren. Graag zwetsten die IS-strijders ook over de moorden in januari 2015 op de redacteuren van het satirische tijdschrift *Charlie Hebdo*. 'Het is hun verdiende loon, ze hebben karikaturen over Mohammed gepubliceerd en de spot gedreven met de islam. Overal kunnen wij toeslaan! Zelfs in Parijs!'

Vanaf het moment dat ik hier was, durfde ik helemaal niet meer over het yezidisme te praten. Maar we hielden ons niet aan hun bevel om vijfmaal per dag moslimgebeden te zeggen. Waarom zouden we? Vaak werden we dagenlang niet gecontroleerd. Wanneer de mannen ons er toch naar vroegen, knikten we allemaal braaf en antwoordden we: 'Ja natuurlijk hebben we vijfmaal gebeden.' Als ze 's nachts bleven, maakten ze ons vroeg in de ochtend wakker om samen met ons in de woonkamer het gebed te zeggen. Vooraan de mannen, daarachter de meisjes. Ik durfde al lang niet meer de naam 'Mohammed' te vervangen door die van onze engel 'Taus-i-Melek'. Ik wist ook niet of alle meisjes nog wel te vertrouwen waren. Vooral Zina, de jongste, had flink wat hersenspoelingen achter de rug. Na die laatste mishandeling kon ik mij al acht dagen niet bewegen zonder steken in mijn buik te voelen. 's Nachts ging ik voorzichtig op mijn zij liggen. Heel vaak moest ik dan aan Telim denken. Ik huilde zelfs om hem. Ik miste hem. Ik hield van hoe hij lachte. Van hoe zijn stem klonk. Ik miste zijn woorden heel erg. Ik voelde verlangen naar iets waarvan ik voor die tijd nog helemaal niet wist dat je het missen kon. Ik was heel bang voor de dag waarop Abu Saleh weer terug zou komen...

Een lesje geven

Op die achtste dag kwam hij terug. 'Shirin, je weet dat wij nog niet getrouwd zijn.' 'Ja, dat weet ik,' zei ik. 'Welnu, vanavond gaan we trouwen.' Ik moest ondertussen denken aan het advies van Zina: 'Probeer je maagdelijkheid zo lang mogelijk te behouden.' Ik zat op bed, maar ik keek hem niet aan toen hij de kamer binnenkwam. Zodra hij me aanraakte, schoof ik zijn hand opzij. Dat gebeurde drie- of viermaal achter elkaar. Als antwoord gaf hij me een draai om mijn oren en kleedde hij me uit. Hij wilde mijn benen uit elkaar rukken, maar ik liet het niet toe.

Steeds weer vroeg hij: 'Waarom? Je heb toch gezegd dat we met elkaar zouden slapen!' Met een matte stem zei ik: 'Ik kan het niet, ik breng mezelf nog liever om.' Weer was ik stijf en verkrampt als een zieke. Grommend tobde hij zich op mij af. Maar toen hij ook bij de tweede poging faalde, gebeurde er hetzelfde als de vorige keer. Hij draaide me om...

Later zat hij in de woonkamer bij de andere meisjes op te scheppen. 'Shirin is nu met mij getrouwd, ze heeft zo-even gebloed, ik heb haar ontmaagd.' Ik sleepte me langzaam achter hem aan. Elke stap leek wel een messteek. Een grote bitterheid maakte zich van mij meester. 'Je liegt!' zette ik hem voor schut. 'In de islam is het een schande, zelfs een zonde, om een vrouw anaal te gebruiken. En toch heb je dat nu al tweemaal met mij gedaan omdat het je op een andere manier niet lukte.' De wetenschap dat deze vorm van geslachtsverkeer voor moslims eigenlijk verboden was, had ik van de veertienjarige Zina.

Ik had het best gevonden wanneer hij me vanwege mijn woorden ter plekke met zijn geweer had neergeknald. Maar hij knalde me niet neer. Hij was iets ergers met me van plan. We keken elkaar aan. Twee of drie seconden lang. Toen bewogen zijn lippen, zijn stem was koud: 'Als je wilt beweren dat ik hier zit te liegen, zal ik je nu een lesje leren.' Dat lesje hield in dat hij er een collega bij haalde. Hij heette Aymen en hij was een gewone is-soldaat. Ik wist nog niet dat hij erom bekendstond dat hij de wil van ongehoorzame of moeilijke vrouwen kon breken.

Aymen

Hij zag eruit zoals je je een IS-strijder voorstelt: lange baard, lang zwart krullend haar, niet groot, niet klein. Stierennek. Het wapen leek deze mannen net zo te passen als de witte broek en het tot op de heupen reikende overhemd. Donkere huid. Deze Aymen had goed nieuws voor mij. 'Je hebt nu al zo lang je moeder niet gezien. Ik breng je vandaag naar haar toe.' Van blijdschap klapten de meisjes in hun handen. 'Doe de groeten aan je moeder!'

Toen ik mijn nikab aantrok, was ik ervan overtuigd dat ik Abu Saleh met mijn koppigheid voorgoed had afgeschrikt. Hij was vast blij dat hij weer van me af was. Aymen startte de motor. Maar enkele minuten later remde hij al voor een huis in Tal Afar. Ik kreeg ogenblikkelijk een onbehaaglijk gevoel. Dit was niet het huis van moeder. Wat had dat te betekenen? Er kwam echter geen man, maar een klein, volledig gesluierd meisje naar buiten. Ze stapte achterin naast mij in de auto. Opgelucht haalde ik adem. Het portier was nog niet achter haar dichtgevallen, of ze sprak me aan in het Koerdisch: 'Waar ga jij naartoe?' Ik antwoordde: 'Ik ga naar mijn moeder.'

Ergens kwam haar stem me bekend voor. We keken elkaar in de ogen, want dat was het enige wat we van elkaar konden zien. Het kleintje naast me had grasgroene ogen. Ineens herkende ik haar weer. Het was het meisje uit de hal die door de oude man was meegenomen, samen met haar zusje van vier, een meisje van negen en mijn nichtje, om ze naar hun moeders te brengen. Hana herkende mij pas weer toen ik haar tweemaal gezegd had: 'Ik ben het, Shirin!' Toen begon ze zowat te jubelen en ze omarmde me zo stevig dat het leek alsof ze me nooit meer los wilde laten. Terwijl ze haar hoofd zo tegen me aan vleide, vroeg ik me af hoe ze hier verzeild was geraakt. 'En? Hebben ze je naar je moeder gebracht?' Pas toen liet ze me weer los. 'Nee, ik woonde in het gezin van die man. En toen ik voor het eerst ongesteld werd, zag zijn vrouw dat. Ze zei dat ik op huwbare leeftijd was gekomen en toen hebben ze me verkocht.' Ik brak me het hoofd om iets te vinden waarmee ik haar kon troosten. Maar ik wist niets te bedenken.

Kort daarop trapte de chauffeur weer op de rem. Voor de deur van een huis wachtte Abu Saleh. Wat deed die in godsnaam hier? 'Kom eruit!' Met die woorden pakte hij Hana's hand en nam haar mee. Aymen startte de motor opnieuw. Toen we de lichten van Tal Afar achter ons lieten, wist ik zeker dat hij me niet naar mijn moeder zou brengen.

Ongeveer anderhalf uur lang ging de rit verder over het platteland. De hele tijd bleef ik maar vragen: 'Wat wil je met me? Wat ben je van plan? Waar breng je me heen?' Maar deze Aymen was kort aangebonden: 'Heb toch een beetje geduld. Je krijgt je antwoord nog wel.' Zijn toon was heel rustig. 'Als je mij geeft wat ik hebben wil, zal je niets gebeuren. Maar als je niet naar ons luistert, brengen we je naar vrouwen bij wie het er nog erger aan toegaat.'

Hoewel het donker was, zou ik het dorp in de omgeving van het Sinjar-gebied waar ik uit moest stappen, toch altijd weer herkennen. Mijn zintuigen waren tot het uiterste gespannen. Ik was op alles voorbereid. Op vluchten of vechten, op leven of dood. Ik kon alleen niet plaatsen waar het huis of deze kleine ruimte waar hij me naar binnen duwde voor diende. Het bleek een folterkamer.

Een klein verduisterd raam, zo hoog in de muur dat je niet naar buiten kon kijken. Een matras. Een deur die hij achter zich dicht stootte. Ik had het zo benauwd dat ik voortdurend moest slikken. 'Wat wil je? Wat ben je van plan?' Onmiddellijk onderbrak hij me: 'Hou liever je mond, dat is beter voor je, anders brengen we je naar Syrië.' Het was bekend dat vrouwen daar nog erger leden dan in Irak. Met die woorden sloot hij de deur af en liet hij me alleen achter.

In Syrië had het meisje Malak zich tegen de slagen van haar Marokkaanse beul durven verweren. Voor straf liet hij haar, samen met haar zus, opsluiten in een donkere ruimte. Wekenlang zagen ze geen licht. Ze hadden alleen twee matrassen. Aan die opsluiting in het donker kwam pas een eind toen de Marokkaan omkwam. De zussen werden doorverkocht naar de Oost-Syrische stad Deir ez-Zor. Met hulp van mensensmokkelaars wisten ze terug te vluchten naar Noord-Irak. (Jan Kizilhan)

Slechts vaagjes drong er wat licht door het raam daar boven. Ik rilde omdat ik het verschrikkelijk koud had. Met mijn hand tastte ik de matras af, op zoek naar een deken, maar er was niets. Het was februari en bitterkoud. Ik sloeg mijn armen rond mijn lichaam en probeerde mezelf warm te wrijven, maar de kou wilde maar niet wijken. Steeds weer vroeg ik me vertwijfeld af: Waarom sluit hij me op? Verkrachten wil hij me vast niet, anders zou hij me hier toch niet opsluiten?

Op de matras rolde ik me op. Dan sprong ik weer rechtovereind om heen en weer te lopen. Neer te hurken. Mijn hoofd tussen mijn armen te begraven. Ik stond weer op.

Sloeg met mijn hand tegen de muur. Schopte met mijn voet tegen de deur. Schreeuwde. Ging tekeer. 'Laat me eruit!' Maar er was niemand. Het koude zweet brak me uit. Ik was alleen. Helemaal alleen. 'Help,' zei ik. Zo zachtjes dat alleen ik het kon horen.

Zo vergingen de uren. Het leek een eeuwigheid. Ik had dorst. Ik had honger. Nergens een toiletemmer, maar ik had ook geen enkele aandrang. Pas de volgende avond kwam hij terug. Bedeesd vroeg ik hem naar Abu Saleh. Hij kon mij immers niets aandoen. Ik was toch van een ander? Met zijn armen over elkaar kwam hij wijdbeens voor me staan. 'Je huidige eigenaar vertelde me dat hij het niet zo goed met jou kan vinden, daarom heeft hij je voor een poosje geruild en mij gevraagd om hem te helpen.' Hij zweeg alsof hij luisterde naar de echo van zijn woorden. Zoveel indruk hadden die op hem gemaakt. 'Hij is al de zesde die met zijn slavin niet uit de voeten kan. Die vrouwen worden allemaal bij mij gebracht. Ik ben de enige die hen klein weet te krijgen.'

Bewust had hij me eerst verzwakt, me geen eten, geen water, geen deken gegeven. Met zijn visgroene ogen staarde hij me aan. Het volgende ogenblik lag hij al op me. Ik probeerde me onder hem uit te worstelen, maar ik was zo krachteloos, alles voelde ijskoud, ik probeerde hem te schoppen, maar het lukte me nauwelijks. Deze vent was nog weerzinwekkender dan Abu Saleh en die anderen. Hij stonk naar zweet, had zich niet gewassen, was smerig. Geen enkel parfum zou deze stank kunnen overstemmen. Zelfs zijn blik was anders. Heel vuil. Als rottend water. Mijn bovenkleding liet hij ongemoeid. Onder trok hij het ene na het andere stuk van mijn lijf. Zijn volle vuist stopte hij in mijn mond zodat ik niet kon schreeuwen. In één beweging kwam hij boven op me zitten, met de andere hand trok hij een sjaal uit zijn broekzak en bond die zo strak om mijn mond dat ik geen enkel geluid meer kon uitbrengen.

Met zijn vuisten sloeg hij op me in, met zijn voeten schopte hij me. Ik verzette me. Kronkelde. Huilde. Hij verkocht me een trap tegen mijn ribben die de lucht uit mijn longen perste. Meteen rukte hij de sjaal van mijn mond en drukte hij een tablet tussen mijn lippen. 'Doorslikken!' brulde hij. En ik slikte hem door. Waarschijnlijk was het een verdovingsmiddel, maar ik werd niet slaperig of moe. Ik viel flauw, terwijl hij op me bleef inslaan.

Even kwam ik bij, ik zag vaagjes het plafond boven me. Waar was ik? 'Mama?' Was dat mijn stem? Het klonk van heel ver weg. Als uit een andere wereld. Mijn lippen smaakten naar ijzer. Die pijn in mijn rug. Zweten. IJzige kou. Het werd zwart voor mijn ogen. Het is voorbij. Toen ik opnieuw bij bewustzijn kwam, begreep ik dat hij me had verkracht. Alles in mij was kapot.

's Avonds hoorde ik weer zijn voetstappen. Van pijn kon ik nauwelijks meer schreeuwen. Zijn gehijg in mijn oor. Zijn spuug aan mijn lippen. Dat ging drie keer zo. Steeds op hetzelfde tijdstip. De vierde keer verscheen hij midden in de nacht: 'Maak je klaar, we gaan.' Maar ik was te zwak. Alles draaide om me heen. Krom richtte ik me op, probeerde overeind te komen, maar dat lukte niet meteen. Mijn lichaam voelde heel stijf en kapot. Ik deed verschillende pogingen om op te staan. Toen spoot hij water in mijn gezicht. Uiteindelijk stond ik op mijn benen.

'Waar gaan we nu heen?' Ik steunde met mijn hand tegen de muur. 'Zal je wel zien,' snauwde hij. 'Maar het is toch nacht, waar wil je nu heen?' Ik wankelde naar de deur. Met een blik alsof hij me hartstikke gestoord vond, brulde hij: 'Teef, stomme koe, het is geen nacht, kijk toch uit je doppen.' Toen ik zo voor de deur stond, wist ik mijn opgezwollen ogen een klein beetje te openen en drong het tot me door: het is geen nacht, het is dag. De zon scheen. Het was licht. Zwaar ademend als een oude vrouw leunde ik eventjes tegen de deurpost, omdat ik me heel duizelig voelde. Lichtflitsen en flonkeringen voor mijn ogen. Waarom voelde alles daar onder zo kleverig en nat? Voorzichtig voelde ik aan mijn bovenbeen, ik bracht mijn hand langzaam voor mijn gezicht. Geschrokken deinsde ik terug. 'O mijn God, allemaal bloed,' zei ik tegen mijzelf. Het was geen normaal bloed. Het was dik en stroperig. Toen viel ik flauw bij de deur.

Decadent, genotverslaafd en moreel verlopen

Aymen gooide me gewoon als een zak vuile was achter in de auto. In Tal Afar zette hij me weer bij huis af. 'Ik heb je teruggebracht bij je vriendinnen,' zei hij tot afscheid. Ik wist uit de auto te komen en tot aan de binnenplaats bij de meisjes op de been te blijven. Toen ik Nesrin en Mahrusa zag, ging er een golf van warmte door me heen. Ik liep steeds langzamer, wankelde als een beschonkene en opnieuw weigerden mijn knieën dienst. De twee meisjes pakten me onder de armen en trokken me overeind. 'Breng me alsjeblieft naar de badkamer en zet me onder de douche,' smeekte ik. Ik voelde me zo ongelofelijk smerig. De stank van die man hing om me heen. Nog dagenlang. Ze zeepten me in en douchten me. Het bloeden wilde maar niet stoppen. Ten einde raad vouwden ze een dik verband rond mijn onderlijf. Ik had het zo koud. Zo verschrikkelijk koud. Huyam, Zina en Mahrusa legden me voor de verwarming en trokken me schone kleren aan. Hun gebaren, hun tederheid, hun zorg, het waren sprankjes liefde. Sprankjes leven. Die hielpen – om te overleven. We leidden allemaal hetzelfde leven en hadden allemaal hetzelfde verdriet.

De eerste drie dagen ging alles langs me heen. Ik werd vooral in beslag genomen door mijn pijn. Mijn onderlijf brandde alsof er glasscherven tussen mijn benen geperst zaten. De meisjes smeekten Abu Saleh: 'Shirin heeft heel veel pijn, ze moet naar de dokter. Haar bloeden moet worden gestopt.' Maar hij negeerde het compleet. Mahrusa waste me elke avond en smeerde mijn lichaam in met zalf. Ze probeerde me weer beter te maken en zette me in een bad van zout water. Ik zag hoe het water om mij heen steeds donkerder kleurde. Tot het zo rood was dat ik wel in bloed leek te baden.

Toen ik op mijn matras lag, kwam Hana naast me zitten. Met haar grasgroene ogen keek ze me treurig aan: 'Wat heeft hij met je gedaan?' Alleen stukje bij beetje wist ik mijn verhaal te doen. Opgesloten, geslagen, verkracht... Hana's stem was nauwelijks meer dan een fluisteren: 'Dat heeft hij daar ook met mij gedaan.' En op mijn beurt wilde ik van haar weten: 'Heeft Abu Saleh je met rust gelaten?' 'Hij heeft me ook verkracht.' Hana schaamde zich zo dat ze me niet langer aan durfde te kijken.

Aymen bleek Hana te hebben gekocht. Hij was vijfendertig, zij twaalf. Beide mannen hadden afgesproken dat ze ons alleen voor een tijdje zouden ruilen. Hana hield haar handen samengekrompen, zoals een vogel zijn klauwen. Ze was nog een kind. Deze mannen hadden haar lichaampje regelrecht kapotgemaakt.

Ik sloot mijn ogen. Zoveel verderf om mij heen. Later heb ik bij mijn vertrek naar Duitsland Hana's zussen leren kennen. We bellen elkaar nog vaak en praten over haar. Net als Zina, Mahrusa en Nesrin zit ze daar nog altijd gevangen. Ik probeer haar zussen gerust te stellen en vertel dat het haar goed gaat.

Die avond liet Aymen het kleintje weer halen.

De bloedingen waren nog niet gestopt of Abu Saleh viel weer op mij aan. Nu ik door Aymen was verkracht, had mijn leven geen waarde meer. Ik had mijn maagdelijkheid verloren, mijn trots, mijn waardigheid, mijn eer. Op dat moment kon niets me nog schelen. Ik sloeg hem niet meer van mij af. Ik had alle moed verloren. Ik had geen dromen meer. Niets deed er nog toe, drinken, eten noch douchen. Alles was zo ondraaglijk erg dat ik ook niets meer voelde, koude, hitte, noch pijn. Al die gevoelens leken uitgeschakeld.

Maar toen hij me opnieuw aan wilde raken, viel ik tegen hem uit: 'Ik wil niet dat je nog één keer in mijn buurt komt. Waag het niet om me aan te raken! Wat je ook wilt, doe het, vermoord me of verkoop me gewoon!' Ik voelde me zo vernederd dat ik mijn gezicht voorover in het kussen begroef en hartverscheurend begon te huilen. Die nacht lag hij alleen maar naast me, zonder mij iets aan te doen.

Tegen Nesrin en Mahrusa had hij gezegd dat hij me nooit verkopen zou. 'Ze is van mij, ze is nu mijn vrouw.' Terwijl hij voor de andere meisjes af en toe een aardig woord vond, deed hij tegenover mij uit de hoogte. 'Jij hebt een heel grote mond!' Hij wees naar Nesrin, Mahrusa, Huyam en Zina, 'die niet, die zijn gehoorzaam.'

Abu Saleh had net als de meeste andere mannen in huis, in de gevangenis gezeten. Voor de komst van IS hadden al deze figuren waarschijnlijk geen geld, werk of vrouwen gehad. Maar nu hadden ze geld zat, een vaste baan als moordenaar en maagden in overvloed. Het had ze tevreden kunnen stemmen, maar hun hoofden zaten vol haat.

Steeds weer hielden ze ons voor: 'Jullie zijn onze wraak!' Een van hen riep woedend: 'We hebben acht jaar in de bak gezeten, al die jaren waarin we daar geen seks hadden, moeten we met jullie weer inhalen.' En een ander voegde eraan toe: 'We hadden graag nog wat Amerikaanse sletjes gehad.' Constant zaten ze te hakken op de Amerikanen. 'Het zijn allemaal ongelovigen!' Decadent, genotverslaafd en moreel verlopen.

Na de val van Saddam hadden de Amerikanen heel veel van deze radicale moslims opgesloten in de grootste Amerikaanse gevangenis in Camp Bucca. Een hoge positie bij IS was vrijwel onmogelijk als je voorheen niet in de gevangenis had gezeten of een functie had bekleed in Saddams Ba'ath-partij. Op hun veldtochten bevrijdden de IS-milities vaak als eerste de gevangenen.

Op een ochtend nadat hij weer was wezen moorden, versperde Abu Saleh mij de weg. 'Shirin, zou je naar je moeder willen? Ik breng je erheen.' Eerst geloofde ik mijn oren niet. Maar deze mannen wisten precies hoe belangrijk onze moeders voor ons waren. Hij wist dat zij het waren die ons in leven hielden. Abu Saleh vertelde niet wanneer hij mij zou brengen. Morgen of overmorgen.

Waarom zie je zo bleek?

Tot acht uur 's avonds waren wij meisjes onder elkaar. Ineens hoorden we de sleutel in het slot. Het zweet brak ons aan alle kanten uit. Hopelijk was het een ander. Niet de man die mij wilde verkrachten. Maar het was Abu Saleh. Mijn maag kromp samen bij de idee dat hij me weer wilde misbruiken. 'Shirin, het is tijd om je naar je moeder te rijden.' Ik geloofde hem. Misschien omdat ik iets anders niet geloven wilde.

Een uurtje later stonden we warempel voor moeders huis. Toen moeder me in haar warme armen sloot, vergat ik in één klap al het leed dat achter mij lag. Het was alsof er ineens licht was in een donkere ruimte en alle angst en duisternis waren verdwenen. Ik vertelde moeder niet dat ik verkracht was. Moeder huilde en lachte om beurten, terwijl ze me nu eens van zich af hield om me wat beter te bekijken en dan weer tegen zich aan trok en liefdevol over mijn wangen streek. 'Je ziet eruit als de dood! Waarom zie je zo bleek? Heeft iemand je wat aangedaan? Wat is er met je aan de hand?' drong ze aan. Maar ik zei slechts: 'Het ging alleen maar zo slecht met me, omdat ik jou zo lang niet heb gezien.'

Ze zag natuurlijk dat ik nu in gezelschap was van een andere man. Abu Saleh had een stoel bijgetrokken en hield ons goed in de gaten. Ongeduldig vroeg mijn moeder me uit: 'Waarom ben je zo lang niet meer hier geweest? Hebben ze je iets aangedaan? Gaat het wel goed met je?' Kort schetste ik dat de Turkmeen dood was en dat ik aan een andere familie was verkocht. Ik kon het niet over mijn lippen krijgen om haar de waarheid te vertellen. 'In die familie zijn nog meer yezidische meisjes, we werken als slavin in het huishouden.'

Voor moeder was de afgelopen maand net zo moeilijk geweest als voor mij. Elke dag was ze meer dan eens de straat op gelopen om in de richting te kijken waar ik meestal vandaan was gekomen. 'Elke dag hield ik rekening met het ergste.' Ik vertelde haar ook over de video's met de gerekruteerde jongens. Zorgelijk schudde moeder het hoofd. 'Ik zou nog liever het lijk van mijn eigen zoon zien dan toe te moeten kijken dat hij anderen vermoordt.' Na een uur moest ik weer gaan.

Terug in huis verdrongen Nesrin, Mahrusa, Zina en Huyam zich met hongerige blikken om mij heen. 'Vertel, vertel, vertel toch eens...!' Toen ik hun blij vertelde dat ik mijn moeder had gezien en omarmd, moesten ze allemaal huilen omdat ze zelf zo naar hun moeder verlangden. Sommige meisjes wisten zelfs niet of hun moeder nog wel leefde. Ze wisten niet eens waar ze naar haar hadden kunnen informeren. Diezelfde nacht nog vroeg Abu Saleh: 'Zou je misschien wat langer naar je moeder willen?' Ik kon mijn geluk niet op. 'Ja natuurlijk, natuurlijk wil ik dat!' Hij grijnsde. 'Pak dan je spullen maar. Morgen is het zover.' In allerijl zocht ik de kleren bij elkaar die de Turkmeense voor mij had gekocht. De volgende avond kwam de auto bij de poort voorrijden. De chauffeur kende ik niet. Hinderde niet! Waarschijnlijk had Abu Saleh gewoon geen tijd om mij zelf te brengen.

Nummer vier

Bij de volgende hoek stopte de dikke chauffeur al langs de kant van de straat. Hij knipte het licht in de auto aan, draaide zich om en eiste: 'Doe je sluier af, ik wil je gezicht zien.' 'Waarom? Wat moet je met mijn gezicht? Ik ga nu naar mijn moeder,' weerde ik boos zijn bevel af. Maar het was duidelijk dat ik geen enkele kans maakte. Ik kromp in-een. Toen mijn ogen de zijne ontmoetten, voelde ik dat dit hem niet ontgaan was en dat het hem plezier deed. Hij heette Isam.

'Ik heb je gekocht,' zei hij. Het voelde als een dichte mist, waarin ik hulpeloos rondtastte. Nergens een uitweg. Diep vanbinnen heb ik altijd gehoopt dat ooit de zon weer door zou breken. Hoe uitzichtloos de situatie ook leek. Zonder hoop hadden we het allemaal niet volgehouden.

Ongeveer een halfuur later vond ik mezelf weer terug in een heel groot huis in Tal Afar. Ik kreeg alleen de kamer met het bed te zien. De gordijnen voor het raam waren dichtgeschoven. Met grove bewegingen inspecteerde hij mijn lichaam. Onder zijn gewicht kon ik me vrijwel niet be-wegen. Het voelde of ik werd platgedrukt en gesmoord. Hij hield niet zoals de anderen mijn mond dicht. Hij liet me naar lucht happen, jammeren en schreeuwen. Ik liet alles over me heen komen. Niemand kon ons immers helpen. Niemand kreeg mee hoe we geslagen en vernederd werden. Er was geen wet die ons beschermde.

Toen hij zijn broek weer aanhad en zijn wapen had omgegespt, legde hij mij de regels uit: 'Je gaat voorgoed bij je moeder wonen, ik kom je alleen om de paar dagen halen.' De volgende ochtend ging hij eerst ontbijten. Hij schoof me een stuk brood toe, maar ik keek alleen maar naar mijn schoenen. Vervolgens reed hij me naar mijn moeder. De hele tijd zat hij bij ons aan tafel. Ik heb die man nooit zien lachen. Zijn gezicht leek wel van ijs. Vragend keek moeder van hem naar mij.

Omdat Isam mij voortaan om de drie dagen zou komen halen, moest ik haar wel vertellen dat ik met hem getrouwd was. Ik vond het zo verschrikkelijk pijnlijk dat ik mijn gezicht achter mijn handen verstopte, maar moeder probeerde me meteen weer op te beuren: 'Zolang je maar steeds drie dagen bij me bent, gaat het goed met mij.' Ondanks de blijdschap die zich op haar goedhartige gezicht aftekende wanneer ze naar me keek, verraadden al haar bewegingen – en ook haar ogen – een grote zwaarmoedigheid.

Leyla en Kemal keken met grote verschrikte ogen naar die dikke IS-strijder, maar mij begroetten ze met een stralend gezicht. Moeder lachte in eerste instantie, maar direct daarop begon ze zich alweer zorgen te maken: 'Je bent erg mager geworden, je ziet steeds bleker.' Moeder wiegde mij in haar armen tot Isam eindelijk liet weten dat hij opstapte.

Daarna klopte hij om de drie avonden buiten aan de poort. Kemal deed dan open en riep: 'Shirin, je wordt gehaald!' Wanneer moeder me bij terugkomst dan weer begroette, kwam meteen al de gedachte aan het volgende afscheid boven. Zodra ik terug was, begon moeder de uren te tellen die ons nog samen restten. Elke ochtend was haar gezicht grauw van verdriet. Weer een dag minder. En weer moest ik mee naar zijn huis. Daar deed hij met me wat hij wilde en de volgende ochtend zette hij me weer af bij de poort.

Elke verkrachting voelde alsof ik vanbinnen werd verscheurd, alsof al mijn organen één grote wond waren. Mijn God, elk misbruik voelde aan als bij de eerste keer. Zoveel pijn. Zoveel vernedering. En telkens vroeg ik me af: 'Waarom gebeurt dit mij? Wat heb ik in mijn leven fout gedaan? Welk leed heb ik anderen aangedaan dat mij zoiets overkomt?' Deze man sloeg me zodra ik in zijn kamer was.

Wanneer ik maar een of twee uur bij moeder mocht blijven, stuurde hij zijn ondergeschikten mee om me in de gaten te houden. Waarschijnlijk had Isam een nogal hoge positie, omdat hij zoveel mensen onder zich had. Zijn bewaker hing rond aan onze tafel. Maar hij kon onze gesprekken niet goed volgen omdat we Kurmançi spraken. Toen ik een keer naar het toilet wilde en naar de deur liep, snauwde hij meteen: 'Zitten!' Hij dacht dat ik ertussenuit wilde knijpen. Pas toen hij zich ervan verzekerd had dat het toilet zich in de woning bevond, mocht ik gaan. Zodra het hem begon te vervelen, rukte hij ons uit elkaar. 'Genoeg nu!'

Bij elk afscheid stierf er een stukje van mij, want bij elk afscheid dacht ik: misschien is dit wel de laatste keer dat we elkaar gezien hebben. Bij mijn moeder was het leven. Zodra ik haar de rug toekeerde, wachtte mij de dood. De dagen werden steeds zwaarder. Loodzwaar. Steeds donkerder werden de schaduwen rond de ogen van mijn moeder.

Toen Isam mij op een avond weer eens kwam halen, deed ik of ik ziek was. Maar dat wilde hij van Kemal aan de poort niet geloven en dus kwam hij bij ons de kamer binnen. Ik lag te woelen op mijn bed, mijn ogen halfdicht en deed of ik doodziek was. Evenals eerder al bij de Turkmeen ging het me uitstekend af omdat deze rol goed paste bij hoe ik mij vanbinnen voelde. Ik kreunde net zo lang tot hij me geloofde. Een week lang kon ik dat zo volhouden. Maar toen was zijn geduld op. 'Als je zo ziek bent, moet ik je naar de dokter brengen.' De arts gaf me medicamenten. Isam stond erop dat ik die slikte. 'Om niet zwanger te worden,' zei hij erbij. Geschokt vroeg ik mijn moeder bij de volgende keer: 'Mijn God, ontstaan op die manier dan kinderen?' Ze knikte. Om de drie dagen als ik bij hem was, moest ik die kleine gele tabletjes met hun zoete smaak slikken. Daarvan raakte mijn lichaam opgezwollen.

Een mens went aan heel veel. Aan doodsangst. Aan verlies. Aan oorlog. Maar deze mishandelingen wenden nooit. Deze zwaarlijvige man kon mijn beide armen zo vastklemmen dat ik me niet meer kon bewegen. Zodra hij in slaap was gevallen, ging ik op de grond liggen. Ver bij hem vandaan. In moeders huis waste ik me elke keer als een bezetene, maar dit vuil raak je niet kwijt.

Op een avond in maart zette hij me niet bij zijn eigen huis af, maar bij een ander gebouw. Het was maar een minuut of tien van moeders woonwijk verwijderd. Aan de overkant was een leegstaand tankstation. Hij zei niet waarom. Misschien had hij de bommenwerper in de lucht al ontdekt en wilde hij zich verschuilen.

Ik keek op de klok aan de muur. Het was kwart over acht toen mijn trommelvlies zowat verscheurd werd door het lawaai. De grond onder mijn voeten begon te schudden. Ik was bang dat de muren elk moment op ons neer konden vallen. Dat ik ieder ogenblik in stukken gereten kon worden. Dat ik moeder nooit meer zou terugzien. De muren wankelden.

Ineens begon het licht te flikkeren, toen werd het donker. In deze wijk van Tal Afar was de stroom uitgevallen. In paniek begon ik te schreeuwen, stortte me in een hoek om daar ineen gehurkt mijn oren dicht te houden. Ik ademde snel en zwaar. Door het raam kon ik in het duister alleen zien hoe het stof van de grond omhoog wervelde. Van het tankstation aan de overkant stond alleen nog een betonnen skelet overeind.

Al die tijd zat Isam onbewogen op de bank, zijn armen in zijn schoot. Hij lachte me uit: 'Je bent echt helemaal gestoord! Waarom zo bang?' Daarna werd hij ineens woedend. Hij schold me uit: 'Het is jouw schuld. Als ik je niet was komen halen, hadden ze ons niet ontdekt en niet gebombardeerd.' Compleet vertwijfeld schreeuwde ik terug: 'Hoezo mijn schuld? Breng me toch gewoon naar mijn moeder en laat me met rust!' Het was immers maar tien minuten rijden.

Het hele spektakel duurde niet lang. Nadat het vliegtuig zijn dodelijke vracht om ons heen had geworpen, was het weer verder gevlogen. Weliswaar kon je horen dat nu ook andere delen van de stad werden gebombardeerd, maar ons huis wankelde toen allang niet meer.

De bommenwerper was nog niet weg of Isam verlangde het gebruikelijke: 'Vooruit, kleed je uit! Ga liggen.' Het had geen zin me tegen hem te verzetten, maar ik wierp hem voor de voeten: 'Mijn God, hoe kun je met mij slapen, nu we zoeven aangevallen zijn? Als er weer een bom inslaat, treffen de mensen mij hier naakt aan. Dat is bij jullie toch een zonde – een vrouw mag toch niet naakt gezien worden?' Hij vertrok zijn mond tot iets wat een glimlachje moest lijken. 'Ik dacht dat je gek was, maar nu blijk je veel slimmer dan ik.'

Het was om vijf uur in de ochtend nog donker toen zijn

stem mij uit mijn slaap rukte. 'Sta op verdomme! Ik breng je naar je moeder.' Misschien dacht hij dat er na zonsopgang opnieuw bommenwerpers door de lucht zouden cirkelen. Misschien wilde hij ook niet dat ik bij daglicht buiten de omvang van de verwoestingen zou zien en deze informatie aan de vijand door zou kunnen geven. Op mijn vraag of er mensen waren omgekomen, snauwde hij alleen maar: 'Dat gaat je geen flikker aan!' Voor moeders huis aangekomen, keek hij verbeten recht voor zich uit en stuurde me enkel met een handgebaar naar buiten: 'Wegwezen! Vlug!' Daarna gaf hij gas en keerde de auto. De man was duidelijk bang.

Zo stond ik vroeg in de ochtend in zwart gewaad als een nachtelijk spook voor de vergrendelde poort en had ik geen idee hoe ik over de muren in het huis daarachter moest komen. Ik wist niets anders te bedenken dan met een steen hard op de poort te slaan. Vanwege het lawaai waren moeder en de andere bewoners bang dat er daar buiten dieven of nog gevaarlijker mensen stonden, die kwaad in de zin hadden. Ten einde raad riep ik: 'Ik ben het, Shirin! Ik heb het heel koud! Open de poort.'

Mijn neef raapte al zijn moed bijeen en opende de poort. Op sommige momenten wenste ik in lucht op te kunnen gaan. Vooral voor de yezidische mannen schaamde ik me elke keer weer diep als ik 's ochtends voor moeders huis werd afgezet. Ik was niet de enige in deze wijk die bij haar moeder op bezoek kwam. Iedereen wist wat ze met ons meisjes deden. Maar iedereen deed er het zwijgen toe.

Kemal en Leyla waren nog diep in slaap. Moeder wreef haar ogen uit. Ze had van de bombardementen helemaal niets gemerkt. 'Mama, ik was zo verschrikkelijk bang,' barstte ik los. Argeloos zei moeder: 'Hoezo? Ze doden toch alleen de mensen van IS.' 'Die piloten kunnen toch niet zien dat ik yezidi ben. Ik zat met een nikab aan in dat huis, die dachten allemaal dat ik ook een van hen was.' Drie dagen later haalde Isam me op. Dit keer rond het middaguur. Dat was ongewoon. Na een maand had hij genoeg van me gekregen. Hij verkocht me door aan Abu Mustafa.

Van de een naar de ander

Ook deze man verkrachtte me een aantal keren. Van hem raakte ik in verwachting. Wanneer ik zo terugkijk, verlies ik soms het overzicht. Maar ik weet me van die tijd in gevangenschap elk uur te herinneren. Alles wat me is aangedaan. Die herinnering grijpt me zo aan dat ik alleen maar hard weg wil rennen. Ik merk dat ik steeds vlugger begin te praten alsof ik daardoor sneller bij het eind zou kunnen komen. Maar in werkelijkheid struikel ik, val ik, blijf ik liggen... ik huil en vind geen woorden meer.

Nu weet ik dat mijn karakter is veranderd. Ik ben niet meer de oude Shirin. Soms betrap ik mezelf op de vraag: waar haal je eigenlijk de kracht vandaan om verder te leven, om überhaupt nog op de wereld te zijn? Maar ondanks alles wil ik mijn best doen om te herinneren, want alleen dan hebben onze dochters en moeders, onze vaders en zonen een kans om die misdadigers ooit gestraft te zien.

Abu Mustafa had een hoge positie bij is. Van al mijn verkrachters was hij de oudste. Een grijsharige man van ongeveer zestig jaar. Hij woonde in een buitenwijk van Tal Afar. Twee dagen lang moest ik tot zijn beschikking staan. Als een lijk lag ik onder hem. 's Avonds zette hij me af bij moeder en de volgende dag haalde hij me weer op. Hij was anders dan de anderen. Hij sloeg me niet. Hij vond zelfs vriendelijke woorden voor me. Misschien waren oudere mannen wel minder ruw dan jongere, omdat ze zelf al kinderen hadden, hun eigen dochters hadden zien opgroeien. Ik had helemaal niet door dat mijn logica zich inmiddels aangepast had aan hun moraal.

Even speelde ik met de gedachte om net zo lang bij deze Abu Mustafa te blijven tot ik zou kunnen vluchten. Maar nooit van mijn leven zou ik openlijk hebben toegegeven dat ik liever bij hem bleef dan opnieuw verkocht te worden. Dat had ten onrechte de indruk gegeven dat de meisjes die verkracht werden, zich bij die mannen op hun gemak voelden. Dat uit onrecht ineens iets van recht voort zou kunnen komen. Die indruk wilde ik in geen geval wekken.

De oude Abu Mustafa schafte een nieuwe jonge yezidische aan en gaf mij door. Na hem kwam man nummer zes. Hij heette Ramsi. Drie dagen lang was ik overgeleverd aan zijn nukken. Weer het oude liedje. 's Ochtends haalde hij me op en 's avonds zette hij me weer bij moeder af.

Bij mijn weten kwam deze is-strijder oorspronkelijk uit Mosul, maar was hij gestationeerd in Tal Afar. Een lange magere vent. Decadent, genotverslaafd en moreel verlopen. Kleine oogjes, lange haren. Ramsi was drieëndertig. Deze man wilde altijd alleen maar zijn lolletje hebben. Hij was voortdurend aan het spotten en moest constant lachen alsof hij onder de drugs zat.

Veel is-strijders gebruiken drugs. Vooral degenen die uit het buitenland komen. Ze nemen ook drugs voorafgaand aan de strijd of wanneer ze vrouwen verkrachten. Sommige is-commandanten reiken hun milities ook drugs uit opdat ze vastberaden en zonder angst de dood ingaan. Dit gebruik gaat onder meer terug op Hassan-i-Sabbah in de twaalfde eeuw. Hij stichtte de sekte van de Assassijnen en trainde huurmoordenaars om zo politieke invloed te krijgen. Hassan-i-Sabbah

zette welbewust drugs in en beloofde de moordenaars
dat ze na hun dood beloond zouden worden met het
paradijs. (Jan Kizilhan)

Ook deze vent woonde in een schitterend huis dat ooit had toebehoord aan een sjiiet. Het was een verzamelplaats voor diverse activiteiten van is. In een van de ruimtes kregen de strijders bijvoorbeeld hun geld uitbetaald. De kamers werden ook gebruikt om yezidische vrouwen en meisjes te verkrachten. Dit centraal gelegen huis leek wel een trefpunt voor is-mensen.

Als ik lag te kermen, lachte hij. Als ik te hard schreeuwde, sloeg hij op mij in. Tweemaal verkrachtte hij me anaal. Een menselijk gebaar maakte hij nooit. Alleen maar spot en neerbuigende blikken. Waarvoor zou ik nog bang zijn? Ik was al zo vaak bang geweest dat er vrijwel geen angst meer over was. Misschien begon ik daarom met Ramsi een discussie over religie. 'Wat je ook met me doet, me verkracht of slaat, ik blijf toch yezidi!'

Ik had de martelingen van die mannen lang genoeg zwijgend over mij heen laten komen. Ergens was iets in mij zelfs gaan accepteren dat ik nu moslima was. Maar omdat ik had gezien en aan den lijve had ondervonden hoe zij vrouwen behandelden, ging ik nog meer van mijn eigen geloof houden. Deze is-strijders voelden zich helden, maar ze waren alleen maar mannen zonder hart. 'Ik heb jullie regels, jullie religie en de manier waarop jullie met meisjes omgaan, leren kennen. Nooit wordt ik moslima!' Met een verstoord gezicht hoorde Ramsi me aan, terwijl hij een wegwerpgebaar maakte. 'Voor jou is het yezidisme dood, je bent moslima. Of je wilt of niet.'

Het was niemand in onze wijk ontgaan dat er de laatste tijd steeds weer een andere man voor de poort van ons huis stopte. Ook mijn moeder niet. Mijn gedachten werden steeds somberder. Hoorden wij meisjes nog wel tot de gemeenschap waarbinnen wij geboren waren? Hoorde een yezidische vrouw na seks met een niet-yezidi nog wel bij de groep? Geen enkele yezidi zou ons nog willen trouwen. Met tranen in de ogen ben ik vanuit de auto het huis ingelopen: 'Mama, denk je dat ik ooit weer als yezidi terug kan komen? Dat ik überhaupt nog yezidisch ben?'

Wanneer ik volledig van mijn stuk was, had ik in moeders gezicht telkens weer naar een teken van bemoediging gezocht en elke keer had ze troostende woorden bij de hand gehad. Maar ditmaal keek moeder me weifelend aan. 'Bedenk hoeveel mannen er inmiddels bij je waren. Eigenlijk kun je het yezidisme vergeten.' Ze betwijfelde ook of misbruikte meisjes zoals ik door onze geestelijke leider Baba Sjeikh weer in de yezidische gemeenschap zouden kunnen worden opgenomen. Op dat moment stortte mijn wereld in. Alles in mij was dood. Als mijn eigen moeder niet eens meer geloofde dat de yezidi's mij weer zouden accepteren... Hoe zou ik daar zelf dan nog in kunnen geloven?

In moeder woedde een strijd tussen hart en verstand. Je kon zien dat mijn aanblik haar gewoon verscheurde. Ze pakte mijn hoofd en drukte het tegen haar borst. 'Wat je ook bent, je bent en blijft mijn Shirin,' fluisterde ze.

Na deze discussie wilde Ramsi mij niet meer zien. Maar in Duitsland kreeg ik hem ongewild nog een keer onder ogen. Een yezidische kennis liet me een paar video's van beruchte IS-soldaten zien. IS zit op vrijwel alle sociale netwerken, of het nu Twitter, Facebook of YouTube is. 'Ken je die mannen?' vroeg hij. Ik voelde me misselijk worden. Een van hen was Ramsi.

Op de video is te zien hoe een klein blond meisje van een

jaar of acht, negen, op een bijeenkomst gedwongen wordt om met een microfoon in haar hand een Arabisch lied te zingen. Met angst op haar gezicht, maar heel dapper zingt ze het lied in bijzijn van een groot aantal IS-strijders die in een grote kring in een loods of zo om haar heen zitten. Op de schouder van het yezidische meisje rust de hand van de presentator. Die hand is van Ramsi. Hij staat naast haar en in zijn andere hand heeft hij een microfoon. En dan begint het meisje hartverscheurend te huilen. Ramsi lacht. 'Je hoeft toch niet bang te zijn. Vandaag is toch onze huwelijksnacht.' Kennelijk was de bijeenkomst een bruiloftsceremonie.

Voor zover ik weet is Ramsi inmiddels dood.

De machtige dokter Abu Hisam

Al een poosje was ik 's ochtends duizelig en misselijk. Alles wat maar eetbaar leek, sloeg ik naar binnen. Eén keer had ik zelfs in een vreetbui een rauwe aardappel verslonden en een hap uit een citroen genomen. Als ik eerst iets zuurs had gegeten, moest ik prompt daarop iets zoets. Ik vond het raar: 'Mama wat is er met me aan de hand?' Moeder kwam aanvankelijk niet eens op het idee van een zwangerschap. En ik al helemaal niet. 'Waarschijnlijk is het gebrek aan ijzer,' dacht ze.

Een paar dagen nadat Ramsi mij niet meer wilde zien, verscheen er weer een onbekende in moeders huis. 'Shirin, ik kom je halen. Je bent doorverkocht.' Moeder knipperde met haar ogen om haar tranen te onderdrukken. Als een geslagen hond sloop ik achter de man aan.

De chauffeur zei dat hij me naar een zekere dokter Abu Hisam zou brengen, een van de machtigste mannen van de stad. Alle IS-strijders in Tal Afar stonden onder zijn bevel. Tijdens de rit bleef hij het maar herhalen. Of al die mannen altijd hun echte naam noemden, betwijfel ik. Ze pasten hun naam aan als dat zo uitkwam.

Nog enkele andere misbruikte vrouwen hebben deze dokter Abu Hisam als hun beul genoemd. Mogelijk heeft ook deze IS-commandant inmiddels zijn naam veranderd. Overigens worden er steeds weer artsen als

daders genoemd. Mensen die de eed van Hippocrates
gezworen hebben om anderen te helpen. Zo had een
verkrachte vrouw zich voor hulp gewend tot een arts in
Mosul. Toen hij hoorde dat ze yezidische was, sloeg hij
haar zo hard in het gezicht dat ze hierdoor een tand
kwijtraakte. (Jan Kizilhan)

In de directe omgeving van zijn villa lag een hoofdstraat
waar de bestuursgebouwen zich aaneenregen. In de zogeheten Islamitische Staat werken rechtbanken en andere
overheden net als welke andere bureaucratie ook. De aanhangers van IS leiden met hun vrouwen en kinderen een
heel normaal leven. Op kantoor verdienen deze 'religieuze
strijders', die op andere plekken onschuldigen het hoofd afsnijden, hun salaris. Verder begreep ik niet veel van de or-
ganisatie van IS. Behalve dan dat ik van de ene IS-strijder
aan de andere werd doorverkocht. Ik had geen idee hoe ze
aan hun vermogen kwamen. Of het verkregen was uit be-
roving van banken, uit afpersing via beschermgelden, uit
mensenhandel of uit de verkoop van olie en gas. In elk geval is het tegenwoordig algemeen bekend dat deze terreurmilitie een van de rijkste ter wereld is.

Olie wordt via smokkelaars verkocht aan Turkije, Syrië
en Libanon. Zelfs de VS vielen tot het najaar van 2015
deze tankwagens niet aan en lieten zo toe dat IS hier-
mee geld verdiende. IS moet vooral in strategisch be-
langrijke steden als Raqqa en Mosul aangepakt wor-
den. Dan zou waarschijnlijk ook de bevolking die nog
niet in staat is zich tegen de terroristen te verzetten, eer-
der een opstand ondersteunen. (Jan Kizilhan)

Maar wat is dat voor een 'Islamitische Staat' die niet alleen zijn medemensen, maar ook de heilige plaatsen van andere moslims vernietigt? Volgens mij zijn hier goddelozen aan de macht. Want elk waarachtig gelovig mens zal andermans religie tolereren. Iemand die in God gelooft, behandelt een ander als zijn broer of zuster. Een yezidisch gezegde luidt: Om een goed mens te zijn, hoef je geen yezidi te zijn, maar iedere yezidi moet een goed mens zijn.

Net als andere hooggeplaatste is-strijders woonde ook deze commandant in een groot huis dat hij zichzelf had toegeëigend. Maar het had geen eigen binnenplaats, wat nogal ongewoon was voor dit soort huizen. De chauffeur klopte aan de deur. Dokter Abu Hisam deed open. In tegenstelling tot zijn ondergeschikten had hij kortgeknipt lichtbruin haar. Maar wel had hij net als al die anderen zo'n typisch geitenbaartje. Hij was de enige bij wie ik moeilijk kon inschatten hoe oud hij was. Ergens tussen de dertig en de vijftig. Zijn gezicht leek een masker van kwaadaardigheid. 'Ik rij weer verder,' meldde de chauffeur zich af.

Omdat iedereen hem 'dokter' noemde, ging ik ervan uit dat hij arts was. Een lange magere man, kaarsrecht alsof hij een bezem had ingeslikt. Qua aard gevaarlijker dan de anderen. Hij keek arrogant om zich heen alsof hij hoogstpersoonlijk zelf bergen, stenen en alles op de wereld had geschapen. Maar als deze dokter echt zo'n goed opgeleid, intelligent mens was, begrijp ik niet waarom hij vrouwen zo primitief behandelde.

Zonder een woord te zeggen, voerde deze commandant mij door een lange brede gang. Onverwachts opende hij een zijdeur en gebaarde dat ik naar binnen moest gaan. Mijn oog viel meteen op het grote tweepersoonsbed. Aan het plafond hing een kroonluchter. Zwart overtrokken fauteuils troonden op kostbare tapijten. Op een commode stond een flatscreen.

Op zijn wenk deed ik mijn sluier af. Met hijab en in lange rok stond ik voor hem. Ik beet op mijn onderlip. 'Maak je op en ga je wassen!' beval hij. Hij was de enige die dat van mij gevraagd heeft. De anderen probeerden het niet eens. Ze wisten bij voorbaat dat het zinloos was. Ik zou hen geantwoord hebben: 'Jullie hebben mijn oudste broer gedood, mijn vader verdreven, mijn moeder, broertje en zussen opgesloten, jullie hebben ons hele volk vernietigd. En dan moet ik me mooi maken voor jullie? Geen sprake van!' Hij was de enige aan wie ik vanaf de eerste seconde zonder weerwoord heb toegegeven. Ik besefte dat ik niets verkeerds mocht zeggen, anders zou hij mij ogenblikkelijk de keel doorsnijden. Alleen al zijn verschijning maakte me doodsbang. Zijn gezicht was hard en grof.

Gewassen en opgemaakt kwam ik weer in de kamer terug. Mijn hart ging steeds heviger te keer. Ik probeerde kalm te blijven. Met zijn vinger wees hij naast zich op het bed. 'Laat je tanden zien!' Daardoor raakte ik in de war en helaas wist ik niet langer mijn tong in toom te houden. 'Wat wil je dan met mijn tanden doen?' Met samengeknepen ogen keek hij me woedend aan. Als een klein kind bij de tandarts opende ik mijn mond, zei 'aah' en trok een grimas. Op dat moment verkocht hij me zo'n harde klap dat ik van het bed op de grond belandde.

Als uitgespuugd lag ik daar. Deze constante spanning was onverdraaglijk. De angst dat ik het niet meer vol zou kunnen houden. Ik begon krampachtig te huilen. Met een ruk trok hij me omhoog, smeet me op bed en kleedde me uit. Als een stuk speelgoed legde hij me klaar. Behalve mijn tranen had ik niets meer om me tegen hem te verweren. Mijn mond gebruikte hij als afvalemmer voor zijn vloeistoffen. Alles was als een nare droom waar geen eind aan kwam.

Bij elke nieuwe verschrikking vergeet je de vorige omdat de volgende nog veel erger is. Dat het altijd nog erger kon, wist ik niet. Ik wilde niet trillen, maar ik had geen macht meer over mijn lichaam. Mijn God, één verkeerde beweging en ik ben dood, dacht ik. Hij sloeg me niet meer, maar zijn optreden was verschrikkelijk intimiderend. Een meedogenloos mens. Koud als een reptiel. Zijn grote lichtbruine ogen zouden misschien mooi zijn geweest als ze niet van deze man waren. In zijn ogen was ik uitschot.

De hele nacht moest ik naast hem in bed liggen. Ik was moe, van angst denk ik. Doodmoe. Als bewusteloos zonk ik weg in een droomloze slaap. Ik was zo verward dat ik vergeten was in welk jaar of welke maand we leefden. Was het 2014 of 2015? Januari of maart?

De volgende ochtend reed hij me naar moeder. Hij liet me weten dat hij me na drie dagen weer op zou halen. Angstig dook ik in een hoekje van de bank ineen. Een van mijn ogen was gezwollen. 'Moeder, je kent me door en door. Ik heb me maar een klein foutje veroorloofd en meteen heeft hij me al tegen de grond geslagen. Wat gaat hij doen wanneer ik nog eens een fout maak?' De hele dag bracht ik zo door: 'God, wat kan ik doen als hij me over drie dagen weer afhaalt?' Nooit weer wilde ik in de buurt van die man komen. 'Hij zal me vermoorden.'

Hulp vragen aan de verrader

Moeder zette het ontbijt op tafel, legde haar handen op mijn schouders en probeerde me te kalmeren. Tevergeefs. Gulzig schrokte ik het eten naar binnen. Toen ik opstond, begon de kamer te draaien. Nog net op tijd kon ik me vastgrijpen aan de tafel. De gedachte om weer terug te moeten naar dokter Abu Hisam maakte me waanzinnig bang. Voortdurend verzon ik de meest onmogelijke dingen om dit te voorkomen. Aan een van die ideeën klampte ik me vast.

In een leegstaand gebouw in onze wijk hadden is-milities een Koranschool gesticht. Daar werden yezidi-mannen die het overleefd hadden, gedwongen tot de islam bekeerd. Ik wist dat mijn vroegere wiskundeleraar deze school leidde en dat hij er ook lesgaf. Deze Ibrahim had destijds aan de andere strijders verraden dat ik nog maagd was. Hij deed zich voor als een strenggelovige moslim die de mond vol had van de barmhartigheid van zijn god en een deugdzaam leven leidde. Aangezien wij in zijn ogen inmiddels ook moslim waren, wilde ik hem als zuster in het geloof om hulp vragen.

In wapperend gewaad haastten moeder en ik ons naar de Koranschool. Trillend van opwinding vertelde ik mijn oude leraar over mijn situatie. Omdat ik merkte dat mijn woorden hem choqueerden, begon ik mateloos te overdrijven: 'Hij heeft me zo vaak verkracht, hij slaat me, hij dreigt zelfs mijn hoofd af te snijden.' Dat was niet waar. Ik had het alleen zo ervaren, maar toch bleef ik het maar herhalen. De Koranleraar hapte naar adem en vuurde toen de ene na de andere vraag op mij af. 'Waar zat je voor die tijd?' Wat voor mannen waren dat?' 'Allemaal is-strijders uit Tal Afar,' antwoordde ik. Mijn vroegere leraar had al die tijd gedacht dat yezidische meisjes steeds aan slechts één man als bruid werden gegeven. En dat ze vervolgens fatsoenlijke moslima's werden. Het was gewoon niet in zijn hoofd opgekomen dat vrouwen door meerdere moslims gemarteld konden worden en als supermarktwaar verkocht.

Misschien was deze leraar net als sommige andere soennieten pas na verloop van tijd het ware gezicht van de zogeheten 'Islamitische Staat' gaan zien. Maar over verkrachtingen hoorde hij in elk geval voor het eerst iets uit mijn mond. Hij reageerde zichtbaar geschrokken. 'Dit heb ik tot nu toe van geen enkel ander meisje vernomen.' Geen wonder, welk yezidisch meisje zou immers een moslim in vertrouwen nemen? Zoiets riskeerde alleen een meisje dat niets meer te verliezen had, een meisje wier leven over drie dagen mogelijk al voorbij zou zijn. Een meisje dat nog heel graag verder wilde leven bij haar familie.

Moeder volgde het gesprek gespannen en mengde zich er steeds weer in. Eigenlijk deed ze niets anders dan herhalen wat ik zo-even had gezegd. 'Hij zal haar weer mishandelen.' Zich tegen de borst slaand, bevestigde ze hoe onmenselijk dokter Abu Hisam mij behandelde. 'Sinds Shirin bij hem is, is ze enkel nog een hoopje angst.'

Ibrahim wilde een islamitische echtgenoot voor mij zoeken, bij wie ik voor altijd zou kunnen blijven. 'Nog liever zou ik bij mijn moeder blijven. Laat me toch gewoon voor altijd bij haar,' drong ik aan. Natuurlijk maakte hij net als dokter Abu Hisam deel uit van het is-systeem. Maar dat systeem schreef voor dat een moslima slechts gehuwd kon zijn met één moslim. En niet dat een moslima mocht worden mishandeld en als ranzige melk weggegeven, zodra de man zin kreeg in een nieuwe vrouw. Van deze Koranleraar verwachtte ik alleen maar dat hij zijn geloofsbroeders opriep om zich aan hun eigen wetten te houden. In de Koran was het vast ook verboden om vrouwen en kinderen te doden. Maar ze zondigden voortdurend tegen hun eigen regels of pasten deze aan hun eigen waarheid aan. Zo dienden ongehuwde IS-strijders zich volgens de sharia, de islamitische wet, aan het kuisheidsgebod te houden. Maar seks met slavinnen mocht dan weer wel.

Handenwringend smeekte ik hem op mijn knieën om met mij naar een IS-rechtbank te gaan. Die presenteerden zich toch altijd als organisaties van barmhartigheid? Volgens het motto: 'Wie het valse geloof afzweert en zich niet tegen ons keert, kan vergiffenis krijgen.' Hij wees mijn verzoek af. 'Ik kan niet met jou naar het gerecht, maar ik kan je verhaal wel voorleggen aan een rechter.'

Ibrahim beloofde ons alles te doen wat in zijn vermogen lag om mijn toestand te verbeteren. Ik was opgelucht, want ik was er vast van overtuigd dat ik dokter Abu Hisam nooit meer zou hoeven te zien. En als de rechter me daarna voor straf met een zwaard zou hebben laten onthoofden, had ik dat ook prima gevonden. Wat stelde de dood nu voor in vergelijking met deze toestand?

Ik heb geen idee waar een relatief laag in de hiërarchie staande Koranleraar als Ibrahim de moed vandaan haalde om een eenvoudige moslima tegen een hoge IS-commandant in bescherming te nemen. Als deze dokter werkelijk het bevel voerde over alle strijders in Tal Afar, zou hij waarschijnlijk iedereen kunnen doden zonder daarover rekenschap af te hoeven leggen. Maar misschien ook wel niet. Ik begreep hun regels niet. Aan het eind kwam toch alles weer anders dan gedacht.

Of de leraar mijn zaak ook echt bij het gerecht heeft bepleit, kan ik moeilijk beoordelen omdat ik me al die tijd in huis verschanste. Feit was wel dat iemand dokter Abu Hisam vanwege mij ter verantwoording heeft geroepen. Kennelijk is hij daarop in woede ontstoken: 'Ze liegt! Ik heb haar niet verkracht of ook maar een haar gekrenkt.' De consequenties waren veel erger dan ik me ooit zou hebben kunnen voorstellen.

'Nooit mag zij meer een voet op Iraakse bodem zetten'

'Misschien kun je nu voor altijd bij mij blijven!' Moeder was hoopvol gestemd. Van Leyla kreeg ik een kus. En ook ik kon weer lachen. De gedachte dat ik dokter Abu Hisam nooit meer zou hoeven zien, was een geweldige opluchting. Toen werd ik misselijk en moest ik overgeven. Ik pakte juist de stoel in de keuken, toen de deur tegen de muur knalde. Leyla begon te gillen. Kemal dook weg. En moeder stotterde doodsbleek: 'Maar wat?...' Voor ons stond dokter Abu Hisam. Zijn gezicht – een en al gloeiende haat. Mijn hart leek een ogenblik stil te staan.

Moeders stem sloeg over van vertwijfeling: 'Wat gaat u met haar doen?' Zijn blik bleef alleen op mij gericht. Als een kat die een muis al tussen zijn klauwen heeft. 'Ik breng haar binnen een halfuurtje weer terug.' Zijn stem was snijdend. Ik wist dat het geen halfuurtje zou zijn. Deze kat zou eerst nog met zijn buit spelen alvorens haar aan stukken te scheuren. Ik wist zeker dat ik mijn moeder nooit meer terug zou zien.

Als verdoofd trok ik mijn nikab aan en nam ik plaats op de achterbank van zijn auto. De dokter reed de stad uit, hobbelde over een steenachtige weg die de is-strijders zelf hadden aangelegd door een woestijn vol keien. Bij een langs de kant van de weg geparkeerde auto stopte dokter Abu Hisam. Hij zette de motor af, stapte uit en gaf de andere chauffeur opdracht: 'Breng haar naar Raqqa! Nooit mag zij meer een voet op Iraakse bodem zetten!'

Raqqa. Syrië. Sinds januari 2014 de hoofdstad van IS. De zon stond hoog aan de hemel. Zonder een woord te zeggen ging ik achter in de andere auto zitten. Achter het stuur hing een man lui onderuit. Hij heette Marwand. Deze Syriër leek erger dan alle andere IS-strijders met wie ik tot dan toe in aanraking was gekomen. Bij zijn kameraden genoot hij een zekere faam omdat hij hele rijen mensen stuk voor stuk de hoofden afsneed. Wanneer ik zijn uiterlijk beschrijf, lopen de tranen nog altijd over mijn wangen. Dan houd ik mijn handen voor mijn ogen, omdat ik hem niet wil zien. Maar daar is hij weer: groot, slank, lang zwart haar, lange baard, kleine oogjes, smalle neus, rond gezicht, lichte teint. Nog voor hij de motor had gestart, vroeg ik gesmoord: 'Wat ga je met me doen?' Hij stelde me een tegenvraag: 'En wat heb jij met mij gedaan?' Onbeholpen antwoordde ik: 'Ik heb niets met jou gedaan.' 'Dan doe ik ook niets met jou.'

Op die akelige urenlange tocht wisselden we verder geen enkel woord. Buiten alleen maar zand, steen en nog meer zand. De hele tijd jengelden er islamitische strijdliederen en liederen over Mohammed uit de luidsprekers. Bij twee checkpoints werden we aangehouden door bebaarde IS-strijders met kalasjnikovs in de aanslag. Het waren vrienden of goede bekenden van Marwand. Ze kenden zijn naam en wenkten hem met grappen en grollen verder. Voor mij in mijn nikab op de achterbank hadden ze geen enkel oog. Vermoedelijk werden langs deze route wel vaker yezidische vrouwen vervoerd.

Zo werd een zestienjarig meisje uit het dorp Khanasor door IS via Mosul naar Raqqa gebracht. Ze werd daar acht keer verkocht en iedere keer weer verkracht. Ze werd gevangengehouden door de vrouw van een IS-ter-

248

rorist, zodat haar echtgenoot haar kon misbruiken. Maandenlang zat ze als een dier geketend, opgesloten in een ruimte. 's Avonds werd ze gehaald om te worden verkracht. Na twaalf maanden wist haar moeder haar voor achtduizend dollar vrij te kopen van haar laatste eigenaar. (Jan Kizilhan)

Aankomst in Raqqa

In het holst van de nacht arriveerden we in Raqqa. Over deze puinstad deden veel horrorverhalen de ronde. Ooit telde hij een miljoen inwoners, maar op dat moment waren het er misschien maar 400.000. Vanwege de bombardementen van de geallieerden als reactie op de aanslagen van november 2015 in Parijs, zijn het er momenteel vast nog minder. Getuigen doen verslag van gekruisigde mensen langs de straat, gespietste hoofden langs de toegangswegen en vliegen rond de met bloed besmeurde schedels. Welkom in de hoofdstad van het kalifaat! Het was erg donker. Ik heb dit soort dingen niet gezien.

We hobbelden tussen de ruïnes door; ik zag alleen een handjevol bebaarde is-strijders. Geen vrouw of kind te bekennen. Mensen waagden zich hier sowieso vrijwel niet meer op straat. Zelfs jonge mannen hielden zich schuil uit angst om als strijder weggevoerd te worden. Aan alle huizen wapperde de zwarte isis-vlag. Dit was geen stad meer. Dit was een ruïne. Alleen bepaalde delen van Raqqa stonden nog overeind. Daar had ook Marwand zijn huis.

Voor de deur stond een groepje is-strijders. Marwand was hun commandant. Ze zagen eruit als Arabieren. Er zat ook een vreemde snuiter tussen. Klein, bolrond, lang haar. Geen gebit, op een flinke stomp voortand na dan. Het leek wel een stripfiguur. Ondanks alle chaos moest ik giechelen onder mijn nikab. Waarschijnlijk was ik helemaal op van de zenuwen. Maar gelukkig werd mijn gegiechel niet opgemerkt. Deze schertsfiguur stond luid op te scheppen: 'Straks ga ik naar mijn Sabria.' Kennelijk de naam van het yezidische meisje dat hij zich had aangeschaft.

Marwand nam me mee naar binnen. Opzij van de ingang was een kantoor, compleet met bureau, computer, printer, papier en dergelijke. Boven de entree hing een bewakingscamera. Marwand duwde de deur van zijn slaapkamer open. Werktuiglijk liep ik naar de muur die het verst bij hem vandaan was. Hij sloot de deur, droeg mij op mijn sluier op te lichten en begon een zedenpreek. 'Hoe kon je dat de dokter nou aandoen? Hij is mijn vriend. Hoe kon je zo liegen? Je weet toch wat wij met leugenaars doen? Die maken we koud!'

Zijn woorden bleven maar op me neer hagelen: 'Jij bent een leugenaar, maar hij is de opperbevelhebber en een goede vriend van al-Baghdadi.' Bij die naam kromp ik ineen. Abu Bakr al-Baghdadi was een voormalige gevangene die bezet gebied ter grootte van Groot-Brittannië tot kalifaat had uitgeroepen, tot het rijk van Gods plaatsvervanger op aarde. Met hemzelf als kalief aan het hoofd. Wie zich tegen zijn opvatting van de islam kantte, was ten dode opgeschreven. 'Wanneer al-Baghdadi's goede vriend, dokter Abu Hisam, jouw hoofd wil afsnijden, kan hij dat te allen tijde ongestraft doen. Heel Tal Afar is van hem.'

Met opgeheven vuist draaide Marwand om mij heen. 'Wij doden iedereen die ongehoorzaam is!' Hij bleef me maar voorhouden dat zijn mensen – en ook hijzelf – voortdurend de hoofden van anderen afsneden. En ter verduidelijking streek hij telkens met zijn vinger langs zijn hals. Ik stond verlamd van angst. 'Hoe haal je het in je hoofd om leugens over deze dokter te verspreiden? Als die dokter echt een leugenaar was, sneden we hem immers ook het hoofd af?!

We kunnen je nu meteen doden, we moeten dat ook!'
Waarschijnlijk gingen ze mij onthoofden, concludeerde
ik uit zijn woorden. 'Je krijgt je straf vandaag nog!' raasde
hij verder. Het zweet gutste in stromen langs mijn rug en gezicht. 'Vannacht zal er niemand bij jou slapen!' Wat?
Moest dat een straf voorstellen? Ik kon mijn oren niet geloven. Hoewel ik normaal echt bang was om alleen te slapen,
had ik me op dat moment natuurlijk niets liever kunnen
wensen. Ik had al die tijd gebeden dat hij me eindelijk alleen zou laten! Hij smeet de deur achter zich dicht en vergrendelde hem. Toen ik om me heen keek, ontdekte ik verspreid over de grond bergen vrouwen- en meisjeskleren.
Hoeveel yezidische vrouwen zouden hier al vast hebben gezeten? De volgende ochtend haalden de IS-strijders me voor het
ontbijt. Daarna sloten ze me weer op. Ik mocht zelfs mid-
dageten. Dat was fijn, want ondanks de angstige situatie
had ik nog altijd een grote onverzadigbare honger. De volgende twee nachten waren een nachtmerrie. Ik stond aan
de afgrond en kon elk moment in de diepte worden geduwd. Op de derde avond kwam Marwand de slaapkamer
binnen. 'Ga onmiddellijk douchen, ik ben erg moe.' Dat
klonk als: ik heb je straks hier nodig. Werktuiglijk liep ik
naar de douche. Daarna ging ik op bed liggen. Ik sloot mijn
ogen. Uiteindelijk kwam hij. Hij pakte mijn benen.

Als door een elektrische stroomstoot geraakt, deinsde ik
terug. Met een snelle beweging ging hij op mijn borst zitten, hield met beide handen mijn oren dicht en zette mijn
hoofd vast als in een bankschroef, zodat ik me niet bewegen kon. Toen propte hij zijn genitaliën in mijn mond. Kok-
halzen. Ademnood. Stikken. Waarom hield dit niet op? Ik
rochelde naar lucht. Zijn gekreun. Zo afschuwelijk.

Als een meelbaal plofte hij naast me neer en viel met

open mond in slaap. Ik had het nog altijd benauwd. Ik wilde me wassen, overgeven, mijn tanden poetsen, net zo lang over mijn lippen wrijven tot de huid los zou laten. Maar ik was bang om te bewegen, want ik wilde hem in geen geval wakker maken. Dan zou alles weer van voren af aan beginnen. Dus lag ik roerloos in het donker te staren. Nu ik al die dingen vertel, schaam ik me verschrikkelijk. Terwijl hij degene is die zich zou moeten schamen! Ontzettend diep schamen. Soms ben ik bang om vanwege al die herinneringen schizofreen te worden; ik hoor altijd weer stemmen in mijn linkeroor: je bent slecht, slecht, slecht! Nog steeds besef ik niet goed dat ik door mijn vlucht bijna drieduizend kilometer van huis ben. Waarom zit ik ook alweer in Duitsland?

Verkrachting – dat is de manier waarop de zogeheten 'Islamitische Staat' meisjes en vrouwen behandelt. Dat is de manier waarop ik als adolescent voorlichting kreeg. Toen hoorde ik voor het eerst iets over seksualiteit, zwangerschap en geboorte. Ik voel me zo vies. Zo vreselijk vies. Ben ik nog wel de oude Shirin? Ik weet niet of ik ooit nog in staat ben de gezichten van deze mannen te vergeten.

Verkrachting is een aanval op het weerloze, naakte zelf.
(Jan Kizilhan)

De volgende ochtend wist ik eventjes niet meer waar ik was. Wel drong het tot me door dat de ellende opnieuw zou gaan beginnen. 's Avonds commandeerde Marwand me weer de auto in. 'We rijden naar Irak.' Ik geloofde hem niet. Ik geloofde sowieso niets meer. Veel yezidische meisjes brachten ze naar Saudi-Arabië, Jemen, Libië, Libanon of Qatar. Moeder had dat van andere ouders gehoord. 'Er zijn zoveel meisjes die hun moeder niet meer kunnen zien.'

Weer zette die kerel zijn Arabische muziek hard aan. Met een arm uit het raam reed hij alsmaar verder. De hele auto stonk naar zweet en tabak. Het was de eerste keer dat ik tijdens de rit kostmisselijk werd. De wereld tolde om mij heen. Toen we het eerste checkpoint in de woestijn passeerden, wist ik dat we echt op weg waren naar Irak.

In de ochtendschemering zette hij me vlak voor Tal Afar af. Weer stond er langs de kant van de weg een chauffeur te wachten. Mijn hart maakte een sprongetje. Het was Ibrahim. Gelukkig niet dokter Abu Hisam. Ik was haast blij om hem te zien. Toen we verder reden, kreeg ik te horen dat hij Marwand had gebeld en hem opdracht had gegeven om mij levend terug te brengen. Ik weet niet hoe hij dat voor elkaar had gekregen. Had hij me misschien gekocht? Wilde hij me straks verkrachten?

Toen we afsloegen naar de wijk van mijn moeder sprong mijn hart weer op. Zozeer dat ik dacht dat je het door mijn zwarte gewaad heen zou kunnen zien. Buiten op straat was Kemal met andere jongens aan het voetballen. Ibrahim nam afscheid met de woorden: 'Ik kom terug en we zullen samen bidden. Dan ga je de islam doorgeven aan andere yezidi's.'

Mij maakte het niet uit. Het belangrijkste was dat ik terug was bij moeder. Toen ik uitstapte herkende Kemal me en liet hij prompt de bal liggen. Hij rende op me af. 'Shirin!' Ik wiste met mijn hand over de sluier om de tranen daaronder weg te vegen. 'Wie zijn er allemaal thuis? Is mama thuis?' Kemal knikte. 'Ja, maar ze ligt in bed. Ze wil niet meer opstaan.'

Toen ik het huis binnenging, wankelde moeder me met een gezwollen gezicht en open armen tegemoet. Haar kleding zat helemaal gekreukeld. 'Waar was je toch?' vroeg ze met trillende stem. Drie dagen had ze zich niet gewassen en vrijwel niets gegeten of gedronken omdat ze gezworen had pas weer verder te leven als ze haar dochter zou terugzien. Daarop sloot ze me stevig in haar armen.

Abortus

'Waarom ben je niet meteen teruggekomen? Wat is er gebeurd?' Haar vragen hagelden op mij neer. Ik vertelde dat
ik in Syrië was geweest en dat dokter Abu Hisam me verboden had om ooit nog terug te komen in Irak. Met grote
angstogen keek moeder mij aan. 'We moeten je hier verstoppen.' Ik mocht me aan niemand meer laten zien. Ook
niet aan de goede IS-man die ervoor had gezorgd dat moeder met mijn broertje en zussen betrekkelijk ongestoord in
deze stadswijk kon leven.

De volgende ochtend was ik weer misselijk. Mijn borsten
voelden gespannen, alsof ze volgepompt zaten met lucht.
Zoiets raars had ik nog nooit meegemaakt. Het leek alsof
ik een vreemde voor mijzelf was geworden. 'Mama, er is
iets heel raars aan de hand, zelfs in de auto werd ik vreselijk misselijk. Er klopt iets niet.' En toen sprak ik het onvoorstelbare uit. 'Ik denk dat ik zwanger ben.' Ontzet sperde moeder haar mond open. Ze schudde haar hoofd: 'Nee,
nee, dat is niet waar.' Met haar hand tastte ze achter zich
naar een stoel en zonk daar, diep zuchtend, op neer. 'Dit
vermoeden mag je met niemand delen,' murmelde ze, 'met
niemand.' Dat zou ernstige gevolgen kunnen hebben.

Mijn hele wereld stond op z'n kop. Zwanger? Wat moest
ik nu? Het leek me onvoorstelbaar. Een kind in mijn buik.
Mijn God, waarom zou ik zo'n kind eigenlijk op deze wereld zetten? Van zo'n kind kon ik niet houden! Wie zou me

dan nog accepteren? En wat moest ik zeggen wanneer er naar de vader werd geïnformeerd? Het moest wel van die oude Abu Mustafa zijn. Bij Isam, de man voor hem, had ik van die tabletjes geslikt. De mannen na hem hadden me niet vaginaal verkracht. Ze waren klaargekomen in een zakdoek, in mijn gezicht of waarin dan ook. Die IS-strijders hadden me alleen gebruikt ter bevrediging van hun lusten. Ze wilden geen kinderen verwekken. Natuurlijk waren er ook strijders die yezidische vrouwen trouwden om met hen een gezin te stichten. Wanneer zulke vrouwen dan later wisten te vluchten, verstootten ze hun kinderen meestal. Ik heb het later zelf meegemaakt in de vluchtelingenkampen. Misschien waren er ook yezidische vrouwen die van hun kinderen gingen houden. Maar ik ken er niet een. De meesten bezien hun kroost met afschuw. Als ze in het gezicht van deze kinderen kijken, zien ze daar slechts folter en verkrachting.

Veel door verkrachting zwanger geworden vrouwen die wisten te vluchten, lieten de kinderen weghalen. Wanneer artsen een abortus weigerden, voerden de vrouwen die heel vaak zelf uit. Ze wilden liever dood zijn dan zwanger. Sommige meisjes stonden de baby direct na de geboorte af en wilden hem niet meer zien. Deze kinderen worden als IS'ers gezien. De nu achttienjarige Khalida wist met enkele andere vrouwen uit Syrië te ontkomen. In Duhok bracht ze haar kind ter wereld. Ze wilde de zuigeling niet zien en stond hem af voor adoptie. Toen ik haar vroeg of ze weleens aan haar kind dacht, gaf ze geen antwoord. Ik stelde voor om met haar naar de baby te gaan kijken, maar dat weigerde ze. 'Ik kan het niet en ik wil het niet.' (Jan Kizilhan)

Diezelfde dag nog probeerde ik de vrucht af te drijven. Ik stopte een handjevol pijnstillers in mijn mond en slikte die met veel water naar binnen. Maar toen ik me de volgende ochtend opnieuw misselijk voelde, was ik diep teleurgesteld. 'Wat moet ik nu? Wat moet ik nu?'

Toevallig had ik bij mijn terugkeer uit Syrië in de buurt een verlaten bouwterrein gezien, waar enorme stapels bakstenen opgeslagen lagen. De klok tikte. En ieder uur groeide binnen in mij dat vreemde lichaam. Zonder nog onnodig tijd te verspillen, liep ik naar die stapels stenen, schoof mijn handen onder een van de pallets en probeerde die met een korte flinke ruk op te tillen. De stenen waren ontzettend zwaar. Het leek alsof mijn onderlijf zou springen. Een hevige steek schoot door mijn lichaam, van de borst tot aan de nieren. Ineens voelde ik iets warms tussen mijn benen. Het zweet brak me uit. Even dacht ik dat ik vanwege die verschrikkelijke pijn dood zou gaan, maar direct daarop was er enorme opluchting.

Toen ik me terugsleepte moest ik om de twee stappen blijven staan. Ik had zwarte vlekken voor mijn ogen die heen en weer schoven zodat ik nu eens hier en dan weer daar volledig blind was. Twee dagen lang bloedde ik aan één stuk door. Op de derde dag kwam er in de badkamer een groot stuk van die bloedige massa uit mijn onderlijf. Versuft liet ik het aan moeder zien. 'Ja, je was toch zwanger,' zei ze geschokt. Maar aan de manier waarop ze mij omhelsde, merkte ik hoe opgelucht zij was. Ze slaakte een zucht van verlichting. Toen vertelde ik haar van de pallet met bakstenen die ik had opgetild. 'Ben je nou helemaal gek geworden?!' peperde ze me in. 'Je had wel dood kunnen zijn.' Bekaf ging ik zitten.

Sinds mijn aankomst uit Raqqa waren er tien dagen verstreken. De bloedingen waren nog altijd niet gestopt toen de ochtend daarop de Koranleraar aan de poort klopte.

Vlucht

Een bruid in het zwart

'Zelfs als ik met jullie meega, blijf ik een dochter van het licht!'

'Weet je nog? Je moet nog met mij bidden.' Onderzoekend keek Ibrahim mij aan. 'Bovendien heb ik hier een goede man voor jou.' Hij heet Waqas.' Hij trok hem naar voren. Waqas was eenentwintig, mager en iets langer dan ik. Zijn knappe gezicht werd ontsierd door een lelijke lange baard. Maar in elk geval had hij kort haar. Zijn sjofele kleren deden vermoeden dat hij uit een armoedig milieu kwam. Waqas durfde moeder en mij niet aan te kijken. Hij kwam heel terughoudend over. In zichzelf gekeerd. Het leek of hij niet echt in mij geïnteresseerd was. 'Met deze man ga je officieel trouwen.'

Met twee handen moest ik me aan de stoelleuning vastgrijpen om op de been te blijven. Ik werd overvallen door een koortsachtige paniek. Helder zag ik de afgrond die mij van dit soort mannen scheidde. Op dat moment waren ze vijanden voor mij. 'Ik ga niet met hem trouwen en ik ga ook niet bidden!' Mijn slechte gezondheidstoestand was overduidelijk. Moeder schoot me meteen te hulp. 'Ze hebben mijn dochter zoveel aangedaan, ze kan haast niet meer lopen, ze heeft overal pijn.'

Met sussende gebaren hief de leraar zijn handen op. 'Zeker, maar dat wordt vast wel beter. Ik heb voor Shirin een echtgenoot uit Kirkuk – en met hem gaat ze trouwen.' Bij de naam 'Kirkuk' spitsten we de oren. Die stad lag in het autonome Koerdische gebied dat doorging voor de stabielste en veiligste regio van het land. Daar waren de mensen nog vrij. Maar wat betekende vrijheid als ik weer de slavin van een man moest worden?

'Ik doe het niet,' besliste ik. Ik was doodop en maakte mezelf illusies dat de is-strijders me voortaan wel met rust zouden laten. Wat zouden ze immers nog met mij moeten? Ik had geen enkele waarde meer en met mijn kapotte lijf voelde ik me net een invalide. Ook zag ik er met mijn korte haar niet uit. Alsof er muizen aan hadden zitten knagen. In het vervolg zou ik me thuis schuil kunnen houden en nooit meer naar buiten gaan. De strijders zouden me vergeten. Het zou zijn alsof ik nooit had bestaan. Beide mannen zagen dat er die dag niets met mij te beginnen viel. Waqas drong er bij de leraar op aan om te vertrekken.

Die avond vroeg ik mijn moeder opnieuw: 'Hoe kan ik yezidisch blijven als ik al zo vaak verkracht ben?' Ik zonk op mijn knieën op de grond en legde mijn hoofd in haar schoot. Ze streelde over mijn wangen. 'Heb geduld, Shirin! Vanuit Kirkuk kun je naar Baba Sjeikh in Lalish gaan. Als hij je niet schuldig verklaart en zegt dat je yezidi bent, dan ben je dat ook.' Moeder gaf me een zakje met 'heilige stenen', gedroogde bolletjes aarde uit Lalish. Om mij kracht te geven voor de reis. Maar ik wilde maar één ding: nooit meer bij mijn moeder weg.

Het was elf uur in de ochtend. Een koude regenachtige dag. Kemal riep dat ik moest komen. Dit keer viel er met Ibrahim niet te praten. Met zijn blik strak op mij gericht, sprak hij elk woord nadrukkelijk uit: 'Je zult met deze jonge man trouwen, of je wilt of niet.' Ik was allang niet bang meer voor de mogelijke gevolgen. 'Nee!' bleef ik bij mijn standpunt. Nooit zou een man mij nog aanraken. Op dat moment keek Waqas voor het eerst op. Hij richtte zich tot Ibrahim: 'Ze zegt "nee", dat hebben we te accepteren.'

Daarop veranderde de leraar van toon. Bijna melodieus alsof hij een slaapliedje zong voor een ziek kind, bezwoer hij me: 'Shirin, geloof me, neem hem, je zult hem nog dankbaar zijn.'

Dit moest stoppen! Dit verdroeg ik niet langer! Verbitterd stampvoette ik: 'Zelfs als ik met jullie meega, word ik geen moslima. Ook al word ik verkracht, ik word geen moslima. Zelfs als ik met een van jullie trouw, word ik geen moslima. Ook als ik jullie gebeden zeg, word ik nooit moslima! Ik blijf een dochter van het licht.'

Moeder pakte mijn hand tussen haar warme handpalmen. 'Zorg dat je hier wegkomt, Shirin! Probeer te vluchten! Breng jezelf in veiligheid!' Ik barstte in snikken uit. 'Waarom ineens vluchten? Zelfs hiervoor heb ik dat niet eens geprobeerd. Ik maak mezelf nog liever van kant.' Moeder nam me in haar armen. Van opwinding hapte ik naar adem. 'Ik maak mezelf van kant.' Iets anders kwam gewoon niet bij me op. Ik bleef het maar herhalen. Moeder streek over mijn haar. 'Doe dat niet, alles komt goed, Shirin.' Mijn hals was nat van haar kussen. 'Red jezelf! Ga nu! Je hebt geen keus.' Ze sprak me heel streng toe en stuurde me weg. Met een mouw wisten Kemal en Leyla de tranen uit hun ogen.

Briesend pakte ik mijn spullen. Zonder me nog om te draaien, liep ik naar de auto. Maar het portier was nog niet dichtgeslagen of ik keek alweer om. Ik keek de hele tijd om naar mijn moeder tot we afsloegen en ik haar niet langer kon zien. Ze was altijd heel trots geweest op de verbondenheid binnen ons gezin en op de goede band tussen de ouders en de kinderen. We hadden gedacht dat het een heel leven lang zo zou blijven. Maar het was de laatste keer dat ik mijn moeder zag.

Een reis in het ongewisse

Ik slaagde er niet meer in om verder te denken dan mijn volgende halteplaats, dan het volgende gevaar. Onder mijn zwarte sluier betrok de felblauwe lucht en verdween de zon achter de wolken, in mijn tranen vervloeiden de gezichten. Bij een taxistandplaats in het centrum zette Ibrahim ons af. Daar zei hij tot afscheid tegen mij: 'Er komt een tijd dat je zult zeggen: goddank heb ik naar de raad van mijn leraar Ibrahim geluisterd.' Hij zwaaide kort toen we in de taxi stapten.

Waarom had Ibrahim me eerst aan is-strijders verraden om me uiteindelijk voor hen te helpen vluchten? Pas later hoorde ik dat hij ook andere meisjes uit is-gebied heeft helpen ontsnappen. Voor mij is het nog altijd een raadsel hoe uitgerekend een verrader als hij uiteindelijk een goed mens bleek. Waarom zette hij zijn eigen leven op het spel om dat van mij te redden?

Waqas ging naast mij op de achterbank zitten. Ik kromp ineen, maar hij bewaarde een gepaste afstand. 'Je hoeft niet bang te zijn, Shirin, je bent voor mij als een zuster.' Toen pas hield ik op met huilen. Een man die zoiets zei, zou me niet verkrachten. In elk geval hoopte ik dat.

We hadden een lange reis voor de boeg. Het was al avond toen we in zijn woonplaats aankwamen. Ik noem de naam van die plaats niet om Waqas' familie geen problemen met is te bezorgen. Bij zijn ouderlijk huis werd meteen duidelijk dat het heel welgestelde mensen waren. 'Stap alsjeblieft uit, maar wacht hier, ik ben zo weer terug,' verzocht mijn begeleider mij. Hij verdween achter de deur en kwam vlak daarop weer met zijn hele familie naar buiten. Zijn schoonzus, zijn broers en zusters, neven en nichten plus zijn stokoude moeder. Zijn vader was al lang dood.

Deze grote familie verzamelde zich voor de huisdeur om me welkom te heten. De vrouwen huilden, maar het waren tranen van blijdschap. Waqas' moeder nam me meteen bij haar gerimpelde hand en leidde me over een grote binnenplaats en door ruime kamers naar de badkamer. Waarschijnlijk vermoedde ze dat ik erg bang was voor de nacht. Dat een man mijn kamer binnen zou komen. Voor ze de deur van de badkamer achter zich dichttrok, zei ze: 'Je slaapt bij Waqas' oudste zus op de kamer.'

Droomde ik? Maar het water voelde aan als echt water. Toen ik me gewassen had, wilde ik me omkleden maar alle kleren die ik uit moeders huis had meegenomen, waren verdwenen. In plaats daarvan lagen er nieuwe gewaden voor mij klaar. In schone kleren en met een keurig gestreken hoofddoek, ging ik met de familie aan tafel voor het avondeten.

De mannen behandelden me met veel respect. Om me niet in verlegenheid te brengen, keken ze me geen enkele keer aan. Diezelfde avond riep Waqas' oudste broer Ibrahim mij bij zich: 'We weten wat er met je is gebeurd; de leraar heeft ons alles al verteld. Je hoeft niet bang te zijn, we zullen je in veiligheid brengen.' Ik voelde hoe er een last van mijn hart viel. De knoop in mijn borst loste zich op.

'Waar woont je dichtstbijzijnde familielid naar wie we je toe kunnen brengen?' Ik noemde de naam van mijn vader. 'Over vijf dagen vertrek je met Waqas,' beloofde hij, 'maar eerst moeten jullie trouwen.' Ik slikte moeizaam en wreef in mijn handen, want ineens kreeg ik het koud. 'Alleen officieel,' voegde hij er onmiddellijk aan toe, 'zonder nieuwe legitimatiepapieren lukt het ons beslist niet om je uit de klauwen van IS te bevrijden.'

Anders dan Waqas droegen de broers niet zo'n baard als de IS-strijders. Ze vertrouwden me toe dat zijzelf een paar mannelijke familieleden hadden verloren omdat die geweigerd hadden zich aan te sluiten bij IS. 'Deze zogeheten Islamitische Staat heeft niets met de islam van doen,' verklaarde Ibrahim, 'ze misbruiken die naam voor hun eigen doeleinden.'

Natuurlijk kan de islamitische terreur niet met de islam gelijk worden gesteld. Wel maakt IS gebruik van islamitische tradities zoals bidden en vasten. Maar wat ik in de islamitische wereld mis, is protest, een demonstratie tegen de terreur in naam van de islam. (Jan Kizilhan)

In Waqas' familie waren enkele mannen actief als geheim agent voor de tegenpartij. Zo speelden zij aan de peshmerga's informatie door over leiders en stellingen van IS. Mensen van IS hadden er echter lucht van gekregen en ze hadden uiteindelijk een van hun neven doodgeschoten. Toch ging de familie door. Ook Waqas werkte als informant.

Het duizelde mij. De mannen die mij zo mishandeld hadden, waren allemaal soenniet. Net als deze familie. Hoe kon het dat ze ons de ene keer vermoordden en de andere keer kwamen redden? Toch leken het leed en de ellende die ze ons hadden aangedaan mij zwaarder te wegen dan hun pogingen om het leven van een paar vervolgde zielen te redden. Hielpen ze ons alleen maar omdat ze bang waren dat wij ons op een dag zouden wreken? Dat onze mannen dan hun vrouwen en dochters zouden roven? Maar zo diep zouden wij niet zinken. Misschien hadden deze mensen alleen maar medelijden met ons. Misschien hadden ze een hart dat nog onderscheid kon maken tussen goed en kwaad.

Een bruid in het zwart

Als een parasiet had het wantrouwen zich in mij genesteld. Met Waqas zelf sprak ik vrijwel niet over persoonlijke dingen. Het interesseerde me niet wat voor werk hij deed of waarom zijn familie zo rijk was. Waqas verontschuldigde zich alleen voor de manier waarop hij zich in Tal Afar tegenover mijn moeder had gedragen. 'Het spijt me maar ik kon je moeder niet aankijken, omdat ze zo moest huilen.' Was zijn medeleven gehuicheld? Uiteindelijk wilde hij hetzelfde als al die andere mannen. Mij trouwen. En vervolgens, in naam van Allah, verkrachten.

Waqas' moeder voelde mijn ongemak. Als een vogel fladderde ze rond haar kuiken en ze wilde precies weten wat mij en mijn familie overkomen was. Hoewel ik dat alleen in grote lijnen vertelde, moest ze telkens weer de tranen van haar wangen vegen. 'Wij zijn weliswaar soenniet, maar geestelijk komen we steeds verder van is af te staan. Daarom doen ze met ons hetzelfde als met jullie yezidi's. Ze vermoorden ons.' Haar dochter bevestigde dat. 'Met wat deze strijders doen, willen wij niets te maken hebben. We houden van onze religie maar we willen niemand met geweld bekeren.'

Deze familie eiste ook niet dat ik met hen bad. Soms moest ik even in mijn armen knijpen om mezelf ervan te overtuigen dat het geen sprookje was. Dat het net zo was als ik vroeger had ervaren. Dat mensen vreedzaam en hartelijk met elkaar omgingen. Ongeacht de religie die ze aanhingen. Voordat we de dag daarop samen naar de rechtbank zouden gaan, gaf ik zekerheidshalve nog eens duidelijk mijn grenzen aan. 'Ook al trouw je met me, ik blijf yezidi.' Hij sloeg of vernederde me niet, maar zei alleen: 'Het is je goed recht om er zo over te denken.' De tranen sprongen in mijn ogen en ik wendde me snel af.

Mijn bruidsjapon bestond uit een nikab en een abaja. Waqas droeg een colbertjasje, een broek en een overhemd. In een taxi reden we naar de stad. Bij de rechtbank hield hij de zware deur voor mij open en liet me voorgaan. Mijn sluier bleef omlaag, mijn handen staken in handschoenen. Eerst onderhield de rechter Waqas over zijn plichten als echtgenoot. Hij mocht mij niet verlaten, moest bij me blijven, mij in geval van ziekte verplegen en voor me zorgen. Of hij het daarmee eens was? 'Ja, dat ben ik.'

Vervolgens richtte de rechter zich tot mij. 'Mijn dochter, ben jij het er ook mee eens om hem tot man te nemen?' 'Ja,' hoorde ik mezelf zeggen. Tot besluit moesten we nog een islamitisch gebed zeggen. Daarna kregen we een akte met een stempel van IS erop. Die moesten we ondertekenen. Vanaf dat moment golden we als man en vrouw. In mijn nieuwe legitimatiepapieren zag ik dat ik moslima was. Mijn bruidegom kocht in de stad nog een nieuwe nikab voor me. Het leek wel of we in een slechte film speelden.

De volgende avond zouden we vertrekken. Stukje bij beetje ontwaakte in mij iets van blijdschap, ik was heel kribbig van de zenuwen. Toch bracht ik vader noch moeder telefonisch van mijn plannen op de hoogte. Ik wilde zeker geen valse verwachtingen bij mijn ouders wekken. Moeder zou geen oog meer dichtdoen voor ze nieuw bericht van mij zou hebben gekregen. En wat als we op onze vlucht gepakt werden door IS-strijders?

Ons einddoel was Kirkuk, de miljoenenstad in het noorden van Irak. Op de kaart was het niet ver, misschien maar zestig kilometer. Maar het was onmogelijk er via de kortste weg te komen. We zouden een omweg van honderden kilometers in tegengestelde richting via Karbala voor lief moeten nemen, om vervolgens van daaruit niet-bezet Iraaks gebied te kunnen bereiken en terug te rijden naar Kirkuk. Maar goed dat ik dat niet wist.

Toen Waqas afscheid van zijn moeder nam, vloeiden er veel tranen. Ook de broers, zussen en andere familieleden waren erg bezorgd. De oude vrouw bleef zich maar aan haar zoon vastklampen. Uiteindelijk maakte de oudste broer haar voorzichtig los uit Waqas' armen. Nerveus zond de oude vrouw ons haar goede wensen achterna: 'Ik hoop dat het jullie goed gaat! Ik hoop dat God jullie geeft wat jullie verdienen.'

's Nachts om twee uur gingen Waqas en ik op weg. Over een platgetreden spoor liepen we dwars door de woestijn. Mijn sluier had ik achterover geslagen om beter te kunnen zien. Waqas had nog een tas bij zich. Mijn schoenen hield ik in mijn hand. Stenen en doornen in mijn voetzolen voelde ik niet. Ik had wel meer moeten doorstaan.

Echte wegen durfden we niet te gebruiken. Dat was veel te gevaarlijk. Als IS-strijders ons vannacht te pakken kregen, zouden we ons daar nooit uit hebben kunnen praten. Waarom zouden een soenniet en een yezidi samen bij maanlicht ronddwalen in de woestijn? Als ze ons gevangennamen, zou ons einde erger zijn dan wat ik voordien had meegemaakt.

Af en toe zagen we in de verte het licht van een auto. We hielden even halt om naar de geluiden van de nacht te luisteren. Absolute stilte, op het bonzen van mijn eigen hart na dan. Telkens weer sprak Waqas zachtjes op mij in. 'Bid,

bid...' Niet dat ik een islamitisch gebed moest opzeggen. Hij bedoelde dat ik gewoon mijn eigen God om hulp moest smeken. 'Lieve God, laat ons alstublieft niet in hun handen vallen.' Zo mompelde ik in mezelf terwijl mijn voeten in looppas voortijlden. Waqas haastte zich voor mij uit.

De nacht was helder en koud. Alleen het geluid van een auto in de verte en onze stappen in het zand. Mijn hoofd was leeg. Rennen, alsmaar verder rennen. In elke rots en elke struik langs ons pad zag ik een vijand, een IS-strijder die zich onverhoeds op ons zou storten. Ik spande al mijn zenuwen om het gevoel van zwakte in mijn benen kwijt te raken. Al snel waren mijn haren en kleren kletsnat. Het zweet gutste over mijn gloeiende gezicht naar mijn mond, zodat ik het zout op mijn lippen proefde. Ik ademde zwaar, maar toen Waqas me een fles water aanreikte, wilde ik geen slok drinken. Ik wilde alleen maar verder rennen. En ik wist niet eens waarheen.

Langzaam werd het licht. Toen de zon opkwam deed ik de sluier weer voor mijn gezicht. We trokken onze schoenen aan en mengden ons aan de rand van de stad tussen de andere mensen. Als een heel gewoon echtpaar.

'Blijf bidden dat ze ons niet te pakken krijgen'

Waqas keek op zijn horloge: 'Zes uur.' Op een afgesproken punt stond een auto op ons te wachten. 'Hoe gaat het nu verder?' vroeg ik mijn begeleider. 'Stap maar in en blijf bidden dat IS ons niet te pakken krijgt. Dan ben je gauw weer bij je vader,' antwoordde hij.

Toen Waqas zich door het neergedraaide raampje vooroverboog naar de man achter het stuur, gaf deze hem een geamuseerd knipoogje: 'Nou, waar gaat het uitstapje heen?' Die twee kenden elkaar goed. 'Ach weet je, we zijn pas getrouwd en mijn vrouw wil graag bij haar familie op bezoek.' Dat antwoord had Waqas voorbereid voor het geval we onderweg door IS-strijders werden aangehouden. Ook de overige passagiers waren soenniet. Op de achterbank zat de vrouw van de chauffeur met twee kleine kinderen. De baby had ze op haar schoot.

Deze chauffeur hielp IS-gevangenen vluchten. Er bestaat zelfs een echt ondergronds netwerk dat vanuit het veilige Koerdische gebied reddingsacties organiseert. Al die helpers staan met één been in hun graf. Een tocht door IS-gebied heeft veel weg van zelfmoord. Het front is voortdurend in beweging. Om elke hoek loert gevaar. Wachtposten of bemiddelaars willen meer geld. Overal wemelt het van verraders. Er zijn ook yezidi's en christenen die geld bijeenbrengen om gegijzelde meisjes vrij te kopen. Inmiddels is het een van de vele bloeiende bedrijfstakken in de Islamitische Staat.

*Vaak spelen mensenhandelaars ook nog vuile spelletjes
met ouders die al even zwaar getraumatiseerd zijn als
hun kinderen. Ik ken gevallen waarbij de verkrachter
de ouders belde om te vertellen dat hun dochter zwanger van hem was. Of waarbij ouders voorgespiegeld
werd dat ze hun dochter vrij konden kopen. Vervolgens
stuurden de mensenhandelaars een willekeurig ander
meisje en niet de eigen dochter.*(Jan Kizilhan)

Dit keer wilde de chauffeur ook zijn echtgenote IS-gebied
uit smokkelen. De vrouw groette beleefd toen ik naast
haar op de achterbank schoof. 'Wees welkom! Ik wist al
dat we een yezidi mee zouden nemen.' En na een korte stilte voegde ze daaraan toe: 'Wanneer de sjiieten ons gevangennemen of niet door willen laten, moet jij ons helpen.
Dan moet je zeggen dat wij je wilden redden.'

Rond Kirkuk werd vaak gevochten tussen het Iraakse leger en IS. We hoopten om de betwiste gebieden heen te
kunnen rijden. Dat maakt het moeilijk om onze route achteraf precies te reconstrueren. De namen van al die steden
en plaatsen hoorde ik op onze vlucht pas voor het eerst. Tot
dan toe wist ik maar heel weinig van mijn land. De mannen
moesten onderweg voortdurend improviseren. 'We kunnen misschien beter die kant op rijden, daar is het mogelijk
veiliger.' Maar wat stond ons in het volgende dorp te wachten?

Aan eten of slapen viel voorlopig al helemaal niet te denken. We hebben alleen maar gereden. Pauzeren zou te ris-
kant zijn geweest. Als de baby begon te huilen, legde de
moeder hem onder al die lagen zwarte stof aan haar borst.
Het andere kind, een jongen, had veel dorst en vroeg voortdurend om water. Ikzelf had pijn in mijn rug alsof ik gister-
avond een schop tegen mijn nieren had gekregen.

Zodra de weg door opgestelde betonblokken smaller werd en we een checkpoint naderden, trokken wij vrouwen de zwarte doeken voor ons gezicht. Hoe dichter we het front naderden, hoe meer militaire steunpunten we tegenkwamen. Dat waren er heel veel. En bij al die punten wemelde het van de is-strijders. Bij de aanblik van deze met bivakmuts vermomde kerels in hun zwarte uniformen stond mijn hart telkens bijna stil. Reizigers werden bij de minste verdenking al gearresteerd. Veel van deze slachtoffers verdwenen voorgoed. Maar ons vrouwen keurden ze geen blik waardig. Ze wilden alleen de papieren van de mannen zien. Constant balanceerden we op de grens van leven en dood. We waren doodsbang om verder te rijden, maar ook doodsbang om terug te gaan.

In onze vertwijfeling weken we uit via Al Anbar, dat ten noordwesten van Bagdad ligt. Na een vermoeiende rit hielden we daar even pauze. 'Al Anbar is een van de achttien Iraakse gouvernementen, de hoofdstad is Ramadi,' bracht de chauffeur ons vrouwen op de hoogte, 'het is het grootste gouvernement van Irak.' Deze provincie was stevig in de greep van is. Daardoor controleerden ze het water van de Eufraat. 'Nu willen ze ook nog de zeggenschap over de Tigris,' zei Waqas tegen de chauffeur. 'Als dat zou lukken,' huiverde hij, 'is de watervoorziening van heel Irak van deze terroristen afhankelijk.' De chauffeur knikte. 'Het levenselixer voor 33 miljoen mensen.'

Aan de grens van Anbar hielden is-strijders ons aan; zij moesten de stad bewaken. 'Waar gaat het heen?' wilden ze weten. Waqas herhaalde zijn zinnetje: 'Wij zijn pas getrouwd en mijn vrouw wil graag bij haar familie op bezoek.' Nadat we dwars door Anbar heen waren gereden, belandden we midden in de woestijn.

Een nachtelijk is-konvooi

In de verste verte geen asfaltweg te bekennen. Maar de mensen die voor is gevlucht waren, hadden zich wel door deze stenige vlakte een weg gebaand. De nacht was gevallen. Op dit uur mocht niemand hier zijn. We waren niet ver van Karbala. In de verte zagen we hoe vliegtuigen Anbar bombardeerden. Als bij een onweer lichtte de hemel eventjes op. Hoewel het lawaai heel ver weg was, drong het doffe geluid van de inslagen toch tot ons door. Voorzichtigheidshalve zette de chauffeur de auto stil en schakelde de lichten uit. Ik keek op de klok. Het was halfvier. De kinderen waren diep in slaap. Hun rustige adem was het enige wat op dat moment in de auto te horen was. Om ons heen alleen duisternis en in de verte de flitsen aan de hemel.

'Wat is dat?' siste Waqas ineens. Voor ons doken bewegende silhouetten op in het maanlicht. Een keten van lichten naderde. Uit het donker denderden er plotseling jeeps en pick-ups recht op ons af. De ene wagen na de andere. De chauffeur wiste het zweet van zijn voorhoofd. 'Daar zijn ze!' De vrouw naast me begon te jammeren. 'O God, ze hebben ons gezien, dit wordt onze dood,' fluisterde ik. De kou sloeg me om het hart alsof ik vanbinnen tot ijs verstijfde.

Door de autoramen zagen we hun wapperende vlaggen met de witte Arabische lettertekens. Ze waren misschien tweehonderd meter bij ons vandaan. In een boog ratelden ze langs ons heen. We hadden geluk dat onze auto even zwart was als de nacht. De duisternis slokte ons op. Anders zouden ze ons zeker ontdekt hebben.

Eventjes was het stil. Doodstil. Toen begonnen de mannen met elkaar te fluisteren, alsof iemand ons zou kunnen horen. Ik was helemaal van de kaart. 'Als ze maar niet terugkomen. Als ik hier maar levend uit kom.' Ik hijgde alsof ik had moeten rennen voor mijn leven. Beide mannen praatten net zo lang op me in tot ik weer tot rust gekomen was. 'Je hoeft niet bang te zijn. Wij zullen ervoor zorgen dat je nooit weer hun gevangene wordt.' Langzaam kalmeerde ik weer.

Opgelucht ratelden de mannen door elkaar om hun angst en zorg te delen. Daarna scholden ze alleen nog maar op de is-strijders. Ze maakten hen uit voor 'honden', wat bij hen een heel grof scheldwoord is. Nadat ze zich zo hadden afgereageerd, zei Waqas even later peinzend: 'Ik denk niet dat de sjiieten en de peshmerga's ons ooit nog vertrouwen kunnen.'

Ik was doodmoe, maar slapen durfde ik niet. Tot de volgende ochtend deed geen van ons een oog dicht. De zon was nog niet op, aan de horizon glansde slechts een zweempje licht, of de chauffeur draaide de contactsleutel om en gaf gas. Weg van hier! De gedachte om hier midden in is-gebied ook maar een seconde langer vast te zitten, was ondraaglijk. Weg, waarheen dan ook, betekende hoop om verder van deze verschrikking vandaan te raken. Blijven staan, stond gelijk aan het tekenen van ons eigen doodvonnis.

Weer moesten we een enorme omweg maken. Aan één stuk door jakkerden we verder. Steeds de hoofdwegen mijdend. Wanneer we in de verte een checkpoint zagen, zei

Waqas: 'Bidden, bidden, bidden...' Bij elk checkpoint brak het zweet me uit, maar de vrouw naast me was nog veel banger dan ik. Zij hield überhaupt niet meer op met bidden.

Karbala: het plan zou fout kunnen lopen

De volgende avond bereikten we Karbala. Vluchtelingen-stromen uit verschillende richtingen kwamen hier samen, want deze vooral door sjiieten bewoonde stad gold als veilig voor IS. Ook Karbala was 's nachts afgesloten voor iedereen die er binnen wilde. Doorgaans gaf de politie pas de volgende ochtend toestemming om verder te rijden. Dat was omdat ze 's avonds niet goed konden zien wie ze daar in de auto voor zich hadden. Terroristen of vluchtelingen? Zelfs het Sinjar-gebied was na het vallen van de duisternis niet zonder meer vrij toegankelijk. Daar werd iedereen gecontroleerd door zwaarbewapende IS-wachters. In Irak vertrouwen de mensen elkaar niet meer.

Om Karbala te beschermen, waren rond de stad hoge muren van zand opgeworpen. Zo bleef er alleen een nauwe toegang over waar iedereen zich doorheen moest wringen. Bij dit steunpunt wemelde het van sjiitische politieagenten in zwarte uniformen.

Net als de IS-milities zijn deze agenten berucht vanwege hun gewelddadigheid. Onder de bevolking van soennitische dorpen hebben ze slachtpartijen aangericht.
(Jan Kizilhan)

Samen met ons stonden er zo'n dertig andere auto's voor de toegangspoort te wachten. En in elke wagen zat een familie. Er was zelfs een kleine snackbar ingericht. De mannen stapten uit om wat eten en drinken te kopen. Maar ik wilde wat anders. Als eerste ontdeed ik me, laag voor laag, van de zwarte stof om mij heen. Daaronder droeg ik een lange jurk en een hoofddoek. Sluier en kleding legde ik naast me. Alsof ik een gewaad van loden kettingen had uitgetrokken, zo vederlicht voelde mijn lichaam ineens. De tijd als nachtspook was voorbij! Ik was weer mijzelf. In elk geval voor een deel.

Pijnlijk nauwgezet bezagen de agenten alle reizigers. Ze namen hun paspoorten mee voor controle. 'Waar komen jullie vandaan? Waar gaan jullie naartoe? Waarom zijn jullie hier?' Geen enkele IS-strijder zou hier stiekem naar binnen kunnen. Tevoren had onze chauffeur me nog ingeprent: 'Als ze naar je godsdienst vragen, zeg dan vooral niet dat je yezidi bent!' 'Hoezo?' vroeg ik verbaasd, 'laat me hun toch gewoon alles uitleggen. Sjiieten zijn toch niet zo gewelddadig als IS-strijders.' 'Dat is helaas niet waar,' zei de chauffeur en hij verbood me om er iets over te zeggen. 'Houd je doofstom!'

Schouderophalend at ik van het brood dat hij voor me had meegebracht. Maar de anderen was de eetlust vergaan. Iedereen in de auto zat nu te zweten, alleen mijn angst was in één klap verdwenen. Ik was er zeker van dat de sjiieten me niet zouden doden, omdat ze heel goed wisten wat er met de yezidi's gebeurde. Maar de soennieten in de auto hadden zo hun twijfels over hun eigen lot. Gespannen zaten ze nog een tijdje in de auto. Ervandoor gaan, zou zelfmoord zijn geweest. 'Als ze ons pakken, doden ze ons,' jammerde de vrouw naast me.

Om elkaar moed in te spreken, namen de mannen hun plan nog eens door. Ze wilden de wachtposten uitleggen dat zij soennieten een yezidi wilden redden en met de peshmerga's samenwerkten. Toen bekroop me voor het eerst het vermoeden dat ik voor mijn medereizigers niets anders was dan een middel om zelf is-gebied te kunnen ontvluchten. Het was in elk geval wel duidelijk dat dit plan fout zou kunnen lopen. Alles op deze reis had volledig fout kunnen gaan. Elke controlepost op de route had het einde van onze reis kunnen betekenen.

De chauffeur en Waqas trokken bleek weg toen geüniformeerde mannen op onze auto afstapten. Nog luider dan tevoren sprak de vrouw naast me haar gebeden. 'Uitstappen alstublieft,' verordenden de agenten. Mannen links, vrouwen rechts. Terwijl Waqas en de chauffeur op wapens werden gefouilleerd, onderzocht een sjiitische politieagente of wij een bomgordel of andere munitie bij ons droegen. Tegelijkertijd inspecteerden anderen de inhoud van de auto.

Nadat alles was gecontroleerd, moest ik weer in de auto gaan zitten. De chauffeur en zijn vrouw stonden nog te beraadslagen. Vanaf de achterbank zag ik hoe een van de officieren ineens Waqas bij zijn bovenarm pakte en meenam. Niet veel later kwam er een agent in paradepas op mij af gemarcheerd. Door het open raampje begon hij me ter verantwoording te roepen: 'Klopt het dat jij yezidi bent?' Ik voelde hoe alle kleur uit mijn gezicht wegtrok. Hulpzoekend keek ik naar de chauffeur daarbuiten. Hij had me immers verboden om hierover iets te zeggen. Maar ineens drong het tot me door dat ik helemaal niet bang hoefde te zijn en opgelucht schoot ik in de lach. Meteen sloeg ik mijn hand voor mijn mond, alsof ik betrapt was. Wel moest ik nog altijd lachen. Verbijsterd keek de agent mij aan. 'Geef toch antwoord! Je bent een van ons, we weten dat jij yezidi bent. Wij beschermen jou.' Toen opende ik het portier en ging met de agent mee zonder me ook maar één keer om te draaien. Ik hoorde hoe de moeder achter me begon te huilen.

In een wachthok droeg de man in uniform me over aan de agente die ons vrouwen eerder had gefouilleerd. 'Ga maar zitten,' zei ze vriendelijk terwijl ze op een stoel wees. Kort daarop bracht een andere agente iets te eten en te drinken. Dankbaar knikkend nam ik het in ontvangst. 'Wat gaat er met de anderen gebeuren?' wilde ik weten. 'Dat is jouw zaak niet,' zeiden ze. Ze hielden me goed in de gaten, 'blijf eerst maar eens even zitten om op verhaal te komen.' Ineens hoorde ik buiten mijn reisgenote schreeuwen. Met een sprong was ik bij het raam om te zien wat er daar gebeurde. De vrouw zat luid weeklagend in de auto, terwijl twee geüniformeerde mannen Waqas en haar echtgenoot blinddoekten. 'Wat doen jullie met hen? Gaan jullie ze vermoorden?' vroeg ik totaal van mijn stuk. Een van de vrouwen antwoordde: 'Wij sjiieten doden niemand.'

De agent die mij hierheen had gebracht, kwam nog een keertje terug. 'Kun je me vertellen hoe je echtgenoot heet?' vroeg hij. Ze wilden nagaan of Waqas en de chauffeur ook echt als verbindingspersoon voor de peshmerga's werkten. Door het raam zag ik hoe beide mannen werden afgevoerd.

Met Waqas zelf had ik minder te doen dan met zijn oude moeder. Als ze dit had moeten aanzien, zou haar hart zijn gebroken. De oude vrouw had zo geleden bij het afscheid. Hoe moet het verder met haar als haar zoon iets overkomt? peinsde ik. Een kind verliezen was voor een moeder het allermoeilijkste. 'Niets is erger.' Hoe vaak had mijn eigen moeder dat wel niet gezegd.

'We brengen je in veiligheid,' zei de agent en liet me in mijn eentje plaatsnemen in een auto.

Plotseling een mediaster

Ik leunde achterover en sloot even mijn ogen. Wat zou vader blij zijn! Ik moest hem beslist vandaag nog bellen. Wat zou hij wel niet zeggen? En reken maar dat moeder grote ogen op zou zetten! En Leyla zou dansen van blijdschap en Kemal zou lachen. Zijn harde onbevangen lachen. Ik bedacht dat ik hem lang niet meer zo had horen lachen. Hoelang geleden was dat ook alweer? Op dat moment werd ik onzacht uit mijn overpeinzingen gewekt door het knarsen van het autoportier.

Waqas kwam voorin op de bijrijdersstoel zitten. Het irriteerde me bijna dat ik werd gestoord. Hij leek wel een ander mens. Goedgehumeurd vertelde hij dat de bewakers snel zijn gegevens hadden gecheckt en bevestigd: 'Het klopt, u haalt de mensen hieruit. U komt met vreedzame bedoelingen.' Ik slaakte een zucht. Zijn moeder kon gerust zijn.

De chauffeur reed langs de controlepost het centrum van Karbala binnen. Eerst brachten ze ons naar het centrale bestuursgebouw. Daar werden Waqas en ik gescheiden. Een heleboel sjiieten kwamen naar mij kijken. Alsof ik iets bijzonders was, een dier uit de dierentuin of zo. Verlegen en verward stond ik erbij. 'Ze willen foto's van je maken,' legde een politieagente uit. Ik was het eerste yezidische meisje dat langs deze weg bevrijd was uit de klauwen van isis. 'Dat maakt ons zielsgelukkig.' Ze feliciteerde mij. 'Jij bent onze zuster, je hoort bij ons, bij onze familie.'

De mensen om mij heen leken hun geluk niet op te kunnen. 'Dat we zoiets mogen meemaken!' zwijmelde een agente. Allemaal waren ze blij en klopten me op de schouder. Een filmcamera liep. Een redacteur van de lokale krant kwam langs. Camera's flitsten. Ik wist gewoon niet wat me overkwam. Samen met de anderen was ik blij. Het was me alleen niet duidelijk wat ik doen moest en waar ik me het best voor zoveel ogen zou kunnen verschuilen.

Een agent naast me fronste zijn voorhoofd en trok een diepbedroefd gezicht. 'We zullen proberen het leed te wreken dat ons allen overkomen is.' Terwijl ze me maar bleven fotograferen, werd ik aangesproken door een forsgebouwde rechter van zo'n jaar of vijftig met een dikke buik. Gladgeschoren schedel en kin. 'Wat ze jullie yezidi's aangedaan hebben, hebben ze ook ons aangedaan; daarom zijn we bereid om jullie met hart en ziel te helpen!'

Te midden van alle drukte vroeg ik schuchter of ik mijn vader mocht bellen. 'Ik wil hem heel graag spreken.' Maar dat vonden de mannen niet goed. 'Zolang we je niet aan de peshmerga's hebben overgedragen en je voor honderd procent veilig weten, kun je hem maar beter niet bellen.' Het was niet goed om valse hoop te geven.

Omdat het buiten al donker was, bood de rechter me onderdak aan. 'Ga mee naar mijn huis, naar mijn gezin, zodat je in elk geval wat kunt eten en uitrusten.' In de kamer naast ons wachtte Waqas. Met een hoofdknikje wees de rechter in zijn richting: 'Alleen vanwege jou, omdat ik heel gelukkig ben dat er een yezidi is gered, ben ik ook die soenniet daarginds dankbaar. Geen kwaad woord zal ik over hem zeggen, ik scheld hem niet uit en ik beledig hem niet.'

Daarna nam de man mij mee naar zijn huis. Zijn vrouw keek me stralend aan, alsof hij een groot cadeau voor haar meebracht. De ene schotel na de andere, gevuld met kebab, gegrilde tomaten en groenten, zette ze op tafel. Met grote ogen keek ik naar dit heerlijke eten. 'Wat is er met je familie gebeurd? vroeg ze, terwijl ze een bord voor me opschepte. Vreemd emotieloos vertelde ik: 'Mijn moeder en mijn beide zussen en broertje zitten nog gevangen. Mijn oudste broer is spoorloos verdwenen. Mijn vader is gevlucht.' 'Ook mijn familie moest haar woonplaats verlaten om niet door IS te worden vermoord,' antwoordde ze.

Maar de rechter wilde meer van mij weten. 'Wat heb je zelf meegemaakt? Hoe voel je je?' Ineens werd ik overvallen door een gevoel van grote matheid. 'Ik kan u eerlijk gezegd op dit moment niet goed antwoord geven, ik heb kwalijke, beschamende dingen meegemaakt. Zelfs u kan ik niet meer vertrouwen, ook al bent u sjiiet en hebt u me in uw huis ontvangen. Maar u bent ook een man. En bovendien een moslim.' Peinzend schudde hij het hoofd. 'En hoe heeft Waqas' familie je behandeld?' 'Het waren weliswaar ook moslims maar het verging me daar niet slecht,' zei ik. De rechter wreef over zijn kale schedel en verzekerde me dat hij me de volgende ochtend zelf naar Bagdad zou vergezellen.

Die nacht bracht ik met zijn vrouw en kinderen door in een kamer waar al matrassen en dekens klaarlagen. Terwijl ik in kleermakerszit op de matras zat, begon ik zachtjes voor me uit te mompelen: 'Wat is me eigenlijk overkomen?' Ik keek naar mijn handen alsof ze van een ander waren. 'Wat hebben ze met me gedaan?' Pas nu ik enige afstand van die gruwelen had, drong de omvang ervan stukje bij beetje tot mij door. 'Hoe is het mogelijk dat ik aan hen ben ontsnapt?' Onzeker keek ik op naar de vrouw van de rechter. 'En hoe moet ik mijn vader onder ogen komen? Wat moet ik hem op al zijn vragen antwoorden? Ik weet niet eens of ik eigenlijk nog wel yezidi mag zijn...' Ik legde mijn hoofd op mijn over elkaar geslagen armen terwijl bange voorgevoelens mij bekropen. Mijn toekomst? Het leven van een melaatse, zonder thuis, verstoten, zonder familie. Ik kreeg een brok in mijn keel. De vrouw van de rechter pakte mijn handen. 'Shirin, niet huilen, morgen of overmorgen zul je al in Lalish zijn, bij jullie Baba Sjeikh. Hij zal je vrijspreken, dan ben je weer yezidi. Alles komt goed.'

Die nacht voelde ik me zo gebroken dat ik voor het slapen zelfs mijn hoofddoek niet afdeed.

Op naar Bagdad

De volgende ochtend vroeg werden we afgehaald. De rechter ging voorin naast de chauffeur zitten. In een tweede auto achter ons volgden Waqas en de anderen. 'Tot hoever rijden zij met ons mee?' vroeg ik de rechter. 'Tot Kirkuk,' zei hij. De rechter wilde het me niet aandoen om ook maar een dag langer als enige yezidi met vijf soennieten in één auto te moeten te zitten. Tijdens de rit vertelde hij dat een belangrijke verbindingsweg richting Bagdad lange tijd dicht was geweest. 'Maar dankzij Amerikaanse luchtaanvallen en hulp van sjiitische milities hebben we IS teruggedreven.'

Politiek interesseerde me niet. Die stond zo ver van me af. Ik snapte niet wie zich met wie om welke redenen had verbonden. En wie met wie om welke redenen ruzie had gekregen. Ik begreep alleen dat wij yezidi's verschrikkelijk in de tang zaten. Ingeklemd tussen een verdeeld regime en meedogenloze IS-strijders die elkaar over en weer de kop insloegen. Maar wat had dat alles met ons te maken? Wij wilden alleen maar in vrede leven.

Weer moesten we bij diverse controleposten stoppen. Maar daar wemelde het in elk geval niet van IS-strijders. Zodra de rechter zijn papieren liet zien en vertelde dat de auto achter ons er ook bij hoorde, wensten de Iraakse soldaten ons een goede voortzetting van de reis.

Buiten zag ik geen sporen van de dertien jaar oude oorlog. Geen opgeblazen bruggen, uitgebrande autowrakken of kapotgeschoten huismuren. Ik werd volledig in beslag genomen door het vooruitzicht eindelijk op de plaats van bestemming aan te komen. Al het andere gleed langs me af. Of het nu rivieren waren of meren, moerassen of bergen, of olievelden met jaknikkers boven boorgaten. Op heel die lange reis door Irak zag ik niets. Alleen woestijn. En gevaar. Het was de eerste keer in mijn leven dat ik in zo'n gigantische stad als Bagdad kwam. Zoveel auto's en mensen. Het drong niet eens tot me door dat de vrouwen om mij heen niet langer allemaal zwaar gesluierd waren. Dat de wereld er weer wat kleuriger en vriendelijker uitzag. Hoewel de sjiitische vrouwen een hoofddoek droegen, lieten ze openlijk hun gezicht zien.

Ik had destijds ook geen flauw benul hoe gevaarlijk de toestand in de Iraakse hoofdstad was. Dat autobommen en zelfmoordaanslagen deel uitmaakten van het dagelijkse leven. Dat Bagdad het volgende doel van IS was. Ik wist ook niet dat de woonwijken van sjiieten en soennieten door hoge muren van elkaar gescheiden waren. Ter bescherming en uit haat. In de Iraakse hoofdstad leefden de sjiieten goed beschermd door de regering, terwijl de soennieten niets hadden in te brengen. Maar dat alles liet me volstrekt koud. Mijn enige gedachte gold mijn vader. Hij was mijn doel. Maar nog altijd knaagde de angst aan me. Zou ik mijn doel wel weten te bereiken?

In een wijk met alleen sjiieten hadden ook vrienden van de rechter een huis. Waqas en zijn metgezellen moesten ondertussen voor een andere kennis van de rechter verschijnen. De oude man deed een goed woordje voor hen. Daarna zou met behulp van de wet bepaald moeten worden of zij vijanden waren, dan wel vrienden. Nog diezelfde avond nam de rechter afscheid met een handdruk.

Verder met de peshmerga's

Bij een controlepost ergens tussen Bagdad en Kirkuk droeg de chauffeur me over aan de peshmerga's. Uitgerekend aan de mensen die mijn volk weerloos in handen van de moordenaarsbenden van IS hadden laten vallen. Ze kwamen me met twee auto's ophalen. Drie mannen in een groenbruin gevlekt uniform, een baret op het hoofd, stapten bij mij in de auto. Op hun epauletten een vliegende vogel. De andere soldaten namen plaats in de auto van Waqas die ons nog altijd volgde.

Onbehaaglijk schoof ik op de achterbank heen en weer. Ik wist niet waar ik moest kijken, wreef met mijn vingers over de stof van mijn kleding en probeerde me tevergeefs op mijn frunnikende vingers te concentreren. De soldaten merkten dat ik me slecht op mijn gemak voelde. Om beurten deden ze pogingen om me te kalmeren. 'Je hoeft niet bang te zijn, écht niet, nog even en je bent bij je vader.'

Een gekweld lachje kwam over mijn lippen. Hoelang ging dit nog duren? Wanneer zouden we er eindelijk zijn? Ik beet mijn kiezen stevig op elkaar. Volhouden. Gewoon de blik op oneindig. 'Weet je waar we nu zijn, Shirin?' haalde een van de peshmerga's mij vroeg in de avond uit mijn gepeins. 'Kijk eens om je heen, daar achter ligt Kirkuk!'

Toen de buitenwijken van deze universiteitsstad eind januari 2015 onder vuur van IS-troepen waren komen te liggen, had het Iraakse leger zich weer eens zonder slag of stoot teruggetrokken. Deze keer hadden echter niet IS-troepen maar Iraakse Koerden dit centrum van de olie-industrie in bezit genomen. Kirkuk was veilig. Mijn handen trilden van opwinding. Vandaag nog zou ik vader bellen! We gingen een bestuursgebouw binnen, gevolgd door Waqas en de anderen. Ook deze mensen waren heel vriendelijk voor me, maar ook zij vonden het niet goed dat Waqas, die in hun ogen bij IS hoorde, te dicht in mijn buurt kwam. Ze lieten me niet één keer samen met hem in één kamer, laat staan een woord met hem wisselen. Natuurlijk was ik Waqas en zijn chauffeur dankbaar voor wat ze voor mij hadden gedaan. Maar eigenlijk had ik ook hen helpen ontsnappen aan de terreur in hun woonplaats.

Maar mijn gedachten concentreerden zich op mijn vader. Ik wilde hem nu eindelijk spreken. 'Momentje!' Voortdurend hielden ze me aan het lijntje. 'Nu is het zover,' meldde twintig minuten later een peshmerga-soldaat in de traditioneel witte broek die vanboven met een brede band was vastgemaakt. Om zijn hoofd had hij een tulbandachtige doek. Hij nam me mee naar een bureau. Naast het bureau stond een tweede soldaat met een videocamera om me bij het telefoongesprek te filmen. Terwijl ik met trillende vingers het nummer intoetste, richtte hij de camera op mij. Ik weet niet precies waarom ze zulke opnames maakten. Misschien wilden ze pronken met de bevrijding van een yezidisch meisje?

'Shirin, waar zit je?' hoorde ik ineens de stem van mijn vader. Mijn borstkas ging zwaar op en neer. 'Ik ben in Kirkuk,' wist ik er nog uit te persen, maar toen begaf mijn stem het. Ik had hem toch zoveel dingen willen vertellen, maar de woorden bleven in mijn keel steken. Ik kon alleen maar huilen. Geen woord bracht ik meer uit. Een van de peshmerga's nam de hoorn uit mijn handen en vertelde mijn vader dat het mij goed ging. 'Haar mankeert niets. Zij is in veiligheid.' Dat moest hij diverse malen herhalen voor mijn vader het geloofde. Aansluitend lieten de peshmerga's me weten: 'Voor jou gaat de reis vandaag verder; mocht je nog een laatste woord tegen Waqas willen zeggen, doe dat dan nu.'

Al in Karbala had Waqas zijn lange baard afgeschoren. Pas daarna was ik niet langer bang voor hem geweest. 'Ik ben je dankbaar,' zei ik tegen hem, 'en ik zou willen dat er onder al die is-strijders meer waren zoals jij. Ik zou willen dat zij probeerden onze families te redden!' Daarop zei Waqas: 'Je moet weten dat er verschillende moslims zijn. Sommigen zijn goed, anderen slecht. Aan elke medaille zitten twee kanten.' 'Als die goede kant echt bestaat, zou ik vooral willen dat de goede moslims nog meer yezidische meisjes uit die hel bevrijden.' Hij zuchtte alleen. 'Zelf ga ik niet meer terug. Ik wil er nooit meer heen.'

Ik weet niet hoe het Waqas en zijn familie verder is vergaan. Niet zo lang geleden hoorde ik dat Iraakse soldaten met behulp van de Amerikanen diverse gevangengenomen soennieten uit een school in zijn woonplaats hadden bevrijd. Die mannen zouden de volgende ochtend vroeg door is-strijders worden geëxecuteerd. De aanklacht luidde 'verraad en samenwerking met de vijand'.

Van Arbil naar Duhok

Om zes uur 's ochtends hadden de peshmerga's twee yezidi's in het bestuursgebouw ontboden. Mijn geloofsgenoten moesten me begeleiden op het resterende traject via Arbil naar Duhok. Arbil is de hoofdstad van de Koerdische Autonome Regio. De grens met IS-gebied liep ongeveer veertig kilometer ten zuiden van de stad. Daar lagen beide partijen elkaar van een afstand te beloeren. Maar toen ik hoorde hoe de vrouw naast me en de man achter het stuur in ons Koerdische dialect met elkaar spraken, bedacht ik met een glimlach dat ik nu echt thuis was.

Al aan de stadsrand van Arbil prijkten overal affiches met het portret van Massoud Barzani in zijn olijfgroene uniform. Over snelwegen stoven we langs verlichte reclameborden, hijskranen en winkelgalerijen. 'Kijk eens, een skyline als in Dubai,' dweepte de yezidi achter het stuur. Een van die wolkenkrabbers leek wel een gigantische parfumfles, een andere zond net als een ufo ononderbroken lichtsignalen uit. Het leek of ik op een onbekende planeet terecht was gekomen.

's Avonds tegen tienen arriveerden we eindelijk in Duhok dat vlak bij de Turkse grens ligt. Dat was op 4 april 2015, meen ik. Bij het militaire steunpunt bracht de yezidische chauffeur vader op de hoogte van mijn aankomst. 'Uw dochter is in Duhok. U kunt haar komen halen.'

Mijn hart bonkte in mijn keel. Wat zou vader zeggen?

Zou hij me nog als dochter accepteren? Ik zat op hete kolen. Door het autoraampje zag ik hem even later op mij afkomen. In één klap waren al mijn zorgen verdwenen. Dit was het gezicht van de liefdevolle vader die mij als klein meisje trots op zijn arm had gedragen. Met een zwaai gooide ik het portier open en rende naar hem toe. Toen ik hem voor de overval in augustus voor het laatst had gezien, was zijn haar nog zwart geweest. Maar nu was hij met zijn eenenveertig jaar volledig grijs.

En weer werd ik door twijfels overvallen. Zou hij nog wel van me houden, zoals ik nu was? Zoals het uit respect voor oudere mensen betaamt, kuste ik eerst zijn hand. Hij nam mijn hoofd zachtjes tussen zijn handen en gaf me een kus op het voorhoofd. Zijn ogen stonden star en waren rood. Toen omhelsden wij elkaar. 'Papa, het gaat toch wel goed met je?' vroeg ik huilend en streek over zijn asgrijze haar. 'Nu ik je weer bij mij heb, gaat het goed met me,' snikte hij. In korte tijd was mijn vader een oude man geworden.

Mijn yezidische chauffeur nodigde ons uit om bij hem in Duhok te overnachten. Tot op de dag van vandaag heeft mijn vader me niets gevraagd. Hij wilde alleen weten hoe het met moeder en de kinderen ging en wat er ongeveer was gebeurd. Details wilde hij niet weten. Wanneer andere yezidische vluchtelingen me in zijn bijzijn met vragen bestookten, werd hij woedend. 'Laat haar met rust!' Dat ik aan verschillende IS-strijders was verkocht, had moeder hem nooit verklapt. Ze had steeds weer verteld dat ik als slavin bij soennieten in huis moest werken. Nog altijd weet mijn vader niet dat ik geen maagd meer ben – of wil hij het niet weten.

Genezing

Baba Sjeikh en de heilige Zemzembron

Lalish

De volgende dag ging ik meteen met vader naar Lalish. Het dorp ligt op circa zestig kilometer afstand van Duhok en op ongeveer vijftig kilometer van de frontlijn met de Islamitische Staat. Een smalle weg zigzagde door het rotsige kalksteengebergte omlaag naar het bedevaartsoord van de yezidi's. 'Kijk! Daar!' barstte ik los. Tussen de bergen sprongen de drie geribbelde torenspitsen van het tempelcomplex onmiddellijk in het oog. Ik was zo opgewonden dat ik het haast niet meer uithield. Onder knoestige bomen zaten families te picknicken. Mannen in pofbroek en kleurig geklede vrouwen liepen bedrijvig heen en weer. Kinderen waren aan het spelen. Veel mishandelde yezidische meisjes kwamen net als ik naar Lalish om zich te ontdoen van het vuil uit het verleden. Bij de toegangspoort deden we onze schoenen en sokken uit. Binnen het tempelcomplex lopen alle gelovigen blootsvoets. Zelfs als het vriest. Een ongehuwde tempelwachter ziet erop toe dat iedereen zich aan de regels houdt.

Via een paar treden kwamen we op een bestrate binnenplaats met zware houten deuren. Vader liet me alleen. Bij dit eerste bezoek werd ik nog zo door mijn gevoelens in beslag genomen dat ik geen oog had voor alle schoonheid van deze tempelplaats. Ik zag vooral erg op tegen de ontmoeting met onze geestelijke leider, want de verkrachtingen hadden ons meisjes verwijderd van onze religie. Maar Baba Sjeikh kwam uit zichzelf naar mij toe.

Een wijze, goedhartige, forse man met wit haar, baard en bril. Op zijn hoofd een uit een witte wollen doek gewikkelde tulband. Overal ter wereld smeekte Baba Sjeikh om mededogen voor ons volk. 'De terroristen schoten met zware wapens op onze broeders en zusters. Ze verwoestten al onze dorpen. Veel mensen kwamen hierbij om. Maar voor ons is het allerergste dat ze onze vrouwen vermoordden en onze meisjes wegvoerden,' zei hij in een toespraak op de televisie.

De oude man keek me indringend aan, in alle rust, alsof hij me verwachtte. Hij kuste me op het voorhoofd, streek een keer over mijn hoofd en nodigde mij uit in zijn huis. Baba Sjeikh weet dat wij meisjes als slavin verkocht en verkracht werden. Hij vroeg niets, om te voorkomen dat ik in verlegenheid zou worden gebracht en me gedwongen voelde om over de mishandelingen te vertellen.

Heel rustig alsof het de gewoonste zaak van de wereld was, zei hij steeds maar: 'Jullie zijn vrij, jullie zijn weer yezidi!' En hij sprak met ieder meisje apart. 'Jij bent meer yezidi dan wij allemaal. Je hebt meer trots en meer eer dan veel anderen. Je deed dit niet uit vrije wil. Ze hebben je met geweld meegenomen. Je bezit zelfs meer trots dan mijn eigen dochter. Je hoeft je niet uitgestoten te voelen. Je hebt alles gedaan wat mogelijk was. Je bent bij ons teruggekeerd in plaats van weg te rennen. Je hebt je niet van het leven beroofd of tot de islam bekeerd. Je hoeft je niet onrein te voelen omdat dit jou allemaal is overkomen.'

Gelukkig denkt Baba Sjeikh anders dan veel conservatieve yezidi's. Hij probeert de angst bij ons vrouwen en meisjes weg te nemen. Met een meisje is hij zelfs persoonlijk meegegaan naar huis om tegen haar ouders te zeggen: 'Als jullie haar niet op willen nemen, doe ik het.' Daarop heeft de familie het meisje in de armen gesloten.

Bij circa twintig yezidische stamleiders in de regio, die geen politiek mandaat bezitten maar wel veel invloed hebben, heb ik me ervoor ingezet dat de meisjes niet verstoten worden door hun families. (Jan Kizilhan)

Tegen mij zei Baba Sjeikh: 'Ook al zouden honderden mannen je verkracht hebben, dan toch kunnen ze jou je eer en het feit dat je yezidi bent niet afnemen.' Wanneer je zo door het noodlot geslagen bent en dan zoiets hoort, ben je nog duizendmaal dankbaarder voor je religie en voel je je er nog duizendmaal dieper mee verbonden. Om de vrouwen en meisjes vrij te spreken, citeert Baba Sjeikh in hun bijzijn veel religieuze teksten. Dat ritueel duurt net zo lang tot de meisjes zeggen: 'Goed, nu ben ik weer thuis.' Het leek alsof Baba Sjeikh me van een smet had bevrijd. Ik voelde me als herboren.

De heilige Zemzembron

En verder ging het, over een drempel, glad gepolijst door de kussen van pelgrims, een holle donkere ruimte binnen. De grond onder mijn blote voeten glansde zwart en nat. Water uit de heilige Witte Bron klaterde in een put. Via een grote hal liep ik naar de grafkamer van Sjeikh Adi. Daar staat zijn graftombe, overdekt met rode en groene zijden doeken, onder een kegelvormige koepel.

Niet ver daarvandaan belandde ik in een hele reeks onderaardse ruimtes die veel weg hadden van holen. Hoe verder ik kwam, hoe dieper ik moest bukken om af te kunnen dalen naar het allerheiligste. Naar de spelonk met de heilige Zemzembron. Het water stroomde weg via een stenen goot. Men zegt dat het elke smart geneest.

Eerst schepte ik heel voorzichtig alleen wat water op met mijn hand. Het smaakte heerlijk fris. Daarna bette ik mijn voorhoofd en wangen. Bij de daaropvolgende poging vatte ik moed en hield ik mijn gezicht, armen en voeten onder het heldere bronwater. En ten slotte schepte ik met beide handen zoveel water op dat ik me er helemaal mee kon overgieten. Mijn jurk was kletsnat. Ik ademde diep in en voelde me bevrijd.

Weer boven gekomen, leidde het pad mij terug naar de poort met zijn oeroude inscripties en geometrische versieringen. Aan de zijkant kroop een reusachtige zwarte slang omhoog langs de doffe crèmekleurige stenen. Dit dier symboliseert de kosmische weg waarlangs de hemellichamen dwalen. Voor de poort zat in kleermakerszit een geestelijke die gebeden uitsprak voor de bezoekers: 'Onze Heer is oneindig goed. Op elk moment, te allen tijde...'

Een innerlijke stem fluisterde: 'Ga vlak voor de poort staan.' Daar stond ik in mijn natte jurk, mijn hoofd in mijn nek en mijn vochtige gezicht naar de zon gekeerd. De waterdruppels liepen kietelend langs mijn hals omlaag. De wind fluisterde in de boombladeren en streek als een geheimzinnige kracht om mij heen. Een magisch moment. Ik was terug op de wereld. Zonder pijn.

In Lalish is nog een ruimte, uitgehouwen in glimmende steen. Daar ligt de Steen der Wensen. Iedereen mag er een wens doen. Ik wenste mijn familie terug. Moeder, Dilshad, Kemal, Leyla, Felek en vader. Dat we allemaal weer bij elkaar zouden zijn.

Rond een door moerbeibomen overschaduwde binnenplaats lag een doolhof van kamers. Daar kookten een paar oudere gezette vrouwen met verweerde gezichten voor de bezoekers. Het eten was heel eenvoudig, alleen wat rijst met aardappelen, maar zo'n goede maaltijd had ik mijn hele leven nog niet gehad.

Na het bezoek aan Baba Sjeikh leek het alsof ik nooit gevangen had gezeten. Toch moest ik later nog drie keer naar Lalish om me weer helemaal schoon te voelen. Maar ook om alle indrukken van deze mystieke plaats op me in te laten werken.

Na mijn ontsnapping uit gevangenschap heb ik het yezidische geloof nog beter leren begrijpen en nog meer leren waarderen. Gruweldaden zoals is die in naam van zijn god pleegt, zijn mijn geloof vreemd. Mijn religie beschermt me. Mijn religie is vreedzaam. Tegenwoordig ben ik geloviger dan ooit.

Telefoneren met moeder

Een oom bracht me onder in een vluchtelingenkamp in de buurt van Duhok. Er woonden alleen yezidi's. Hoe het leven in het kamp was? Aan alle kanten waren er omheiningen. In de winter was het ijskoud. In de stoffige zomerhitte met bijna vijftig graden Celsius ondraaglijk heet. Zodra de wind wat sterker werd, kwamen de verankeringen los uit de grond en zakten de tenten als kaartenhuizen ineen. De regen veroorzaakte dikke taaie modderlagen om ons heen. Als je niet zwaar ziek werd, was het net genoeg om te overleven.

Met zijn grote gezin nam mijn oom twee tenten in beslag. Mijn neef bewoonde een eigen tent omdat hij getrouwd was en twee kinderen had. Mijn vader had ook een tent ter beschikking. Daar overnachtte ik met mijn vier nichtjes, terwijl hij bij de mannen sliep. We hadden geluk. Ieder van ons bezat een eigen matras en deken. De meisjes in mijn tent waren via het Sinjar-gebergte ontkomen aan de is-milities.

Het opwindendste moment moest nog komen. Ik mocht telefoneren met moeder. Bij de eerste poging kreeg ik Felek aan de lijn. Vader had de hele familie in Tal Afar al op de hoogte gebracht van mijn redding. Gnuivend vertelde Felek dat moeder was flauwgevallen toen zij geroepen had: 'Mama, ze hebben Shirin bevrijd!' Er was water voor nodig geweest om haar weer bij bewustzijn te krijgen. Felek schoot in de lach. Op dat moment pakte moeder de telefoon uit haar handen. Lachend foeterde ze: 'Weet je wel hoeveel dagen en nachten ik al niet meer drink, eet en slaap? Ik wist niet of je dood was of leefde!' Bij het nieuws op de Koerdische televisie hadden ze gehoord dat de peshmerga's een yezidisch meisje hadden bevrijd. Toen hadden mijn zussen en broer gevraagd: 'Mama, zou dat Shirin zijn?' En moeder had geantwoord: 'Wij hebben toch nooit geluk, het is vast onze Shirin niet.'

Bij ons volgende telefoongesprek vertelde moeder dat ze het huis hadden verlaten en op de vlucht waren. Samen met Felek, Kemal en Leyla was zij te voet op weg gegaan naar het Sinjar-gebergte. Natuurlijk was ik erg blij met dit nieuws, hoewel ik in eerste instantie heel sceptisch was. 'Waarom breng je jezelf in gevaar?' 'Hoezo Shirin, jij hebt je vrijheid toch ook zelf bevochten, dan zal het ons ook lukken.' Telkens weer verzekerde moeder me: 'Blijf bij je oom, nog maar een paar dagen en we zijn bij jullie.' Ik twijfelde niet meer. Ze zouden het halen. Ik was zo blij. Nog even en ik zou mijn moeder, zusjes en broertje weer in mijn armen kunnen sluiten!

Daarna kreeg ik geen contact meer met hen. Voortdurend staarde ik naar mijn mobieltje. Op de achtergrondfoto van mijn display spreidde de pauw zijn schitterende veren, maar het apparaat bleef stil. Vader en ik wisten meteen wat er aan de hand was. Na vier dagen stilte was ik er zeker van dat ze dood waren. Als iemand probeerde te vluchten, draaiden deze is-strijders pas echt door. Ik hoopte heel erg dat ze gevangenzaten. Dan waren ze in elk geval nog in leven, maar ik rekende nergens meer op.

Soms was ik zo woedend dat ik aan mijn mobieltje schudde. Geen bericht. Maar na een poosje wist Felek ons te bellen. Ze zat met vijf andere meisjes gevangen bij een gezin in

Mosul. Ze heeft ontzettend veel geluk gehad. De heer des huizes werkte stiekem samen met de Iraakse regering en de peshmerga's. Hij probeerde yezidische vrouwen te bevrijden. Daardoor kreeg ik weer hoop. Als Felek niets was overkomen, leefden moeder, Leyla en Kemal vast ook nog. Mijn zus vertelde wat er was voorgevallen. 'Vlak bij de grens met Sinjar kregen is-milities ons te pakken en werden we van elkaar gescheiden.' Ze wist niet wat er met moeder en Leyla was gebeurd. Maar ook aan haar hadden de is-strijders op hun laptops video's laten zien. Daaronder ook een paar van jongens die door hen gerekruteerd waren. 'Kemal stond er ook op,' jammerde Felek. Ik weet dat voor veel van deze jongens, vooral voor degenen die nog veel jonger zijn dan mijn broertje, alle hoop verloren is.

De man bij wie Felek was ondergebracht, nam direct contact op met vader. 'Momenteel kan ik Mosul niet uit. Overal wordt gevochten en is heeft zijn posities versterkt en de controles zijn heel streng. We kunnen er met de meisjes niet doorheen.' Meer dan eens heeft hij ons zijn woord gegeven: 'Zodra ik een gaatje zie, probeer ik alle zes meisjes te bevrijden.'

Wat er met Leyla en moeder is gebeurd? Elke ochtend word ik wakker met die vraag en elke avond val ik ermee in slaap. Mijn kleine zusje is nu negen. Het is wel zeker dat ze gedwongen zal worden uitgehuwelijkt en verkracht. En moeder? Ik wil er niet aan denken.

Ze beginnen met achtjarigen. De kinderen worden tot slavin gemaakt, verkracht en ontmenselijkt. Geheel volgens de overtuiging van de terroristen van is: ze kunnen ongelovigen bezitten en mogen alles met hen doen. Deze kinderen waren een hoge mate van vrijheid gewend en zijn na hun ervaringen volkomen gecho-

*queerd. Ze hebben hun basisvertrouwen in de mensen
verloren. Ze voelen zich in hun omgeving niet langer
veilig.* (Jan Kizilhan)

Zulk bruut geweld van de kant van de moslims tegen ons
volk is nog niet eerder voorgekomen. Ik ben bang dat deze
onmenselijkheid van IS iets in de hoofden van de yezidi's
zou kunnen veranderen. Tolerantie is een belangrijk onder-
deel van ons geloof. Ik bid dat we die kunnen bewaren.

Vluchtelingenkamp

Duhok heeft meer vluchtelingen dan inwoners. Ik leerde er ook een Duitser kennen. Jalil is een yezidi uit Frankfurt. Hij had gehoord dat ik uit de klauwen van IS was bevrijd en hij was bekend met het lot van onze vrouwen. Jalil was als vrijwilliger actief voor een Duitse hulporganisatie. Hij zamelde kleding in voor vluchtelingen en bracht met zijn vrachtwagen hulpgoederen vanuit Duitsland naar het noorden van Irak. Hij vroeg of ik ook zin had om mee te helpen. Spontaan stemde ik toe. Alles beter dan je in je gevoelens te begraven.

Jalil nam me mee naar verschillende vluchtelingenkampen en liet me de zieken en de gewonden zien. Mannen steunend op krukken. Vrouwen met geamputeerde ledematen. Kinderen met een kogel in hun schouder. Sommigen lagen te woelen van de koorts en hadden dringend een arts nodig. 'Kijk!' zei hij terwijl hij naar een aantal gevallen wees, 'er zijn mensen die er veel slechter aan toe zijn dan jij, ook fysiek. Op een dag relativeert dat je eigen verdriet misschien iets.' Daarna ben ik begonnen met het maken van lijsten voor de Duitse hulporganisatie, waarop ik de namen van de mensen en hun problemen noteerde.

In de kampen heersen veel besmettelijke ziektes, diarree, hoofdpijn, maagklachten, darm- en huidaandoeningen en niet genezen fysieke wonden als gevolg van

geweld. Bovendien psychische aandoeningen zoals de-
pressie, angststoornissen en trauma's. (Jan Kizilhan)

Negen maanden lang had ik vrijwel alleen Arabisch mogen spreken. Pas in de vluchtelingenkampen vond ik mijn eigen taal weer terug. Veel yezidi's vertelden me over hun pijn. Maar over mijn eigen lot liet ik niets los. Ik vertelde niet eens dat ik gevangen had gezeten. Sommige vrouwen rukten in vertwijfeling de haren uit hun hoofd. In de zengende hitte waren ze door IS-milities achtervolgd. Een vrouw met twee kinderen op de arm had tijdens de vlucht geen kracht meer gehad en uitgeput haar dochtertje aan de rand van de weg neergezet. Alleen haar zoontje had ze verder met zich mee gesleept. Hoe wanhopig moet een moeder zijn als ze op de vlucht haar eigen kind achterlaat? Nu waren deze moeders haast waanzinnig. Ze wilden liever dood. 'Hadden ze ons maar gedood met chemische wapens, zoals in Halabja!'

In Raqqa namen IS-milities een jonge vrouw haar vier-
jarig zoontje af en gaven hem aan een moslimfamilie.
Later wist de yezidische familie de vierentwintigjarige
vrouw vrij te kopen, maar haar kind wilden de terroris-
ten niet teruggeven. Daarop weigerde de vrouw om
Raqqa te verlaten. Overal zocht ze naar haar zoon,
maar ze kon hem nergens vinden omdat hij naar Qatar
of Saudi-Arabië was gebracht. Pas toen dat bekend
werd, wist de familie haar zover te krijgen dat ze met
hen meeging. Ze is nu vier maanden in Koerdistan,
maar kan alleen maar aan haar verloren kind denken.
Op haar telefoon heeft ze een foto en die draagt ze te-
gen haar borst alsof dat haar kind is. (Jan Kizilhan)

Aan de ingang van de kampen hadden de peshmerga's gewapende controleposten ingericht, zodat zelfs de vluchtelingen in deze tentplaatsen zich niet meer vrij konden bewegen. 'Ze controleren ons haast nog strenger dan vroeger de IS-milities,' klaagden sommigen. Als een yezidi bijvoorbeeld naar Kirkuk wilde om daar in de kampen familie te bezoeken, moest hij eerst toestemming krijgen van de regering. En dat kon wel even duren. Ook de redenen voor het bezoek moesten precies worden aangegeven. Maar we voelden ons in elk geval veilig voor IS.

Jalil had me nog niet meegenomen naar de meisjes die verkracht waren. Eerst reed hij me nog drie keer samen met mijn nichtjes naar Lalish.

Armer dan arm

De overvolle kampen zagen er vrijwel hetzelfde uit. De tenten waren doorlopend genummerd en stonden dicht opeen in rijen naast elkaar. Met zeshonderd mensen was ons kamp het kleinst. We hadden zelfs een badhuis waar je je kon douchen en wassen. Een van de grotere kampen in Khanke telde achttienduizend vluchtelingen. In elke tent, aan ieder gezin, ontbraken familieleden.

De rijen met elk ongeveer honderd tenten hadden allemaal een letter: A, B, C, D... In sommige kampen was er nauwelijks genoeg water voor iedereen. Dan was er bijvoorbeeld in rij A wel water, maar in alle andere rijen niet en verdrongen de mensen elkaar bij A. Het eten was beter geregeld, in elk geval in ons kamp. Verschillende hulporganisaties zorgden voor rijst, aardappelen en andere levensmiddelen. In een gezamenlijke keuken konden we het voedsel klaarmaken. Zelf was ik tevreden, omdat ik in elk geval een deel van mijn familie om me heen had.

Ik was weer eens met Jalil in zijn vrachtwagen op pad. We waren de hoek nog niet om of van alle kanten renden de kinderen op ons af. Op plekken waar onvoldoende tenten beschikbaar waren, kwamen ze uit ruïnes en allerlei gaten tevoorschijn. Ze waren armer dan arm.

Er waren mensen die op beton sliepen, andere brachten de nacht door onder bomen. En dat in de winter! Ze waren constant op zoek naar warme kledingstukken die niet zo vol gaten en scheuren zaten als de spullen die ze zelf aanhadden. Sommige kleine kinderen zagen zo bleek dat hun aderen door de huid zichtbaar waren. Veel van hen liepen op blote voeten over de bevroren grond en door de modder. We deelden ook schoenen aan hen uit. Deze mensen leken wel levende doden. Ze waren alles kwijtgeraakt. Hun thuis, hun familie, hun bezit. En hun perspectief.

Er was een vrouw die op de vlucht drie kinderen had verloren. Ze waren omgekomen van dorst. Hun lijkjes had ze achter moeten laten. De mensen die na haar kwamen, waren er gewoon overheen gestapt. Weliswaar hadden de Amerikanen vanuit helikopters flessen water in de bergen gedropt, maar die waren voor haar ogen stukgeslagen op de scherpe stenen. Terwijl de vrouw haar verhaal deed, kropen de vliegen over haar gezicht, maar ze merkte het niet eens. Een andere beschreef apathisch hoe haar man bij een massa-executie was doodgeschoten. 'Ik hoorde hem om hulp schreeuwen.' Ze hadden de overlevenden afgeslagen hoofden laten zien. 'Ze vroegen of we de doden kenden. En dan lachten ze,' vertelden de vrouwen. 'Bra, bra...' zetten de ouderen dan de melodie in van onze yezidische rouwliederen. Dat betekent zoveel als: 'Waarom konden we niet helpen?'

In de ogen van IS zijn yezidi's 'duivelaanbidders'. Dat verklaart het compleet ongeremde, gewelddadige gedrag. Deze mate van geweld is alleen mogelijk als vermeende ongelovigen niet als mensen worden gezien. Er is sprake van ontmenselijking. Omdat de daders geen mededogen meer kennen, zijn ze ten opzichte van hun slachtoffers tot alles in staat. (Jan Kizilhan)

Nachtelijke gebeden

Elke nacht bad ik: 'Lieve God, haal mijn zussen, mijn broers en mijn moeder weg uit die hel, dan mag ons leven hier gerust slecht zijn.' Tegenover mijn vader hield ik nog altijd mijn mond dicht over de verkrachtingen. Omdat ik bang was. Niet bang dat hij me zou verstoten. Eerder vanuit een schaamte die mij vanbinnen verteerde.

Mijn vader is opgegroeid in een dorp in de bergen. Er zijn nog altijd yezidi's, met name onder de ouderen, die verschrikkelijk conservatief zijn waar het de regels van onze religie betreft. Ook mijn vader is heel streng. Ik kan me niet voorstellen dat hij net als Baba Sjeikh zou zeggen: 'Nee, deze vrouw is en blijft yezidi. Ze ging immers niet uit vrije wil met deze mannen mee...' Maar de woorden van Baba Sjeikh zijn misschien belangrijker, want die geven mij houvast. Andere meisjes zijn hun houvast volledig kwijt.

In de vluchtelingenkampen zien veel vrouwen zich opnieuw geconfronteerd met seksueel geweld. Ze dragen het stigma van een verkrachte vrouw en in de ogen van de samenleving zijn ze onteerd. De meest kwetsbare vrouwen worden telkens weer gedwongen zich in het kamp te prostitueren. Veel verkrachte vrouwen moeten ook beschermd worden tegen gedwongen prostitutie en deportatie naar andere Arabische landen. Vooral in de steden komen zulke gevallen van gedwongen

prostitutie voor. Sommige vrouwen die in handen van
is waren, zijn psychisch zo kapot dat ze niet meer terug
willen naar huis. Andere vrouwen worden door hun
families gediscrimineerd en uitgestoten, zodat ze hun li-
chaam wel moeten verkopen om te overleven. (Jan Kizilhan)

In de tent luisterde ik naar de gesprekken van de oudere
vrouwen, mijn tantes en mijn nichten. Eerst spraken ze
over hun vlucht, maar toen gaf mijn oma een andere draai
aan het gesprek: 'Ik kan me geen voorstelling maken van
het leed van deze verkrachte vrouwen. Ik weet niet wat ze
hebben meegemaakt. Zelf zou ik het niet uithouden als iemand me op zo'n manier had benaderd.' De vrouwen
mompelden en knikten bekommerd met hun hoofd. 'Als
een meisje door verkrachting haar maagdelijkheid verliest,
heeft haar leven geen zin meer. Dan moet zo'n meisje zich
maar liever ombrengen. Dat is beter voor haar,' zei oma.
Beklemd trok ik mijn knieën dichter tegen me aan.

Mijn tante merkte dat de tranen me in de ogen sprongen
en legde haar arm om me heen. Maar mijn oma ging onver-
stoorbaar verder: 'Ja, heel veel vrouwen worden zelfs
zwanger. Wat willen zulke vrouwen nog van het leven? Als
ze terugkomen en een kind van zulke barbaren ter wereld
brengen?' Haar woorden kwamen als een muur tussen ons
in te staan. Ik raapte al mijn krachten bijeen en wist mijn
stem met moeite onder controle te houden. 'Neemt u me
niet kwalijk, maar ik moet weg. Ik moet nog kleding uitde-
len.'

In het kamp deed ik wat er gedaan moest worden. Ik praatte met de mensen en antwoordde op hun vragen. Maar in
werkelijkheid was ik er met mijn hoofd volstrekt niet bij.
Ik was bij moeder en de wereld om mij heen werd lichter,

alsmaar lichter. Vanaf het moment dat de IS-milities ons in augustus 2014 overvielen, weet ik me elk woord van Dilshad, Kemal, Leyla en Felek te herinneren, ieder gebaar, iedere blik. Ik kon in gedachten wegzinken zonder te merken hoe de tijd verstreek. En ik had niet door hoe ik zelf steeds verder wegzonk. Als in een moeras.

In het kamp deed een verhaal de ronde over een zeventienjarig meisje dat door IS-milities was verkracht. Ze was bevrijd en wilde terug naar haar dorp. Onderweg had ze haar vader gebeld. 'Kun je me alsjeblieft komen halen?' 'Dat doe ik,' antwoordde hij, 'maar zeg me eerst of je nog maagd bent.' Het meisje had hem naar waarheid geantwoord: 'Nee, maagd ben ik niet meer.' 'Blijf dan maar bij hen!' had de vader toen gezegd.

Omgaan met een taboe als verkrachting blijft altijd moeilijk voor een patriarchale samenleving zoals de yezidische. De families zijn volkomen overbelast. Bij veel seksueel mishandelde vrouwen bestaat er acuut gevaar voor zelfmoord. Zonder behandeling zullen ze het niet overleven. Ik ken alleen al twintig gevallen waarbij meisjes zich na hun vlucht van het leven beroofden. In Irak zijn de mogelijkheden beperkt om getraumatiseerde meisjes en vrouwen te helpen. Psychotherapeuten zijn er vrijwel niet. (Jan Kizilhan)

Geen checkpoints

Over het leven in vrijheid

Een nieuw begin

Doordat ik in verschillende vluchtelingenkampen kwam, hoorde ik van het bestaan van organisaties die zich specifiek om mishandelde vrouwen bekommeren. Een van deze organisaties had bijvoorbeeld vijftien meisjes en vrouwen met elkaar in contact gebracht en organiseerde uitstapjes naar de bioscoop of wandelingen. Zodat de vrouwen zich niet zo in de steek gelaten voelden en hun lot, al was het maar voor twee uurtjes, konden vergeten. Jalil had mijn naam gewoon op die lijst gezet. Zo leerde ik deze meisjes kennen en sprak ik voor het eerst over wat ik had meegemaakt. Een van die meisjes liep met krukken. De IS-strijders hadden tijdens de verkrachting haar been gebroken. Daarna hadden ze haar op straat gezet. Ieder meisje vertelde haar verhaal. Bij die gelegenheid hoorde ik ook voor het eerst de naam van dokter Kizilhan. Er werd gezegd dat deze Koerdische arts mishandelde yezidische vrouwen voor behandeling naar Duitsland bracht.

Wanneer je denkt dat je de verschrikkelijkste dingen nu wel gehoord hebt, is er altijd weer iemand die je iets nog ergers vertelt. Een meisje van zeventien werd met haar zus door IS gevangengenomen, geslagen en misbruikt. Uiteindelijk wisten ze de deur open te breken van het huis in Tal Afar waar ze beiden gevangenzaten. Na een vlucht van enkele dagen bereikten ze Koerdisch

gebied. In een kamp in de buurt van de stad Duhok
werden beide meisjes met hun ouders herenigd. Het ze-
ventienjarige meisje had elke nacht last van nachtmer-
ries. Op een keer was ze er vast van overtuigd dat de IS-
milities haar weer kwamen halen. Ze wilde niet op-
nieuw verkracht worden. Ze wist dat zij 'lelijke meisjes'
niet aanraakten. In die psychotische toestand overgoot
ze zichzelf met benzine en probeerde ze zich in brand te
steken. Over haar hele lichaam had ze zware, deels der-
degraads brandwonden. Haar huid is bijna helemaal
gesmolten, ze kan haar vingers en nek niet bewegen.
Omdat ze in het kamp niet medisch verzorgd kon wor-
den, haalden we haar voor behandeling naar Duits-
land. (Jan Kizilhan)

'Hoe is het leven in Duitsland?' vroeg ik daarop aan Jalil.
Hij hoefde niet lang na te denken. Duitsland is een rechtsstaat. De mensen worden er beschermd door de wet. Het
land heeft een grondwet, vrije verkiezingen, oppositie en
vrijheid van denken en spreken. 'De menselijke waardigheid is er onaantastbaar.' Het klonk als een droom. Maar
hij schudde me meteen weer wakker. 'In dat land moet iedereen er zelf voor zorgen dat zijn leven enigszins goed verloopt.' Ook over de kinderen in Duitsland wist hij het een
en ander te vertellen. Zodra ze achttien zijn, gaan ze het
huis uit. 'Als ze meerderjarig zijn, kunnen ze doen wat ze
willen.' Ongelovig schudde ik mijn hoofd.

Toen een yezidi me vroeger in ons dorp enthousiast over
de vrijheid in Duitsland vertelde, klonk dat weliswaar aantrekkelijk, maar ook weer niet zo dat ik daar graag voor altijd naartoe zou zijn gegaan. Er is geen mooiere plek dan
thuis bij je familie. Voordat IS ons land verwoestte, waren
we met ons leven daar heel tevreden. Maar dit keer hadden

deze verhalen een heel andere betekenis voor mij. Mijn thuis zoals dat eens was, bestond niet meer. Duitsland betekende voor mij een kans om verder te kunnen leven. Ik moest proberen in beweging te blijven want als ik stil bleef staan, zou ook mijn leven stil blijven staan. Het zou fijn zijn als alle meisjes samen konden gaan, dacht ik bij mezelf. Maar helaas mochten ze niet allemaal mee. Er waren maar twee meisjes uit mijn groep die met mij naar Arbil werden gestuurd.

Een Koerdische arts uit Duitsland

In de stad kregen we een medisch onderzoek. Gelukkig mankeerde mij niets ernstigs. Die uitslag was een hele opluchting, want het voelde alsof mijn lichaam helemaal kapot was. Maar een paar pijnstillers deden wonderen. In de American Village, een kamp in de buurt van Arbil, had dokter Kizilhan uiteindelijk met ieder meisje afzonderlijk een gesprek.

Het grootste probleem is om vast te stellen welke meisjes het meeste baat hebben bij behandeling. Om uit te zoeken wie van hen met behulp van psychotherapie in Duitsland misschien weer terug kan keren in een normaal bestaan. Religie of staatsburgerschap doet hierbij niet ter zake. De Iraakse en Syrische christenen, de sjiieten, shabakken en Turkmenen hebben soortgelijke dingen meegemaakt. Maar het meest getroffen zijn de jonge yezidische vrouwen uit het noorden van Irak. Het merendeel van de yezidische meisjes die we tot nu toe hebben opgenomen, is tussen de elf en vierentwintig jaar oud. (Jan Kizilhan)

Toen was ik aan de beurt. Twee uur lang vertelde ik mijn verhaal. Pas aan het slot verloor ik mijn zelfbeheersing. Dat was toen ik het weerzien met mijn vader beschreef en vertelde dat mijn moeder, mijn kleine zusje en beide broers praktisch van de aardbodem verdwenen waren. Toen kon ik alleen nog maar huilen.

Shirin was op haar hoede, maar beleefd. Ze leek zich wat te ontspannen door het feit dat ik haar taal beheerste. Aanvankelijk onderdrukte ze haar agressie en boosheid. Maar mettertijd kreeg ze meer vertrouwen. Tot het eind toe bleef ze heel kalm. Ik zei haar dat ze de tijd moest nemen en rustig kon huilen... (Jan Kizilhan)

De dokter legde ons uit dat we in Duitsland een nieuw leven zouden kunnen beginnen. 'Jullie mogen er omgaan met wie je maar wilt, of het nu moslims, christenen of yezidi's zijn. Het is daar niet zo als hier. In dat land is elk mens evenveel waard.' Waarschijnlijk heb ik hem toen vreemd aangekeken, omdat hij moslims als mogelijke vrienden betitelde. 'Ik wil graag naar een plaats waar yezidi's zijn,' zei ik. Daarop zei dokter Kizilhan: 'Het is aan jou om je vrienden te kiezen.'

'Het was me een genoegen u te leren kennen,' zei ik aan het eind tegen hem. 'Voor mij was het een nog groter genoegen,' antwoordde hij in het Kurmançi met een voor ons typerende afscheidsgroet. De volgende dag kwam hij tot mijn verrassing weer bij ons binnenvallen. 'Ik kom alleen om jullie te zien.' Elke keer als hij langskomt, zijn we blij. We zijn heel dankbaar dat er iemand is zoals hij en dat hij zulke dingen tegen ons zegt. Helaas zien we hem maar weinig. Dokter Kizilhan heeft het heel druk.

Ik was vooral onder de indruk van de kracht en de hoop van de jonge vrouwen, die urenlang tegenover mij zaten en ondanks alle onvoorstelbaar gruwelijke belevenissen strijdbaar bleven. Ze wilden overleven. Ze zagen behandeling in Duitsland als een kans op nieuw perspectief. (Jan Kizilhan)

Na ongeveer een maand kregen we bericht dat we over drie dagen zouden vertrekken. Vader stond volledig achter mijn plannen. 'Voor jou is het leven op een andere plek beter,' besefte hij. Hij wist hoe moeilijk ik het vond om elke dag te moeten zien dat andere meisjes wel een moeder, broers en zussen hadden. In het vluchtelingenkamp nam ik afscheid van hem: 'Papa, ik ga nu naar Duitsland.' 'Ja, mijn dochter.' We omarmden en kusten elkaar. 'Papa...' Ik huilde. 'Papa, je moet je geen zorgen maken.' Toen zei hij: 'Nee, Shirin. Ik weet hoe sterk je bent, mijn dochter. Jij redt het wel.'

Daarop stapte ik in het busje dat me samen met ongeveer twintig andere meisjes naar Arbil bracht. Van mijn oma heb ik geen afscheid genomen. Na mijn vlucht hadden zoveel wildvreemde mensen mij de hand gereikt en me duidelijk gemaakt dat het niet mijn schuld was. Voortaan zag ik alleen zulke mensen nog als familie.

Niet meer wegrennen en wegkijken

Eerst moesten in Duhok alle bureaucratische formaliteiten worden afgewikkeld. Onze papieren werden nog eens gecontroleerd. We kregen weer een medisch onderzoek en we werden voorbereid op de reis. Dat alles duurde twee dagen. Daarna keerden we terug naar Arbil. Daar leerde ik de zussen van Hana kennen. Zij zouden ook naar Duitsland vliegen. Als ik nu met een van hen bel, zie ik elke keer Hana weer voor me. Ik kan haar maar niet uit mijn hoofd zetten, haar leven was zo uitzichtloos, toen ik haar voor de laatste keer zag. Steeds zie ik weer dezelfde beelden voor me. Hoe zij in haar zwarte gewaad in het donker bij mij in de taxi stapte. Hoe ik haar herkende aan haar ogen en hoe ze tegen me zei: 'Ik ben sinds de overval van IS nooit meer met mijn moeder samen geweest en ik zal haar ook nooit meer terugzien.' Hoe ze me stevig omarmde, als een drenkeling die zich aan mij vastklampte. Die beelden raak ik niet meer kwijt.

's Avonds op onze kamer probeerden we elkaar wat af te leiden en maakten we plannen. 'In Duitsland ga ik mijn schooldiploma halen en zorgen dat ik iets word. En wat er in mijn eigen land ooit met me is gebeurd, dat gaat niemand dan nog iets aan,' besloot ik. Eén meisje wilde graag in een restaurant werken, een ander studeren. We praatten alleen over onze toekomst. Geen woord over het verleden.

Ik ben ervan overtuigd dat een systeem als dat van IS

zichzelf uiteindelijk zal vernietigen. De terroristen zijn hier al mee begonnen. Wie ook maar een beetje uit het gareel loopt, ruimen ze uit de weg. Echte vriendschap of verbondenheid ben ik bij deze IS-strijders nooit tegengekomen. Aan de ene kant geloof ik in gerechtigheid en bestraffing van die monsters. 'God staat aan onze kant,' denk ik dan. Maar het volgende moment ben ik ervan overtuigd dat er van gerechtigheid nooit sprake kan zijn. Als zelfs de mensen die in ons land voor recht en bescherming moeten zorgen, al op de vlucht slaan. Als onze vrienden in plaats van ons te helpen, wegrennen, wegkijken en de waarheid niet willen horen. En elkaar ook nog eens bestrijden.

Maar ondanks alles hoop ik op gerechtigheid. Ik hoop dat deze misdadigers zich op een dag zullen moeten verantwoorden. De Islamitische Staat is duidelijk van plan de hele wereld te veroveren en alle ongelovigen te vernietigen. Maar als de wereld zo blijft weifelen en de ogen sluit, zullen deze angstverspreiders nog meer succes hebben. Dan zal het geweld van IS steeds verder toenemen omdat deze moordenaars heel goed weten dat ze niet bestraft worden.

In ons geloof is het goede sterker dan het kwade, want God is de enige.

Vliegen: vooral niet bewegen!

In de nacht voor we naar Duitsland vlogen, deed ik geen oog dicht. Geen van de meisjes had ooit een vliegtuig vanbinnen gezien. Niemand wist hoe zo'n metalen reus hoog boven de wolken zou moeten blijven. We waren allemaal hartstikke bang.

Hoe diep de wonden van deze vrouwen en meisjes waren, ervoeren Duitse hulpverleners toen ze eind maart 2015 op een lijnvlucht met de eerste drieëntwintig vrouwen op weg waren naar Duitsland. Toen ze in Istanbul over moesten stappen, kruiste toevallig een groep Mekkagangers hun weg. Bij de aanblik van die islamitische mannen met hun gebruikelijke lange baarden en gewaden, raakten de yezidische vrouwen zo in paniek dat ze wegrenden. Pas nadat ze van de Duitse begeleiders een kalmeringsmiddel hadden gekregen, konden ze de reis naar Stuttgart voortzetten. (Jan Kizilhan)

Tijdens de hele vlucht kwam ik geen millimeter van mijn plaats. Ik ging niet naar het toilet en ik dronk nog geen slokje water. Als ik opstond, zou het vliegtuig uit balans kunnen raken en neerstorten. Stokstijf zat ik daar maar. Hoelang nog voor we er zouden zijn? De andere meisjes zaten al even verkrampt in hun stoel.

We hadden oortjes in en luisterden naar muziek. Ik zei

geen woord, want ik was ook bang om te praten. Ik durfde zelfs mijn arm geen ietsepietsje te verroeren. Anders zou het vliegtuig scheef kunnen gaan hangen. Pas toen we geland waren en weer vaste grond onder de voeten hadden, deden we allemaal heel flink. 'Vliegen is een eitje. Ik zou het zo overdoen.'

Zo arriveerde ik op 7 juli 2015 met ongeveer veertig andere vrouwen, meisjes en kinderen in Duitsland.

Geen checkpoints in Duitsland: wat een paradijs!

In Stuttgart werden we in kleine groepjes verdeeld en met een busje naar verschillende verblijfplaatsen gebracht. Dat vond ik jammer, want in de groep waarmee we naar Duitsland waren gevlogen, zat ook een oudere vrouw die als een moeder voor mij was geweest. Zij kwam in een ander groepje terecht. Haar drie dochters waren verkocht aan drie verschillende huizen en mannen.

De eerste indrukken van Duitsland waren overweldigend. In vergelijking met ons eigen woestijnlandschap leek de wereld daarbuiten wel een oerwoud. Overal bomen en groen. Ons beviel dat landschap wel. Nog altijd kan ik er erg van genieten. Het is zo mooi, het lijkt net het paradijs. Ik houd ook van de regen, de bronnen, de rivieren en kanalen in de steden.

Maar het allermooiste is toch dat je kunt gaan en staan waar je wilt. In elk geval word je niet elke paar honderd meter gecontroleerd bij een checkpoint of een grens. Nergens patrouilleren zwaarbewapende soldaten of moeten pantserwagens zorgen voor rust op straat. De vrijheid in dit land is fantastisch. Ieder mens is gelijkwaardig, of je nou vrouw bent of man, zwart of wit. In Duitsland zag ik ook voor het eerst een Afro-Amerikaan. Aziaten zijn prachtig en Duitsers zien er in mijn ogen allemaal hetzelfde uit.

Wij meisjes en vrouwen weten nog helemaal niet wat ons verder te wachten staat. Niemand informeert ons. Daarvan worden we nerveus. Wij zouden graag willen werken of naar school gaan. We willen niet maar wat zitten te niksen. Teruggaan naar Irak? Misschien ooit eens om mijn vader te bezoeken, maar zeker niet om er voor altijd te blijven. Op dit moment zie ik in mijn geboorteland geen kansen voor vrede.

De huidige politieke machtsverhoudingen in Bagdad zijn op lange termijn onhoudbaar. Er zal onvermijdelijk een herordening komen, maar die moet wel nadrukkelijk ondersteund en democratisch gestuurd worden. Zonder actief politiek optreden van de internationale gemeenschap zal de regio door politieke, religieuze en ideologische belangen in nieuwe crises worden gestort. Daaronder zullen uiteindelijk de zwakste groepen weer te lijden hebben of zij zullen – zoals in het geval van de yezidi's – voorgoed vernietigd worden. (Jan Kizilhan)

In het huis waar we wonen, mogen we op de televisie geen Arabisch nieuws kijken. We horen niets over wat er in de wereld gebeurt. Ik wist niets van de vluchtelingenstromen naar Duitsland, de Turkse bombardementen op de Koerdische PKK of de Russische aanvallen op delen van de Syrische oppositie. Het Duitse nieuws begrijpen we nog niet.

De vrouwen zijn ook meer met zichzelf en met hun uiteengeslagen gezinnen bezig. Ze gaan nu eens op bed zitten en springen dan weer overeind, om druk heen en weer te lopen en op hun mobieltje nieuwe foto's van thuis te laten zien. Die foto's zijn het enige wat we nog hebben. Mijn scherm is gebarsten. Toen ik de foto's van ons verwoeste huis zag, van de kapotgeslagen yezidische relikwiekastjes en van de massagraven rond Hardan, heb ik mijn telefoon van woede tegen de grond gesmeten.

Bij de herovering van Sinjar werden ook veel massagra-
ven ontdekt. Korte tijd nadat dit yezidische gebied was
bevrijd, werd ik gebeld door een wanhopige verzorg-
ster van een instelling in Baden-Württemberg. Ze meld-
de dat de jonge vrouwen last hadden van flauwtes, ang-
sten en slaapstoornissen. Daarom sprak ik met een
paar bewoonsters. Ze wilden weten of er in de massa-
graven ook resten waren gevonden van hun eigen fami-
lie. Ook hoopten ze dat er in Sinjar misschien nog over-
levenden zouden zijn. Maar dat was niet het geval. Veel
vrouwen weten dat hun familieleden niet meer in leven
zijn, maar willen het niet onder ogen zien. Ze hopen op
een telefoontje, een foto in de krant of op de televisie.
Het houdt hen constant bezig. Dat bemoeilijkt het los-
laten, waardoor ze zich niet kunnen richten op hun toe-
komst. De fase van rouwen is nog lang niet voorbij.
(Jan Kizilhan)

Of ik deze is-milities ooit zal kunnen vergeven? Ik kan die
misdadigers niet eigenhandig doden. En zelfs als dat zo
was, zou het de dood van mijn familie en vrienden nooit
goed kunnen maken. Niemand zal mensen die zulke gruwelen begaan, ooit kunnen vergeven. Zelfs God in zijn oneindige goedheid niet.

Alles wat ik op mijn mobiel zie, vertoont nu barsten en
scheuren. Mijn schermbeeld met de pauw en ook het bericht dat ik op WhatsApp voor mijn moeder heb achtergelaten: 'Mama, ik zal altijd van je houden en je nooit vergeten.'

Wat een wonder als je zo'n man ontmoet!

In het vluchtelingenkamp van Duhok had ik mezelf een keertje onder handen genomen en contact gezocht met Telim. 'Laat het me meteen weten als je in Duitsland bent!' zei hij. 'Ja, ja dat zal ik doen.' Maar ik belde hem niet één keer en ik had ook geen zin meer om de relatie voort te zetten. Een man als Telim geeft echter niet zo snel op. Hij stuurde me een berichtje op Facebook. Heel gewoon: 'Hallo, hoe gaat het met je? Met mij gaat het goed.'

Bij die gelegenheid hoorde ik dat hij kort na mij ook naar Duitsland was gekomen. 'Mag ik je Duitse nummer?' Ik aarzelde. 'Geef eerst jouw nummer maar eens,' antwoordde ik. Een paar seconden later had ik het al. Na verloop van tijd staakte ik mijn verzet. Zo raakten we weer met elkaar aan de praat.

Een paar yezidische mannen in Duitsland lieten ons vrouwen het volgende bericht overbrengen: 'Laat hun alsjeblieft weten dat we ze willen helpen. Wat hun ook is overkomen. We willen er niet alleen voor hen zijn, we zouden ook graag met hen trouwen.' Mij werd uitgelegd dat de yezidi's in Duitsland een vrijere houding hebben. Zij vormen met bijna 100.000 mensen onze grootste groep in ballingschap. Omdat ik niet beter weet, kan ik me een man met een dergelijke houding maar moeilijk voorstellen. Wat een wonder als je zo'n man ontmoet. Een man die zegt: 'Wat jou is overkomen, is voor mij niet van belang, als het maar goed met je gaat. Voor mij ben en blijf je yezidi.'

Binnenkort gaat er hier in de buurt een meisje trouwen dat gevangen heeft gezeten bij IS. Duitse yezidi's hebben voor zangers gezorgd, een hal afgehuurd en op eigen kosten de hele yezidische gemeenschap uitgenodigd. Het is ook een demonstratie aan de terroristen van IS: 'Jullie hebben onze vrouwen mishandeld, maar die vrouwen blijven wel van ons. Ons krijgen jullie niet klein!' Zo word je opgevoed als Shingali [Shingali is een bekende zangeres van yezidische volksliedjes en tegenwoordig commandant van een peshmerga-eenheid, de zogeheten zonnebrigade, die uitsluitend bestaat uit yezidische vrouwen – vert.]. Met trots, religie en gevoel van verbondenheid. Zo'n bruiloft zou ik zelf ook willen. Althans in theorie.

In de praktijk zou ik er nu nog voor weglopen. Ik kan me niet voorstellen dat ik ooit nog een man aanraak. Natuurlijk zou ik graag met Telim samen zijn, maar zonder seks. De vrouwen om mij heen vinden dat je dat niet van een man kunt vragen. Maar ik weet niet of ik ooit zulke lichamelijkheden nog zal kunnen verdragen.

Een trauma wordt nooit vergeten. Het zit diep in de herinnering genesteld. Maar de vrouwen kunnen met hun pijnlijke ervaringen leren omgaan. Door te verwerken wat er is gebeurd en weer nieuw perspectief te ontwikkelen. Het trauma zal altijd deel van hun leven blijven, maar het hoeft hun leven niet volledig te bepalen. Daarom zijn nieuwe, positieve ervaringen noodzakelijk. De vrouwen kunnen leren om weer seks te hebben. Sommigen zullen seks toelaten, hoewel ze er geen plezier aan beleven. Maar toch willen ze graag een relatie om weer als vrouw gezien te worden en kinderen te krijgen. (Jan Kizilhan)

Eigenlijk wilde Telim meteen na mijn bevrijding al met mij trouwen. Maar daar stak ik een stokje voor: 'Dat gaat niet.' Mijn familie zit nog altijd gevangen. Dan kan ik moeilijk aan een huwelijk denken. Als bij ons yezidi's iemand overlijdt, komt men als teken van rouw een jaar lang niet op een bruiloft. 'Als we in Duitsland tot rust zijn gekomen, wil ik je graag tot man nemen,' hield ik hem aan het lijntje. Inmiddels wonen we allebei in Duitsland, alleen is hij in een andere deelstaat terechtgekomen. Weer zijn we ver van elkaar. Nog is alles onzeker. Zullen we ons eigen geld mogen verdienen en een nieuw leven kunnen opbouwen?

Tot nu toe hebben we elkaar maar eenmaal in ons leven gezien. Maandenlang waren we door de is-terreur van elkaar gescheiden. Telim vroeg of ik misschien een foto van mezelf kon sturen. Hij stuurde er zelf ook een. Eerst wilde ik dat niet, maar laatst heb ik hem via mijn mobiel een recente foto gestuurd. Allebei herkenden we de ander niet meer, omdat we zo veranderd zijn. Telim wilde gewoon niet geloven dat ik het was. Je ziet er veel volwassener uit, zei hij verbaasd. 'Ik vind je nog mooier dan vroeger.'

Als ik aan hem denk, gaat mijn hart sneller kloppen. Ik begin te blozen, hoewel daar geen enkele reden voor is. Ik ben zo verliefd dat ik bang word dat hij me uiteindelijk toch niet als vrouw wil. Eigenlijk kan ik me niet goed voorstellen dat een man nog met me wil trouwen. Ik ben ook bang dat ze hem terugsturen naar Irak. De Duitse autoriteiten hebben hem ongerust gemaakt. Maar waarschijnlijk heeft hij alleen een verkeerde ambtenaar getroffen.

Telim zou me graag willen opzoeken, maar hij weet niet waar ik precies woon en hoe hij hier moet komen. We onderhouden contact via de telefoon. De naam van de stad in Beieren waar hij woont, kan ik niet uitspreken.

Of ik hem erg mis? Ik mis vooral mijn familie. Maar sinds

ik weet dat hij hier in Duitsland is, mis ik ook hem. Het zou fijn zijn als hij in een vluchtelingenopvang bij mij in de buurt zou mogen wonen. Dat bespreken we ook en zo proberen we dichter bij elkaar in de buurt te komen. Over de telefoon heb ik mijn vader verteld dat ik misschien ga trouwen. Misschien. Maar waarschijnlijk heb ik nog tijd nodig. Veel tijd. Eerst wil ik de oude Shirin, die gevangenzat, helemaal vergeten. Want de oude Shirin was niet zo sterk als de Shirin van tegenwoordig.

Ik ben blij dat de eerste successen in de groepen zichtbaar worden. Sommige jonge vrouwen spreken al goed Duits en willen een opleiding volgen. De kinderen gaan naar school en leren snel. Het meisje dat zichzelf in paniek in brand had gestoken, heeft al diverse operaties achter de rug. Ze wil weer onder de mensen komen, zonder telkens verschrikte reacties te krijgen. De vrouw die in het ziekenhuis voor haar tolkt, is haar grote voorbeeld. Zelf wil ze ook tolk worden om zo in de toekomst andere mensen te kunnen helpen. (Jan Kizilhan)

Laat het licht van de dag ook branden in de nacht.

Mijn haar is inmiddels zo lang dat ik weer een vlecht kan maken en om mijn pols prijkt opnieuw een rood-wit geluksbandje. Ik hoop met mijn verhaal een stem te geven aan de mishandelde meisjes en vrouwen. Ik wil de overlevenden moed inspreken: 'Verlies je geloof niet, want het leven is mooi!'

Natuurlijk, het zijn moeilijke tijden, duistere tijden. Maar steek een kaarsje aan voordat je wegzakt in de duisternis. Net als de tempeldienaren in Lalish. Elke dag waken ze over de 366 olijfoliekaarsen die daar het hele jaar door, dag en nacht als eeuwige lichtjes branden. Elke avond laten ze het licht van de dag ook branden in de nacht. Kon ik er maar heen om al die lichtjes te zien.

Er is maar één aarde en maar één God. Dat deze ene God alle mensen op aarde moge behoeden.

Nawoord van Jan Kizilhan

Na de terreuraanval op het satirische tijdschrift *Charlie Hebdo* hoopten we voor nieuwe gruweldaden gespaard te blijven. Maar het scenario van terreur, angst en schrik herhaalde zich in Parijs en in Brussel. Ditmaal in de vorm van aanvallen op onschuldige mensen die een voetbalwedstrijd bijwoonden, een concert bezochten, gewoon in een café zaten of toevallig aanwezig waren op de luchthaven en een metrostation.

De oorlog van de terroristen concentreert zich duidelijk niet meer alleen op Irak en Syrië, waar honderdduizenden mensen vervolgd, gevangengehouden, gefolterd en verkracht worden. De terroristen hebben de angst weten over te brengen naar Europa. Met deze perfide strategie van angstzaaierij willen de IS-milities politieke chaos creëren en onze verworvenheden van vrijheid, democratie, filosofie, moraal en ethiek, kortom onze leefwijze, vernietigen.

De westerse wereld en de regionale machten in het Midden-Oosten hebben de zogenaamde Islamitische Staat uit politieke en economische belangen onderschat. Zo kon deze staat uitgroeien tot het moorddadige systeem waarmee we vandaag de dag worden geconfronteerd. IS valt niet te vergelijken met andere organisaties die in naam van de islam terreur uitoefenen. IS streeft een totalitair-fascistische ideologie na, waarbij gebruik wordt gemaakt van islamitische symbolen om over de gehele wereld terreur te verbreiden. Dit systeem kent geen pardon voor wie weigert zich te onderwerpen.

In juni 2014 begonnen de geradicaliseerde moslims hun destructieve praktijken in Irak en Syrië. Niet alleen vermoordden ze mensen en maakten hen tot slaaf, ze verwoestten ook gewijde plaatsen, cultuurmonumenten en beelden die deel zijn van onze menselijke herinnering en identiteit. De terreurmilities willen dus ook ons verleden vernietigen, zodat de mensheid haar collectieve identiteit verliest. Hoeveel haat moeten zij wel niet koesteren tegen onze waarden om met zulk fanatisme zelfs 'stenen' te verwoesten? Fanatisme maakt blind en doodt de empathie die een mens pas echt mens maakt. Wie zich niet aan de perverse ideologie van is onderwerpt, wordt tot object en onmens verklaard en meedogenloos vermoord.

In augustus 2014 richtte deze agressie zich bijvoorbeeld tegen religieuze minderheden die al sinds jaar en dag in Irak wonen, met name de yezidi's. Mannen werden massaal vermoord. Vele duizenden vrouwen en kinderen werden gedeporteerd en ook doelbewust blootgesteld aan seksueel geweld. De religieuze minderheid moest worden vernietigd en de wil van de slachtoffers gebroken. Duizenden mensen werden onder dwang bekeerd. Vrouwen werden verkracht waardoor ze op grond van de patriarchale tradities als 'onteerd' werden gezien en 'niet meer naar hun oude samenleving konden terugkeren'.

Vanwege deze terreur zijn meer dan 20.000 yezidi's naar Syrië, 30.000 naar Turkije en 400.000 naar autonoom Koerdisch gebied gevlucht. De yezidi's werden en worden systematisch vervolgd en vermoord, zoals ook duidelijk blijkt uit het verhaal van Shirin. Zij beschouwt het optreden van is tegen de yezidi's als genocide, de drieënzeventigste al in de geschiedenis van haar geloofsgenoten.

Ondanks alle gruwelen moeten we proberen te begrijpen waarom duizenden mensen over heel de aarde zich bij deze terreurgroep aansluiten en massamoordenaars worden die denken dat ze de wereld en zijn culturele identiteit moeten vernietigen om ons met alle geweld hun duistere, onmenselijke ideologie op te dringen.

Waarom dit geweld?

In de geschiedenis van de mensheid is de gruwelijke dood van mannen, vrouwen en kinderen als gevolg van oorlogen en conflicten helaas geen onbekend verschijnsel. Maar enkel al het feit dat een samenleving methodisch geweld goedkeurt en toepast, doet de aard en het karakter van zo'n samenleving veranderen, zowel op individueel niveau als op dat van de samenleving in haar geheel.

Geweld heeft een duurzame invloed op de ontwikkeling van de samenleving, op de manier waarop deze met conflicten omgaat en op het gedrag van toekomstige generaties. Als er gedurende lange tijd sprake is van fysiek geweld – en dat is in het Midden-Oosten het geval – wordt de samenleving zo sterk beïnvloed dat er een geweldscultuur ontstaat.

Dat geweld heeft zijn sporen nagelaten in alle facetten van het leven, maar komt vooral naar voren in de nationalistische ideologieën van de huidige staten in het Midden-Oosten en in hun religie. En dat gaat gepaard met patriarchale opvattingen. Geweld drukt zijn stempel op de manier waarop de leden van een samenleving zich gedragen en veroorzaakt diep wantrouwen ten opzichte van anderen.

Elke groep was ooit zowel slachtoffer als dader. Het is dan ook niet verwonderlijk dat terrorisme in naam van de islam een niet te onderschatten houvast biedt en een zekere sympathie geniet bij de islamitische bevolking. Andere krachten waarin men vertrouwen kan hebben, ontbreken immers. IS grijpt zijn 'kans' om dit wantrouwen en deze latente instabiliteit in leven te houden.

Al sinds de ineenstorting van het Ottomaanse Rijk en de staatsvorming na de Eerste Wereldoorlog waren de nieuwe staten intern breekbaar. Het Westen meende echter dat de instabiliteit van het Irak van Saddam, het Syrië van de Assads, het Libië van Khadaffi en het Egypte van Mubarak, beheersbaar was. Maar dat was een misvatting, want de mensenrechtenschendingen, moordpartijen en onderdrukking van religieuze en etnische groepen zorgden voor grote maatschappelijke verdeeldheid. De zogeheten 'Arabische lente' moest daarom wel falen. De dictators lieten een onmondige, ruziënde en deels patriarchaal-religieus georganiseerde bevolking van daders en slachtoffers achter, die onmachtig is om van vandaag op morgen democratische structuren op te bouwen en zich onderling te verzoenen.

In Bagdad bijvoorbeeld behandelt en onderdrukt de sjiitische regering de soennieten tegenwoordig net zo hard als de soennitische dictatuur van Saddam voorheen de sjiieten tiranniseerde. Ook de religieuze minderheden – zoals christenen, mandaeërs, yarsan, shabakken en yezidi's – zijn nog ver verwijderd van vrijheid, democratie en gelijke behandeling. Een groot deel van de soennieten, oudgedienden en voormalige hoge officieren van het Saddamregime, steunt IS en zijn terreur om zich zo op de sjiitische regering in Bagdad te wreken.

Dat alles blijft niet zonder gevolgen. Iran wil voorkomen dat er langs zijn westgrens – een altijd al door oorlog getroffen gebied – weer vijandige soennieten aan de macht komen. Teheran steunt de sjiitische regering in Bagdad, maar streeft ook welbewust naar instabiliteit in Irak, zodat de sjiieten er hun macht kunnen behouden en de Koerden geen eigen staat uitroepen. Het soennitische Turkije wil evenmin een Koerdische staat. Dus heeft ook deze door 'neo-ottomanisme' gedreven staat belang bij instabiliteit in Syrië en in bepaalde delen van Irak. Verder wil Ankara de val van Assad om zo de invloed van Iran in te dammen. Om die reden wordt IS niet serieus door Turkije bestreden.

Saudi-Arabië en andere Golfstaten ondermijnen met hun steun aan extreme islamitische groepen de stabiliteit in de regio. Geflankeerd door Turkije is Saudi-Arabië de leider in de oorlog van de soennieten tegen de sjiieten. Het koninkrijk wil de val van Assad om Iran te verzwakken. Dat leidt ook de aandacht af van de onderdrukking van de bevolking in eigen land, die tot uiting komt in executies, zweepslagen en inperking van de vrijheid van meningsuiting.

Zo zetten Saudi-Arabië en Iran een religieoorlog tussen soennieten en sjiieten voort die al zo oud is als de islam zelf en in de geschiedenis van het Midden-Oosten tot vele gruwelen heeft geleid. Die strijd is nog lang niet ten einde. Vandaag de dag bestrijden de beschermers van respectievelijk soennieten en sjiieten elkaar, maar niet rechtstreeks, ze doen dat via verwante groepen – in Irak, Syrië, Jemen en zelfs Pakistan. Met als gevolg dat bij de burgeroorlog in Syrië honderdduizenden mensen omkwamen en miljoenen het land moesten ontvluchten.

Uit alles blijkt dat veel partijen belang hebben bij instabiliteit in het Midden-Oosten: in de eerste plaats de terreurorganisaties die in zo'n milieu beter gedijen. Maar ook staten als Saudi-Arabië, Turkije en Iran geven de voorkeur aan instabiliteit boven een stabiele orde die niet hun belangen dient. Helaas hebben veel westerse staten, waaronder de VS, Frankrijk, Duitsland en Rusland, zich bij die politiek aangesloten. De westerse wereld zou toch moeten weten dat degenen die instabiliteit nastreven daarmee ook IS-terreur accepteren. En deze terreur is, zoals we tot ons verdriet al in Parijs en Brussel hebben moeten constateren, niet meer enkel een bedreiging voor het Midden-Oosten.

Religieuze en wereldlijke macht van de islam

De situatie in het Midden-Oosten is gecompliceerd, zowel in politiek als in maatschappelijk-religieus opzicht. Vrijwel vanaf het begin kende de islam een religieuze én een machtspolitieke kant. Nog altijd zijn die beide aspecten moeilijk van elkaar te scheiden. Binnen een tijdsbestek van enkele jaren na zijn ontstaan breidde de islam zich uit over het gehele Arabische schiereiland.

Honderd jaar later reikte het islamitische machtsimperium al van Spanje tot de Indus, van de Kaukasus tot de Sahara en de Indische Oceaan. De religieuze gemeenschap verwierf dus tegelijkertijd wereldlijke macht. Die omstandigheid plus het grote geweld waarmee de verbreiding van de islam gepaard ging, zijn nog altijd van invloed op de leefomstandigheden in deze regio. De regels van de islam zijn bindend voor de gehele leefwijze van de mens. Het totaal aan regels en restricties beslaat zowel het religieuze als het juridische domein. In de islam wordt alles wat met religie en recht samenhangt geregeld in de sharia. Dat begrip betekent zoveel als 'de gebaande weg'. Via de sharia probeert men regels voor heel het maatschappelijke leven op te leggen.

Terwijl het bereik van het recht tegenwoordig sterk territoriaal gebonden is en van toepassing is op iedereen die zich ophoudt op het grondgebied van de rechtgevende macht, wordt de islam in veel landen van het Midden-Oosten – en momenteel met name door is – gebruikt ten dienste van het eigenbelang. Dat leidt binnen de verschillende gemeenschappen tot angst en onzekerheid.

Angst en onzekerheid

De islamitische samenleving lijkt doordrongen van angst en onzekerheid. Dat heeft diverse oorzaken. Een belangrijke reden is dat de mensen de religieuze regels en aanwijzingen van de islam strikt moeten naleven. Daar komt bij dat de religie de mens als zwak beschouwt, met als gevolg dat de naleving van deze religieuze regels gecontroleerd moet worden. Mensen moeten dus constant op hun hoede zijn of ze zich wel aan de voorschriften houden. Dat veroorzaakt onzekerheid.

Natuurlijk bestond er ook reëel gevaar. Dit werd veroorzaakt door allerlei machten en agressors. Ook dat was van grote invloed op het leven van de mensen omdat ze hierdoor niet in de gelegenheid waren om een stabiele, veilige samenleving met voldoende sociale voorzieningen op te bouwen.

Onderhuids werd deze beschaving beheerst door diepe existentieangst, waaraan zelfs de meest gelovige moslims zich niet konden onttrekken. Die angst kwam paradoxaal genoeg tot uiting in een merkwaardige preoccupatie met de dood. Dat bleek bij feestelijkheden die volgden op een gewonnen slag, waarbij honderden mensen waren gesneuveld. Het onthoofden van vijanden en het meezeulen van allerlei lichaamsdelen zoals oren en neuzen zijn maar enkele voorbeelden van deze ziekelijke morbiditeit. De dood was even aanwezig als het kerkhof vlak naast het dorp.

Deze praktijken van lichaamsstraffen en het doden van mensen als gevolg van de vele oorlogen tussen de verschillende groepen riepen niet heel veel verontwaardiging op. En dat is dan nog mild uitgedrukt. Tegelijkertijd vonden religieuze islamitische groepen het gebruik van geweld tegen ongelovigen volstrekt legitiem (Koran, soera 2 De Koe, vers 190-193; 9:29).

We mogen ook niet uit het oog verliezen dat openbare terechtstellingen een merkwaardig fascinerende uitwerking op de massa's hadden en nog altijd hebben. En dan bleef het niet bij afgesneden oren en oogleden, afgehakte handen, doorboorde tongen of uitgestoken ogen. Foltering, verbranding, onthoofding, ophanging en andere executiemethoden hoorden als vanzelfsprekend bij het dagelijkse leven. Ik ben ervan overtuigd dat deze praktijken hebben bijgedragen aan een houding van levensverachting. Maar ze wakkerden ook geweld aan, temeer daar iedereen toch al iets bij zich droeg dat gebruikt kon worden als verdedigingswapen.

Op zoek naar veiligheid namen de mensen hun toevlucht tot sterke groepsbanden. Zo probeerden ze zich via familie en andere solidaire groepen te beschermen tegen fysieke en psychische onveiligheid. Als gevolg van deze veiligheidsbehoeften kent het Midden-Oosten nog altijd sterke stamstructuren, zeker ook omdat de staat tot op de dag van vandaag niet al zijn burgers kan beschermen. Met name wanneer die burgers deel uitmaken van een bepaalde etnische of religieuze groep met een aanzienlijke invloed op de ontwikkeling van samenlevingen.

Oorlog, geweld, dictatuur, bezetting of uitbuiting leidden in het Midden-Oosten tot instandhouding van traditionele patriarchale, deels archaïsche normen en waarden. Zonder verdere reflectie paste elke volgende generatie deze toe in het dagelijkse leven. In een geglobaliseerde wereld heeft zoiets consequenties.

De vaderfiguur staat symbool voor een krachtige staat, maar omdat hij zelf te zwak en mogelijk ook corrupt is, kan hij de kinderen, zijn burgers, onvoldoende bescherming en perspectief bieden. En doordat hij gevangenzit in een dubbele moraal van idealisme en realiteit, heeft hij niet werkelijk een voorbeeldfunctie. Zo ontstaat bij de kinderen een gevoel van teleurstelling dat zich uit in materiële en existentiële angst.

Zulke ervaringen drukken hun stempel op kinderen en adolescenten en maken hen heel gevoelig voor vermeende ongerechtigheden. Aanzetten hiervan waren ook te zien bij de zogeheten 'Arabische lente'. Jongeren rebelleren tegen hun ouders en accepteren de machtshiërarchie niet langer. De kinderen ervaren hun vader als ongeschikt en richten zich dan op radicale groeperingen die de rol van een sterke 'surrogaatvader' vervullen.

Veel van deze jongeren zien steeds meer een voorbeeld in de 'heldhaftige strijder die voor het geloof tot in de dood tegen de vijand vecht' en die hun zelfs na de dood betekenis en identiteit belooft. Bij de terreurgroepen vinden de jongeren een nieuwe ideologische oriëntatie ter vervanging van de zwakke vader. Maar tegelijkertijd worden de tradities en waarden van deze vader tegenover de vijand beschermd en in stand gehouden. Hun traditie is het patriarchale islamitisch-Arabische beeld, de opvattingen van het wahabisme uit de achttiende eeuw of van Hassan-i Sabbah die in de twaalfde eeuw met behulp van drugs en een fanatiek geloof zelfmoordterroristen opleidde en angst en schrik verbreidde.

De burger vertrouwt de staat en zijn elites niet langer. Het voorbeeld is daarom niet meer de vader maar de jonge terrorist die bereid is om zijn leven in de strijd te geven. Die kloof tussen de staat en zijn burgers, met name bij de jonge generatie, kan ook gezien worden als de uitkomst van een weinig geslaagd transformatieproces binnen de Arabische wereld. Dat zorgde voor een breuk in de samenleving en leidde tot desoriëntatie, ergernis en zelfs frustraties en gevoelens van vervreemding.

Vooral jongeren oriënteren zich massaal op culturele bewegingen. Ze zoeken naar nieuwe zingeving, omdat ze gefrustreerd, prikkelbaar en agressief op zoek zijn naar identiteit en eigenwaarde.

Gevoel voor eigenwaarde via dood en geweld

Het idee dat frustraties voortkomen uit inperking van behoeften en ambities en zo agressie voeden, is onomstreden. Toch leidt niet alle inperking tot agressie. Agressief gedrag is afhankelijk van diverse factoren.

Tegenwoordig geldt ook als bewezen dat een gering gevoel van eigenwaarde, mislukking in de eigen groep en een negatief zelfbeeld bijdragen aan agressiviteit. Ook het gevoel dat de eigen eer wordt gekwetst of de groep vernederd, zonder dat je in staat bent daar iets tegen te doen, kan een geringer gevoel voor eigenwaarde veroorzaken.

Een negatief zelfbeeld, de discussies binnen de Arabische wereld over de vernedering en het gebrek aan respect in de rest van de wereld, hebben in combinatie met de interne islamitische strijd om het 'ware geloof' kennelijk geleid tot een onbewuste collectieve krenking, die onder meer met een 'cultuur van geweld' het niet verkregen respect probeert af te dwingen.

Het is overigens niet per se noodzakelijk dat terroristen zulke krenkingen ook zelf aan den lijve hebben ondervonden. Essentieel is dat zij uitgaan van een reële dan wel vermeende krenking en deze ervaren als een fundamentele aanval op de sociale en collectieve identiteit. Deze collectieve identiteit maakt altijd deel uit van de ik-identiteit, die op haar beurt emotionele reacties oproept als de groep of leden van de groep iets overkomt.

'Successen' van de groep, ook in de zin van zelfmoordaanvallen of onthoofdingen van 'ongelovigen' leiden tot meer zelfrespect. Nederlagen en vernederingen, ook los van eigen ervaringen, leiden daarentegen tot aantasting van de sociale en collectieve identiteit van het individu.

Agressie kan zich ook naar binnen richten. In dat geval leidt ze tot een innerlijk psychisch conflict en zo tot ziekte, depressie en in extreme gevallen ook tot plannen voor zelfmoord. Achter agressief gedrag gaan gevoelens van woede en angst schuil. Het zijn gevoelens die ieder mens kent en waarvoor niemand zich hoeft te schamen. Maar wanneer gevoelens worden onderdrukt, werken ze door in het onbewuste en komen ze in het verborgene weer boven. Op haar beurt zoekt onderdrukte energie weer vervangende doelen. Machtswellust, vooroordelen en wreedheid tegenover zwakkeren kunnen in collectieve samenlevingen ook als onderdrukte en verkeerd gerichte agressie worden gezien. De beperkingen en verboden in collectieve culturen kunnen – zeker in de islam – heel goed op deze manier geïnterpreteerd worden.

Agressie die zichtbaar wordt in de vorm van asociaal en destructief gedrag, is een uiting van gering zelfrespect en diepe verwarring, van angst en frustratie. Maar een samenleving kan agressie ook als een uiting van kracht en moed beschouwen en deze positief waarderen, zoals in archaïsche samenlevingen het geval is. Bij 'verdediging van de religie tegen de vijand' worden agressiviteit en geweld aangemoedigd, ook al gebeurt dat niet altijd openlijk. Geweld ter bescherming van de eigen waarden en normen is een van de fundamenten waarop de samenleving en haar cultuur zijn gebaseerd.

Ondanks het besef dat het doden van mensen moreel verkeerd is, bestaat er in de al eeuwenoude, sterk emotioneel beleden archaïsche overtuiging geen ruimte voor humaniteit. Eerder brengt ze elke vorm van humaniteit in diskrediet of rechtvaardigt ze het doden van mensen.

Waarom die afwijzing van humaniteit?

Toch vereist het doden van mensen een verklaring, zowel voor degenen die het dodelijk geweld uitoefenen als voor de slachtoffers. Omdat het leven als heilig wordt beschouwd en uitgerekend deze heiligheid door het gebruik van fysiek geweld wordt aangetast, hebben betrokkenen een principe nodig om hun immorele en onmenselijke handelingen te rechtvaardigen.

De daders moeten weten waarom ze gewelddadig te werk moeten gaan en de slachtoffers moeten weten waarom ze verliezen moeten lijden. Vaak nemen slachtoffers wraak en worden daardoor zelf daders. In zulke gevallen zien beide kanten zich als slachtoffer en oefenen ze ook allebei geweld uit. In de meeste gevallen hebben beide con-

flictpartijen dus verklaringen, rechtvaardigingen en princi-
pes nodig ter legitimering van het fysieke geweld dat ze zelf
uitoefenen en waarvan ze ook slachtoffer zijn. De terroristen van IS legitimeren hun daden op grond van de islam en
rechtvaardigen deze onder meer met het argument dat ze
vernederd worden door hun eigen staat of de imperialisti-
sche mogendheden.

De IS-terrorist beroept zich op een al eeuwenoud verkla-
ringspatroon dat zegt dat er voor ongelovigen maar twee
mogelijkheden zijn: bekering of dood. IS ziet de yezidi's als
een uiterst negatieve groep en ontzegt hun daarmee elke
vorm van humaniteit. In de visie van de terreurgroep zijn
alle ongelovigen, of het nu yezidi's, christenen, joden of yarsan zijn, slechte immorele non-mensen. Het is de meest eenvoudige, effectieve en complete manier om te verklaren
waarom er in het verleden mensen werden omgebracht en
waarom ze ook in de toekomst omgebracht moeten worden.

Deze daders wordt kennelijk elke vorm van individuali-
teit ontnomen. Ze verliezen alle menselijkheid en doden
zichzelf en anderen ter wille van een vermeend hoger belang van het ondoorgrondelijke, onbetwijfelbare en onfeil-
bare geloof. Als de terroristen een persoon eenmaal zo ver
hebben dat hij zijn eigen 'ik' voor de terreurgroep opoffert,
worden hun denken en handelen als het ware geautomati-
seerd. Onder alle omstandigheden wordt een tevoren aan-
geleerd gedrags- en handelingspatroon geactiveerd dat alleen de eigen manier van denken en leven accepteert en die
van anderen moet vernietigen.

Zelfmoordaanslagen en het vermoorden van mensen
worden vanzelfsprekend. Het kwaad van het eigen handelen wordt verdraaid tot iets wat goed lijkt. Op een ander
psychisch niveau, dat veel weg heeft van een waanvoorstel-

ling, menen de terroristen dat zij slachtoffers zoals yezidi's en christenen zelfs bevrijden uit de 'ellende van de ongelovige'.

Maar ook het leven van de daders zelf kan erbij inschieten. Hun wordt verteld dat ze 'martelaar' worden en dus eeuwig zullen leven. De moordenaars zijn 'zeker' van het paradijs. Uiteindelijk keren deze strijders zich af van elke vorm van de ons bekende realiteit. Het doden van 'ongelovigen', hun eigen dood en het martelaarschap vormen doelen die elke dialoog en iedere toegang tot hen blokkeren, aangezien het sterven begrepen wordt als bevrijding. Empathische gevoelens voor het verdriet en de pijn van mensen die niet tot de eigen groep horen, worden zo sterk verdrongen dat deze strijders zelfs in staat zijn om kinderen te vermoorden of honderden mensen levend te begraven en te onthoofden.

Zoals het is-terrorisme in Irak of Syrië laat zien, leidt een dergelijke apocalyptische instelling tot ontmenselijking van de mens. De ander verwordt tot non-mens en moet op basis van deze logica worden gedood. De ideologie, mits voortdurend en systematisch uitgedragen, heeft eenzelfde effect op de in handen van is gevallen kinderen die tot kindsoldaat worden opgeleid. is neemt yezidische, christelijke, sjiitische en andere kinderen uit verschillende etnische en religieuze groepen gevangen en geeft hun een islamitische opvoeding en een militaire opleiding tot ze volgzaam en fanatiek genoeg zijn om als kanonnenvoer te dienen aan het front.

Wie niet de strijd in wordt gestuurd, doet dienst bij is-commandanten of wordt bewaker of spion in de dorpen en kampen waar yezidi's of andere religieuze minderheden gevangen worden gehouden. Sommige kinderen worden vrijgelaten en blijken erg veranderd. Ze verdedigen de islam en is, ook al zijn ze bijvoorbeeld yezidi. Ze dreigen hun eigen familieleden met onthoofding als zij zich niet bij is aansluiten. Deze kinderen moeten de perverse ideologie van is op hun eigen groep overbrengen en deze vanbinnen uithollen.

Vanwege deze onmenselijke is-terreur besloot de regering van de Duitse deelstaat Baden-Württemberg in 2014 om duizend bescherming behoevende vrouwen en kinderen uit Noord-Irak voor behandeling naar Duitsland te halen. Als medisch-therapeutisch leider van dit project heb ik meer dan duizend mensen onderzocht en gesproken.

In dat kader sprak ik in Noord-Irak ook met Shirin. Ik adviseerde positief over eventuele behandeling in Duitsland. Naast haar grote psychische belasting viel me vooral haar ongelooflijke kracht op. Ze heeft het ergste meegemaakt wat een mens kan overkomen en toch vecht ze om te overleven. Elke dag vecht ze tegen die verschrikkelijke herinneringen, ze vecht om weer hoop te hebben, ook al blijft haar vraag naar het 'waarom' onbeantwoord. Ze wil weer een toekomst hebben. De dood en de wens naar veiligheid, nabijheid en liefde liggen dicht naast elkaar. Daarom is het belangrijk om vrouwen zoals Shirin via een dergelijk project te helpen. Verzet tegen oorlog en genocide vormt, evenals het opnemen van getraumatiseerde vluchtelingen, een basiswaarde van de menselijke waardigheid. Hiervoor zouden we ons in de gehele westerse wereld sterk moeten maken.

Graag zou ik meer mensen die zulk leed moesten ondergaan, hebben kunnen helpen. Helaas konden er maar elfhonderd voor behandeling naar Duitsland komen. En toch is ieder leven een leven dat redding verdient. Ik heb de hoop op vrede in het Midden-Oosten niet opgegeven en ik hoop op veel projecten waarmee vooral ter plaatse vele honderdduizenden slachtoffers geholpen kunnen worden.

Voor Shirin hoop ik dat ze leert dit trauma te verwerken, dat ze haar oude wens om rechten te studeren verwezenlijkt en zich als advocaat in zal kunnen zetten voor de rechten van de mens.

Over het ontstaan van dit boek

Het is moeilijk een getraumatiseerde vrouw te vinden die net als Shirin bereid is om de confrontatie met haar angsten en nachtmerries aan te gaan en haar verhaal te vertellen. Helaas zijn het vaak niet de gewetenloze daders, maar hun weerloze slachtoffers die zich schamen en zich schuldig voelen. Maar Shirin is strijdbaar. Ze wil weer leven en het onrecht benoemen. Dagenlang heb ik dit achttienjarige meisje geïnterviewd. Ik werd daarbij geholpen door Nalin Farec, een zeer geëngageerde rechtenstudente, die optrad als tolk. De gesprekken waren moeilijk, omdat ze Shirin heel veel kracht kostten. Alleen bij de herinneringen aan haar onbezorgde jeugd ging het praten haar gemakkelijk af. Maar verder was ze nauwelijks in staat tot een samenhangend verhaal.

Om een volledig beeld te krijgen heb ik diverse details meer dan eens nagevraagd, telkens op een andere dag. Vaak rationaliseerde Shirin gevoelens of ook mensen gewoon weg en vertelde ze alleen de pure feiten. Zo zakelijk dat de verschrikkingen uiteindelijk minder gruwelijk leken.

Telkens moest ik verder informeren, navragen, doorvragen. Ten slotte had ik een puzzel van duizenden stukjes in handen waarvan ik een vloeiend verhaal kon maken. Het doet pijn om te zien hoe onnoemelijk een mens kan lijden onder de beelden uit het verleden. Om te ervaren dat woorden steeds door tranen worden gesmoord en soms zo snel

over de lippen komen alsof ze voor het verhaal dat ze vertellen, willen vluchten maar er toch niet aan ontkomen.
Stukje bij beetje bewerkten we samen dit verleden, als
een hoge berg die voor ons lag. Tussendoor lasten we telkens pauzes in, kwamen we op adem en gingen we wande-
len om kracht voor de volgende hoofdstukken te verzamelen. Toen de interviews achter de rug waren, zei Shirin: 'Het
vertellen van mijn verhaal heeft me verder geholpen. Ik
ben blij dat ik het heb gedaan!'
Shirin is een ongewoon moedige jonge vrouw. Ik hoop
dat haar verhaal de mensen wakker schudt. Ik hoop dat er
gauw een einde komt aan het leed van de yezidi's en andere
door is vervolgde mensen. Dat de moeders hun verkochte
en mishandelde kinderen snel weer in hun armen mogen
sluiten. Dat de wereld dit leed niet langer zwijgend accepteert.
Vluchtelingen als Shirin betekenen een verrijking voor
ons land. Niet alleen vanwege hun bescheidenheid, goed-
hartigheid en kracht. Ze laten ons zien wat een geweldig
geschenk vrijheid en democratie zijn en dat het absoluut de
moeite loont om hiervoor te vechten.

Alexandra Cavelius

Het Ethno-Medizinisches Zentrum (EMZ) is een instelling zonder winstoogmerk die interculturele gezondheidsbevordering en gezonde integratie van migranten in Duitsland tot doel heeft. Sinds 1989 zet dit centrum zich via diverse projecten in voor gelijke kansen en deelname van migranten aan het Duitse gezondheidssysteem.

Meer informatie vindt u onder:
http://www.ethno-medizinisches-zentrum.de/

Met uw bijdrage steunt u in Irak opbouw en aanbod van psychosociale en geneeskundige hulp aan getraumatiseerde yezidi's. De psychotherapeutische, psychosociale en medicamenteuze behandeling van zwaar getraumatiseerde vrouwen en kinderen die eerder in handen van IS waren, is dringend aan verbetering toe.

U kunt uw gift – onder vermelding van 'Jesidenhilfe' overmaken op het volgende rekeningnummer:
Begunstigde: Ethno-Medizinisches Zentrum
Bank: Sparkasse Hannover
IBAN: DE03 2505 0180 0900 3856 69
BIC: SPKDE2HXX

De Förderverein für bedrohte Völker ondersteunt het verzoek van de yezidische verenigingen in Duitsland voor hulp aan de noodlijdende vluchtelingen uit het Sinjar-gebied.

U kunt uw gift – onder vermelding van 'Yeziden-Sinjar' – overmaken op het volgende rekeningnummer:
Begunstigde: Förderverein für bedrohte Völker
Bank: Postbank
IBAN: DE89 2001 0020 0007 4002 01
BIC: PBNKDEFF